Venezuela energética
Propuesta para el bienestar
y el progreso de los venezolanos

Leopoldo López y Gustavo Baquero

Venezuela energética
Propuesta para el bienestar y el progreso de los venezolanos

Prólogo
Moisés Naím

LA HOJA DEL NORTE

Venezuela energética. Propuesta para el bienestar y el progreso de los venezolanos
Primera edición en La Hoja del Norte, 2017

© De la presente edición, Editorial Dahbar

Corrección de pruebas: Carlos González Nieto
Diseño de portada: Jaime Cruz
Infografías: Mauricio Rodríguez

Depósito legal: DC2017001775
ISBN: 978-980-425-016-3

Todos los derechos reservados. Ninguna parte de esta publicación puede ser reproducida, almacenada en sistema recuperable, o trasmitida en forma alguna o por ningún medio electrónico, mecánico, fotocopia, grabación u otros, sin el previo permiso de Cyngular Asesoría 357, C.A.

ÍNDICE

Agradecimientos — 13

Prólogo
Moisés Naím — 15

Introducción — 29

Prefacio — 33

Primera parte. Los primeros 100 años — 43
    1910-1940: el comienzo de la industria y
    las primeras concesiones — 47
    1941-1969: la soberanía fiscal
    y el camino hacia la nacionalización — 64
    1970-1983: la estatización de la industria petrolera de
    Venezuela y el colapso del modelo — 80
    1984-1999: la internacionalización de Pdvsa
    y la apertura petrolera — 91
    2001 a la actualidad: el petroestado del inicio
    del siglo XXI — 105
    ¿Por qué insistir en el petróleo? — 115

**Segunda parte. Entorno energético mundial, potencial
de Venezuela y desempeño de la Pdvsa actual** — 117
    Vigencia de los hidrocarburos y el petróleo — 121
    Oferta y demanda petrolera mundial y de Venezuela — 126
        Reservas mundiales de petróleo y su vigencia.
        "Peak oil" vs. "peak demand" — 129

Producción de Venezuela y de la OPEP	133
Comparación de Venezuela con otros países productores	137
Demanda mundial de petróleo	140
Desempeño de la actual Pdvsa (Petróleos de Venezuela S.A.)	145
Producción petrolera	145
Planes y metas de producción de Pdvsa	149
Exportaciones, consumo interno y convenios preferenciales	150
Deuda e inversiones de Pdvsa	152
Costos operativos, número de empleados y productividad	153
Seguridad industrial	155
Ambiente	157

Tercera parte. La propuesta   161
    Tres principios: confianza, productividad y transparencia   167

I. Maximizar la producción petrolera y gasífera   175
    Venezuela: tres países petroleros en uno   176
        El país de los crudos convencionales   178
        El país de los crudos extrapesados   183
        El país gasífero   187
    Aumentar la produccion para competir internacionalmente   194
    Propuestas sobre el marco institucional y regulatorio de los hidrocarburos   201

II. Diversificar la economía a partir del petróleo   219
    Petróleo y desarrollo   220
    Petróleo y diversificación   223

El pensamiento venezolano sobre la diversificación
y el rol del petróleo   226
El dilema de las intervenciones   231
Cómo establecer los sectores prioritarios   235
Las políticas de contenido local   238
Camino hacia la diversificación económica
de Venezuela   241

III. Democratización del petróleo   244
    Todo el petróleo para todos los venezolanos 244
    Fundamentos para la democratización del petróleo 248
        La propiedad ciudadana del petróleo 248
        Transparencia en el manejo de la industria petrolera 250
        Igualdad entre todos los ciudadanos 251
        Ahorro y estabilización macroeconómica 253
    Nuevo modelo de distribución
    del ingreso petrolero nacional   256
    Fondo Patrimonial de los Venezolanos   263
    ¿Es viable el Fondo Patrimonial de los Venezolanos? 266
    El centro de nuestra política: ¿cómo queda cada
    venezolano?   279

IV. Desarrollo sustentable y equilibrio ambiental   288
    El gas como palanca de reimpulso de la industria
    energética futura   290
    La energía hidroeléctrica: la base de nuestro sistema
    eléctrico   294
    La energía solar   296
    La energía eólica   298
    Otras alternativas de energía renovable   300
    Evolución de la matriz energética de generación
    eléctrica venezolana   301
    Evolución del transporte y la movilidad en Venezuela 303

De visión a realidad 306

Reflexiones finales 308

Apéndices 311

Dedicamos este libro a las nuevas generaciones venezolanas.

Agradecimientos

A Lilian Tintori y Marisabel de Veer, nuestras queridas esposas, quienes nos han acompañado con paciencia y comprensión durante todo el tiempo invertido en esta propuesta para nuestra Venezuela.

A Antonieta Mendoza, quien durante el encarcelamiento de Leopoldo en Ramo Verde asumió la responsabilidad de mantenernos comunicados y de sacar el material que a lo largo de 3 años y 7 meses se produjo en la cárcel para este libro.

A Amanda Quintero, Osmel Manzano, Carlos Bellorín, José Joaquín Da Silva y Andrés Guevara, quienes contribuyeron con el contenido de esta propuesta. A Adolfo Blanco, José Huerta, Cipriano Heredia, Pedro Luis Rodríguez, María Alejandra de Francesco, Diego Guerrero, Daniel Sierra y Luis Manuel Espinoza. A todo este grupo de venezolanos que aportaron en distintas formas para completar este libro y han dedicado buena parte de su vida profesional no solo a comprender sino a trabajar propuestas e ideas para el rescate de nuestra industria energética y la conquista de la mejor Venezuela.

Y a Moisés Naím, que no solo contribuyó con el prólogo, sino que nos apoyó con sus recomendaciones.

Prólogo

Este es un libro poco común que no debería de serlo. Sus temas son el petróleo, los retos que plantea el tenerlo en gran abundancia y cómo hacer para que su explotación beneficie a los venezolanos. Uno pensaría que en un país en el cual el 95 por ciento de las exportaciones son de petróleo y sus derivados, estos temas son tratados a fondo, con frecuencia y desde múltiples ángulos. Pero no es así. Lo que ha dominado y sigue dominando la conversación en Venezuela ha sido el conflicto político y sus consecuencias.

Esta es una de las razones por las cuales este es un libro poco común. Es sobre petróleo.

Otra peculiaridad de estas páginas es quien las escribe. Leopoldo López, uno de los autores, es político. Y eso también es inusual. Los políticos venezolanos no escriben mucho y, aquellos que escriben libros, rara vez lo hacen acerca del petróleo. La economía y la geopolítica de la energía, y en particular del petróleo, no son el fuerte de los políticos venezolanos. Es normal que los políticos se refieran al petróleo en sus discursos, pero es igualmente normal que sus pronunciamientos sobre el tema sean vaguedades banales o pruebas de su profunda ignorancia sobre el tema. La verdad es que pocos líderes venezolanos saben de lo que están hablando cuando hablan del petróleo. Este no es el caso de Leopoldo López, el político. Estas páginas son una buena evidencia de que López ha estudiado, investigado y pensado a fondo sobre los temas más importantes de la industria de la que depende Venezuela.

Otra característica inusual de estas páginas es que tanto López como su coautor, Gustavo Baquero, no pueden ayudar a su país con lo que saben y han investigado sobre el tema. Baquero es un experto petrolero que ha venido desarrollando la mayor parte de su carrera profesional fuera de Venezuela, en países como España, el Reino Unido, Italia, Colombia, Brasil y Noruega.

Y López es un preso político.

La relevancia del contenido de *Venezuela energética* es innegable por su urgencia, pero muy especialmente por la forma y el lugar donde fue escrito. Al leer estas páginas es difícil no sentirse conmovido. Estamos leyendo un argumento claramente racional, una visión experta sobre el futuro de la economía venezolana y el rol del petróleo cuando, de repente, nos sorprenden las imágenes de unas hojas manuscritas. Son fragmentos del texto, escritos de puño y letra por Leopoldo López. El prisionero de conciencia ha aprovechado cuanto papel caía en sus manos, incluso servilletas, para escribir sus notas y así dejar escapar sus ideas de la prisión militar en la que estuvo injustamente encarcelado por 3 años y siete meses (del 2014 hasta mediados de 2017). Durante las pocas visitas que se le permitieron (casi la mitad de los más de tres años que estuvo en prisión los pasó en solitario, en celdas de castigo) y cuando era trasladado a las audiencias en el tribunal, las hojas sueltas burlaron la censura de hierro al pasar a manos de su esposa Lilian Tintori, de familiares y de su abogado. Y de allí, este contrabando de ideas llegaba al escritorio de su coautor, Gustavo Baquero.

Una prisión no es el mejor lugar para diseñar el futuro de una industria tan compleja y cambiante como la del petróleo y mucho menos para imaginar el destino de una nación que sueña con escapar de la bancarrota económica, política y moral en la que la han hundido. Basta pensar en el gran desafío que de por sí implica cambiar el rumbo de un país secuestrado por una mafia política, la misma que ha llevado a la industria venezolana a un estado calamitoso, para afirmar que esta obra es nada más y nada menos que una labor quijotesca.

Pero esta no es la primera vez, ni la última, en que ideas importantes son incubadas en las inhumanas condiciones de una prisión. Verbigracia, el propio *Don Quijote* fue "engendrado" por Miguel de Cervantes en la Cárcel Real de Sevilla. También los viajes de Marco Polo, el despertar espiritual de Oscar Wilde, los *Cuadernos de la cárcel* del influyente escritor marxista italiano Antonio Gramsci, la *Carta desde la cárcel de Birmingham* de Martin Luther King, las *Conversaciones conmigo mismo* de Nelson Mandela, son ejemplos de obras trascendentes cuyos autores las han escrito mientras estaban privados de libertad. Más que escapes mentales de prisioneros solitarios, estas obras se transforman en poderosas fuentes de inspiración que ayudan a la humanidad a expandir las fronteras de la libertad.

Una sola noche en la prisión de Concord le sirvió de impulso al poeta e intelectual norteamericano Henry David Thoreau para escribir su ensayo sobre *La desobediencia civil* (1848). Este se convirtió en uno de los más influyentes alegatos contra la esclavitud. El texto de Thoreau es una alegoría al coraje de los que están dispuestos a arriesgarlo todo, la libertad y hasta la vida, por sus ideas: "Bajo un Gobierno que encarcela injustamente, el verdadero lugar del hombre justo es la cárcel", escribió. Inspirado por Thoreau y luego de ser encarcelado por organizar una protesta no violenta contra la segregación en Alabama, Martin Luther King acuñó su histórica frase: "Una injusticia en cualquier parte es una amenaza para la justicia en todas partes".

Hoy, cientos de hombres y mujeres justos padecen torturas y privación de su libertad a manos de los carceleros de Leopoldo López. Sin duda, las terribles violaciones a los derechos humanos que padecen la mayoría de los venezolanos por la acción del Gobierno de Nicolás Maduro representan también una grave amenaza para la justicia en toda la región.

De modo que el legado de grandes pensadores universales, sus ideas de justicia que mueven a la resistencia contra la opresión, constituyen el legítimo telón de fondo para este interesante libro de López y Baquero sobre el futuro del petróleo, que es, a fin de cuentas, sobre el futuro de los venezolanos.

El petróleo moldeó la Venezuela moderna. Así lo comprendió Rómulo Betancourt, el fundador del partido Acción Democrática y único presidente venezolano que escribió un libro sobre el tema petrolero. Viviendo exiliado en México, mientras huía de la dictadura militar de Marcos Pérez Jiménez, Betancourt publicó su libro *Venezuela, política y petróleo* (1956), que se convirtió en un texto de referencia para el diseño de la nueva política petrolera de la segunda mitad del siglo XX.

Sin embargo, en el siglo XXI, dada una trágica confluencia de ideas equivocadas, el petróleo terminó siendo el combustible que propulsó otra dictadura en Venezuela. Gozando de precios récord del crudo, el Gobierno que lideró Hugo Chávez (de 1999 al 2015) logró financiar una desmesurada e irresponsable expansión del gasto público. Chávez usó como premisa de su política petrolera la insensata suposición de que la economía mundial seguiría creciendo indefinidamente y demandando cada vez más petróleo. Y que la oferta sería contenida gracias a los acuerdos que habría entre los países exportadores de petróleo para recortar su producción. El resultado de estas dos suposiciones –alta demanda y oferta controlada– serían precios del crudo siempre altos y siempre al alza. Y mucho dinero para que el Gobierno, es decir Hugo Chávez, gastase miles de millones de dólares como mejor le pareciese.

Las escenas de venezolanos comiendo basura en las calles y de bebés desnutridos son solo dos de las muchas tragedias que dejaron la inepta política petrolera de Hugo Chávez y su desenfrenado gasto público.

Así, embriagado con una inédita bonanza petrolera que se extendió por más de una década –desde 2003 hasta el 2014–, el difunto presidente Chávez no se midió a la hora de usar la inmensa fortuna del país para el clientelismo político tanto dentro como fuera de nuestras fronteras.

Mientras en el extranjero Chávez construía una imagen de revolucionario desafiante y generoso filántropo, en Venezuela los aportes para la construcción de infraestructura, por ejemplo, se esfumaban en la negra nube de corrupción que asfixió al país. Se pagaron miles de millones de dólares a la gigante empresa de construcción brasileña Odebrecht, pero unas 22 obras de gran envergadura ya iniciadas fueron abandonadas y quedaron inconclusas luego de destaparse el masivo escándalo de sobornos y negociados que ha manchado a gobernantes de todo el continente. Odebrecht pagó comisiones ilegales a políticos y funcionarios públicos en toda América. Pero, según las declaraciones juradas que hicieron sus directivos en los tribunales, ningún país superó a Venezuela en cuanto a los montos de los sobornos que allí pagaron durante el régimen de Hugo Chávez primero y en el de Nicolás Maduro después. Venezuela es también el único país donde no se han iniciado investigaciones judiciales serias sobre este masivo robo de dinero público.

Por otro lado, la inversión que hicieron los gobiernos de Chávez y Maduro para dotar a la nación de una economía sana y sostenible fue prácticamente cero. No voy a redundar acá ofreciendo cifras que están claramente expuestas por los autores. Sin embargo, vale la pena destacar que no bastándoles el torrente de petrodólares que llegaron por la exportación del petróleo a los altos precios de la época, Chávez y luego Maduro emprendieron una política de endeudamiento masivo que para el 2017 supera la aplastante cifra de 190 mil millones de dólares. Hoy el mundo ya sabe que esa inimaginable cantidad de dinero solo sirvió para subsidiar temporalmente el consumo de las clases populares y, sobre todo, para el inmenso enriquecimiento ilegal que engendró una de las castas más adineradas del planeta, la oligarquía chavista, la boliburguesía.

Antes de ser electo alcalde en el municipio Chacao de Caracas y mucho antes de convertirse en uno de los prisioneros de conciencia más conocidos del mundo, López trabajó como profesional en Pdvsa. Así, antes de ser político, fue un tecnócrata petrolero. Ahora pertenece a una generación de nuevos líderes políticos venezolanos que cuentan tanto con una sólida formación académica como con útiles experiencias profesionales fuera de la política. Tanto él como Baquero, por ejemplo, pasaron por las aulas de la Escuela de Gobierno de la Universidad de Harvard. Pero Baquero, luego de haberse graduado de ingeniero industrial en la Universidad Católica Andrés Bello y habiendo iniciado sus primeros años de carrera trabajando como ingeniero en la industria petrolera venezolana, específicamente en proyectos en la Faja Petrolífera del Orinoco, tuvo que continuar el desarrollo de su carrera profesional en el exterior ya que en la Pdvsa "bolivariana" no hay espacio para expertos como él. Gustavo Baquero fue rápidamente reclutado por empresas internacionales, ocupando posiciones en operaciones de campos petroleros, de desarrollo de nuevos negocios, hasta ocupar en la actualidad posiciones ejecutivas en el área de estrategia energética. Claramente, esta es una pérdida temporal para Venezuela y una ganancia para otros países. Y la gran tristeza es que Baquero es solo uno de los miles de talentosos ejecutivos petroleros venezolanos que tuvieron que emplearse fuera del país. Afortunadamente, estas páginas le están dando la oportunidad de compartir con sus compatriotas lo que ha aprendido trabajando a los más altos niveles de la industria energética mundial.

Este libro está lleno de energía. Los autores ofrecen interesantes puntos de vista que pueden contribuir a que los venezolanos nos relacionemos con optimismo y con realismo con nuestra materia prima principal. Nos invitan a ver el petróleo ya no como un "excremento del diablo", una maldición para nuestra economía que ha alimentado generaciones de políticos corruptos, empresarios criminales y gobiernos autoritarios, sino como una bendición que nos permitirá encarar los próximos 100 años.

La ilusión petrolera chavista se basó en una fe ciega en una noción hoy considerada obsoleta que es conocida como *peak oil*, o pico petrolífero. En 1938, el geólogo M. King Hubbert propuso que la producción de crudo inevitablemente alcanzaría un nivel máximo, el "pico", y luego comenzaría a declinar ya que las reservas de hidrocarburos del planeta son finitas. Según él, nuestro consumo haría más escaso el petróleo y finalmente lo agotaría.

Más concretamente, Hubbert mantenía que cuando se extrajera la mitad de las reservas de petróleo convencionales que son recuperables, la producción disminuiría y no se podría hacer frente a la creciente demanda, pues la población del mundo seguiría aumentando. De modo que, ante una demanda inagotable, empujada por el auge de economías emergentes hambrientas de energía, Venezuela –una de las naciones más ricas en reservas del planeta– solo necesitaba limitar su producción e invitar a sus países socios de la Organización de Países Productores de Petróleo (OPEP) a hacer lo mismo para así contar con una bonanza de precios altos y una alta renta garantizada. Para el chavismo, el modelo de pico petrolífero calzaba como anillo al dedo. A los estrategas chavistas no les importó que Hubbert había pronosticado que ese tope crítico se alcanzaría poco antes de 1970. Obviamente, la fecha se fue posponiendo para hacer sobrevivir a esa teoría. Hoy la premisa del declive de las reservas de petróleo está seriamente cuestionada y ninguna empresa o gobierno la toma en serio. Resulta que el petróleo es más abundante de lo que nos imaginábamos y los geólogos e ingenieros petroleros siguen encontrando formas más fáciles y económicas de sacarlo de las más profundas entrañas de la Tierra. Los lugares en los cuales antes resultaba prohibitivo buscar y producir gas y petróleo, como el Ártico, por ejemplo, ya no lo son.

Las reservas de gas y petróleo con las cuales hoy cuenta la humanidad son inmensamente superiores a las proyecciones más optimistas de consumo de las próximas décadas. O para decirlo en palabras del economista jefe de BP, Spencer Dale, "por cada barril de petróleo consumido en los últimos 35 años, se han descubierto dos barriles nuevos".

En el año 2000, el jeque Ahmed Zaki Yamani, ex ministro de Petróleo de Arabia Saudita, dijo en una entrevista que estaba muy preocupado porque el precio del barril había caído a 30 dólares. Yamani temía que los países de la OPEP se quedaran sentados sobre millones de barriles de reservas porque dentro de 20 o 30 años nadie querría comprarlos. "La edad de piedra no terminó por falta de piedras y la era del petróleo terminará, pero no por falta de crudo", sentenció. En efecto, en menos de dos décadas, la conversación energética mundial dio un nuevo giro, aunque no como lo imaginaba Yamani.

Tal y como quedó demostrado por los precios récord alcanzados en la última década, con un barril que superaba la barrera de los 100 dólares, ni siquiera los altos precios fueron suficientes para disminuir el consumo mundial. Incluso fueron infundados los temores más recientes de algunos analistas que pensaron que el desplome de los precios del barril a partir de 2014 haría poco rentable extraer el crudo de las zonas más profundas y técnicamente complicadas. El defecto de la teoría del pico del petróleo es que ignora que las nuevas tecnologías han ampliado el horizonte de la producción de hidrocarburos y han abaratado sus costos. Y aunque es cierto que a los humanos puede resultarnos difícil ser ahorrativos con lo que tenemos de sobra, hay otros imperativos que pueden llevarnos a modificar nuestra conducta (como, por ejemplo, la sobrevivencia...).

Cumplir el objetivo de limitar el aumento de la temperatura promedio de la superficie terrestre a menos de dos grados centígrados requiere que dejemos de quemar una gran cantidad de las reservas existentes de combustible fósil. La demanda mundial de hidrocarburos podría caer sustancialmente y no por falta de oferta de crudo o por los altos precios, sino porque su consumo continuado puede llegar a hacer imposible la vida en el planeta. Por ello lo que debemos preguntarnos no es si el precio del petróleo será lo suficientemente alto como para extraer los próximos mil millones de barriles del subsuelo (el volumen que se necesitaría para satisfacer el consumo mundial de los próximos 30 años). Más bien la nueva y urgente pregunta es si el clima nos va a permitir que esto suceda.

Los grandes actores del sector energético ya están tomando precauciones. Según un estudio publicado por la revista *Nature*, un tercio de las reservas estimadas de petróleo, la mitad de las reservas de gas y más del 80% de las reservas de carbón conocidas pueden hoy considerarse "stranded assets" o activos varados o bloqueados. En fin, inutilizables.

A mediados de 2017, los accionistas de Occidental Petroleum aprobaron una resolución que obligó a la gerencia de la petrolera a ser transparente respecto a sus *stranded assets*. Esta debía indicar claramente qué proporción de las reservas probadas que reportaba como activos en su balance jamás llegarían a ser extraídas y vendidas. Pocas semanas después, el turno le tocó a ExxonMobil. Los directivos de la gigante del petróleo se vieron obligados a ceder a la presión de los accionistas que exigieron que la compañía revelara sus vulnerabilidades ante el cambio climático y, concretamente, que hiciera públicas sus estimaciones acerca de cuánto caería el precio de sus acciones cotizadas en la bolsa si parte de los activos –las reservas de gas y petróleo– que justifican su actual valor se volvieran inutilizables.

Un reciente informe público de Shell estima que el pico de demanda petrolero (¡no el pico de oferta que había erróneamente pronosticado Hubbert sino, todo lo contrario, un pico máximo de demanda!) será alcanzado aproximadamente en el 2030. Estamos hablando de poco más de una década. Según la empresa, después de esa fecha, el consumo de hidrocarburos caerá como consecuencia de la "descarbonificacion" de la economía mundial por presiones medioambientales.

Así que, a pesar del retiro de Estados Unidos del acuerdo climático de París, la industria petrolera anticipa un futuro marcado por mayores impuestos, más severas regulaciones ambientales y límites más estrictos a las emisiones de gases que fomentan el calentamiento global. Es por ello que las grandes compañías petroleras del mundo, las que no solo deben responder a sus gobiernos y al público en general, sino también a sus accionistas, se están preparando para lo que estiman será el más grande giro en el consumo de energía desde la Revolución Industrial.

Un nuevo consenso se está conformando alrededor de la idea de que la demanda de combustible para los carros de pasajeros caerá en la medida que nuevas normativas del carbono entren en vigor, las baterías sean más eficientes y baratas, los automóviles eléctricos se hagan más comunes y el motor de combustión sea rediseñado para que consuma sustancialmente menos gasolina. Ya las nuevas tecnologías han mejorado la eficiencia del combustible y esto ha llevado a reducir la cantidad de gasolina y diésel utilizados para el transporte, disminuyendo así la demanda de crudo.

Por otro lado, la inevitable masificación de los carros eléctricos, de los vehículos sin conductor y de las plataformas de economía compartida como Uber también apuntan a una menor demanda de energía. Además del transporte, las nuevas tecnologías que consumen menos hidrocarburos están penetrando hogares, industrias, gobiernos y las fuerzas armadas de muchos países de manera acelerada. El crecimiento económico solía ir aparejado con el mayor consumo de energía, pero en las economías avanzadas esto está dejando de ser así, por lo que, cada vez más, crecimiento y consumo corren separados.

¿Y en las economías emergentes? Aún con la reciente desaceleración de su crecimiento, más chinos e hindúes entran en la clase media. Ellos consumirán más, comprarán más autos y viajarán más lejos. ¿No aumentará eso la demanda de combustibles? Sí, pero también en Asia el aumento en la demanda se equilibrará con esfuerzos para reducir los gases de efecto invernadero y limitar el cambio climático. En esto, China ha empezado a ejercer un sorprendente liderazgo. El Gobierno chino está subsidiando los carros que funcionan solo con electricidad y en las ciudades, en los días cuando la calidad del aire es mala, solo permiten circular vehículos eléctricos. Y no hay que hablar chino para entender a dónde apunta la tendencia. En París y Ciudad de México los vehículos diésel estarán completamente prohibidos para el 2025. Y en Noruega y en la India no estará permitido el uso de automóviles a gasolina en el año 2030.

¿Qué tiene que ver todo esto con este libro? ¿Con Venezuela? Mucho.

Tener reservas de hidrocarburos que se puedan tornar inutilizables no es solo una amenaza para el valor de las acciones de las empresas petroleras. También es una amenaza para los petroestados que, como Venezuela, dependen de la exportación de crudo para darle de comer a su gente.

Ojalá los venezolanos estemos a tiempo para adecuarnos a esta nueva realidad de un mundo donde el petróleo ya no es lo que era. Un mundo en el cual las grandes reservas de hidrocarburos de que dispone Venezuela sean inutilizables es un mundo que obligará a que en el país se hagan dramáticos cambios en su economía, en su política y hasta en sus valores y su cultura.

Todavía falta para que esto llegue. Pero no mucho. Por eso es que es tan urgente comenzar a manejar mejor nuestro petróleo y nuestra industria petrolera. Hay que repensarla urgentemente y con visión de futuro. En estas páginas está el catalizador de una fructífera discusión acerca de cómo nos puede ayudar el petróleo a ser un país próspero, pero cuya economía y sociedad no solo dependan del petróleo.

Una propuesta en la que esos cambios obligatorios en nuestra economía, en la política y hasta en nuestros valores y cultura no sean dramáticos debido a un estado de cosas insostenible, sino más bien producto de un plan debatido, consensuado y ejecutado seriamente.

Unos cambios que permitan la transformación de un Estado venezolano que se ha estructurado como lo que se ha denominado un petroestado, es decir, un Estado grande con inmensos recursos que siendo propiedad de los ciudadanos han sido gestionados como si fuesen una riqueza personal de los gobernantes y sus partidos, lo cual ha mineralizado una relación de dependencia clientelar entre el Estado y los ciudadanos.

Y al afirmar que más allá de los cambios políticos y económicos que se proponen en este texto se pueden producir cambios culturales, nos viene a la mente la propuesta de democratización del ingreso petrolero que aquí se expone y donde cada venezolano percibirá de manera directa una parte de este ingreso, del cual tendrá que pagar una tasa como contribución directa al Estado. De esta forma quedará de manera clara y transparente que somos todos los venezolanos, dueños del petróleo, los que financiamos al Estado. Este es un cambio que va mucho más allá de una identidad contable. El simple hecho de que todos los años los venezolanos vean en una cuenta personalizada cómo del ingreso que les corresponde se hace un pago directo al Estado, permitirá un cambio significativo en la relación y las exigencias de los ciudadanos al Estado.

Esta realidad estimulará, a su vez, el surgimiento de una profunda conciencia social, así como un alto nivel de exigencia sobre la transparencia en la inversión de esos recursos, lo que iniciará el camino dirigido hacia la superación de la relación clientelar que hoy impera entre el Estado y los ciudadanos.

Venezuela energética plantea un debate necesario y urgente. López y Baquero provocan una conversación que los venezolanos necesitamos tener ahora, pues de ello depende que el país esté en posición de aprovechar las últimas oportunidades de prosperidad que el petróleo podría brindarle en años venideros.

Inicié este prólogo aplaudiendo la relevancia del contenido de este libro, a la vez que me confesé conmovido por su valentía: lo que podría ser un mapa para explorar el futuro de una gran nación fue escrito en servilletas y hojas de papel sueltas, como furtivas cartas de amor que lograron escapar a la censura de una prisión militar.

A pesar de su naturaleza técnica, esas cartas no son otra cosa que una forma más de demostrar el amor por Venezuela. Ese amor que ayudará a rescatar la democracia y usar nuestros recursos para construir el país mejor con el que sueñan y por el que luchan los autores de este libro.

Y millones más.

Moisés Naím
Septiembre de 2017

Introducción

Para determinar a dónde queremos ir, debemos saber de dónde venimos. Resulta vital acercarnos a la historia para entender el presente y vislumbrar el futuro que necesita el país. En la primera parte de este libro, presentamos un resumen del primer siglo de la industria petrolera venezolana y de los acontecimientos internacionales que influyeron sobre ella. Revisamos algunas lecciones sobre el desarrollo institucional de nuestra industria para comprender cómo las reglas formales e informales (el pensamiento, las leyes y la cultura) marcaron las decisiones que se tomaron alrededor del petróleo. Particularmente, describimos la influencia que ha tenido, sobre la población en su conjunto, la percepción de las élites en cuanto a la propiedad de los hidrocarburos, así como sus creencias acerca de cuánto debe ser el volumen de producción, el ingreso fiscal petrolero y cuál el destino de la renta. Porque estas creencias políticas se tradujeron en directrices para la industria petrolera y tuvieron impacto fundamental en el desarrollo del país en el siglo veinte y en el que transitamos ahora. Creemos que esta revisión puede ayudar a comprender la verdadera naturaleza de la institucionalidad petrolera de Venezuela y, por extensión, su funcionamiento como petroestado. La idea es cuestionar una serie de mitos enraizados en el pensamiento petrolero venezolano, que, en nuestra opinión, limitan nuestra capacidad para revisar los problemas estructurales del país. Acompañaremos la narración de los hechos con un resumen de la evolución histórica del volumen de producción, del precio internacional del barril de petróleo, y de los constantes esfuerzos que hará el Gobierno venezolano por modificar la tasa de imposición fiscal del sector petrolero.

En la segunda parte, examinamos la actualidad energética en el mundo, el potencial y la evolución de Venezuela como país energético y petrolero, y cuál ha sido el desempeño reciente de Pdvsa en este entorno, que puede resumirse como un conjunto de prácticas que hicieron retroceder nuestra industria en comparación con los avances relativos logrados durante el siglo XX, erosionando su competencia operacional, disminuyendo la producción petrolera en más de 1 millón de barriles por día, y mermando la capacidad de competir en el mercado internacional.

Todo esto con la finalidad de proveer el contexto y fundamentos para el planteamiento de nuestra propuesta de renovación estratégica sobre una nueva política energética venezolana, en la que entramos en la tercera parte, la propuesta.

Nuestra propuesta es una invitación al debate para lograr un gran "Acuerdo nacional de los venezolanos sobre la nueva política energética del país". Se apoya en cuatro pilares estratégicos:

1. Maximizar la producción petrolera y gasífera
2. Diversificar la economía a partir del petróleo
3. Democratizar el petróleo
4. Desarrollo sustentable y el equilibrio ambiental

Uno de los pilares evalúa nuestras posibilidades para maximizar la producción de hidrocarburos y dejar de ser lo que somos hoy: el país que con las mayores reservas de petróleo que existen a nivel mundial, aproximadamente 20%, tenga solo cerca del 2% de la producción. Planteamos asumir sin complejos el sector petrolero como palanca para la recuperación económica del país y al mismo tiempo avanzar sobre la diversificación económica de Venezuela. Estamos convencidos de que no existe un divorcio entre el incremento sustancial de la producción de petróleo y gas mientras se reactiva en paralelo la economía no petrolera venezolana, como explicaremos en otro de nuestros pilares estratégicos.

Planteamos ir más allá de hacer de la industria petrolera lo que debería ser: proponemos convertirla en una plataforma para el progreso de la nación entera, no solo del Estado que actualmente controla absolutamente esa industria. Uno de los pilares de nuestra propuesta es la democratización del petróleo: un esquema mediante el cual todos los venezolanos tengan acceso al ingreso petrolero a través de un fondo nacional independiente de los gobiernos de turno que administre esas ganancias, inspirado en las mejores prácticas de los fondos soberanos exitosos a nivel mundial pero ajustado a las necesidades críticas de Venezuela.

Finalmente, nuestra propuesta se proyecta más allá de los hidrocarburos, para lograr hacer de Venezuela un país adaptado a los cambios de transición energética que se han venido acelerando recientemente. En el último pilar revisamos las fuentes de energía renovables hacia las cuales apunta nuestra visión para luego explicar cómo planteamos la transición hacia ellas de forma definitiva, a través del gas natural. Comenzaremos analizando las ventajas y algunas dificultades de la energía solar y eólica y haremos una breve reseña de algunas fuentes de energía renovables adicionales y sus posibles aplicaciones en nuestro país.

Una mejor Venezuela es posible, tenemos el recurso humano y los recursos energéticos. Cambiemos de una vez el paradigma de ver el petróleo como una maldición, veámoslo como una gran bendición si sabemos aprovecharlo.

Esta propuesta que sometemos a consideración de la sociedad venezolana es una invitación al debate de cómo lograrlo.

Prefacio

La idea de trabajar juntos en una propuesta petrolera surgió una década atrás. Corría 2007 y para ese entonces ejercía el tercer año de mi segundo mandato como alcalde del municipio Chacao de Caracas. A principios de ese año, me reencuentro con Gustavo Baquero, quien regresaba de Europa luego de pasar años estudiando y trabajando en distintas empresas petroleras internacionales. Esto coincide justo con el período en el que la industria petrolera venezolana migraba del modelo de convenios operativos, acuerdos de ganancias compartidas y asociaciones estratégicas, al modelo de empresas mixtas.

Movidos por una pasión en común sobre el tema energético de Venezuela, iniciamos conversaciones que paulatinamente fueron convirtiéndose en sesiones de trabajo, que muchas veces comenzaban en la tarde y terminaban extendiéndose hasta la madrugada.

La pasión por el tema petrolero la albergo desde que realicé el máster en Políticas Públicas en la Escuela de Gobierno John Fitzgerald Kennedy, de la Universidad de Harvard. Allí combiné mis estudios con la creación de una organización dedicada a la discusión y debate sobre temas relacionados con Venezuela, el Fórum Venezuela. En aquellos años, principios de los 90, Venezuela no despertaba mayor interés académico y había muy poca discusión sobre nuestro país. Esta organización buscaba revertir esta tendencia a la vez de servir de plataforma de encuentro para estudiantes venezolanos en todo Estados Unidos, no solo en Harvard. Mediante esta iniciativa montamos decenas de eventos, invitamos desde políticos y académicos hasta artistas plásticos y músicos a presentar su visión sobre los problemas del país. Tuve la oportunidad de conocer y establecer amistad con muchos otros venezolanos con el mismo interés: Venezuela y su porvenir.

En el terreno académico, más allá de las materias obligatorias, me dediqué a profundizar sobre dos temas: petróleo y créditos comunitarios. Eran los momentos del auge de las microfinanzas, iniciado por Mohamed Yunus en Bangladesh. Mi tesis de campo la hice sobre un programa de microcréditos en Nicaragua, lo que me llevó a estar en Managua durante tres semanas estudiando de cerca un programa de créditos a mujeres que estaba teniendo mucho éxito. Mi tesis la escribí pensando siempre en cómo aplicar una iniciativa similar en Venezuela que les diera oportunidades de crédito a los más pobres.

Con respecto al tema petrolero tuve la oportunidad de investigar y escribir sobre el marco institucional de la industria del petróleo. Eso me llevó a hacer un estudio comparado de varios países productores, a través de la aproximación teórica del premio Nobel de Economía Douglas North. Terminaba el invierno de 1996, faltaban pocos meses para acabar el máster en Harvard y presenté finalmente mi tesis, titulada "La regulación del capital privado en la industria petrolera venezolana", en la que estudié los escenarios posibles frente a una reforma de la regulación y la institucionalidad de Petróleos de Venezuela (Pdvsa).

Era la época de la apertura petrolera. Ingresé en el departamento de planificación estratégica, específicamente en la oficina del economista jefe, que en ese momento era Ramón Espinasa. El equipo de esta oficina era pequeño pero muy bien formado en el área de economía, una disciplina ajena a una empresa dominada por ingenieros. Nos fue asignada la tarea de hacer el análisis del impacto micro y macroeconómico de la apertura petrolera, que era un pilar central en el plan estratégico de Pdvsa y de la nación.

Mi trabajo en Pdvsa me permitió conocer la Venezuela petrolera. Fui varias veces a Monagas, Anzoátegui, Zulia, Delta, Barinas y Falcón; visité refinerías, taladros, centros de operaciones, puertos petroleros. Conocí el esqueleto de nuestra economía. Los hierros de la industria petrolera. Pero también conocí de cerca el alma de una producción fundamental para nuestro país, los trabajadores petroleros.

Durante esos años me tocó participar en varios proyectos, algunos relacionados con el ámbito operativo de la empresa y otros con el resto de la administración pública. Fui parte de una comisión mixta que se reunía todos los lunes, en la que participaban Pdvsa, el Banco Central y los ministerios de Hacienda, de Planificación y de Energía y Minas.

Otro de los proyectos en que pude participar fue en la elaboración de un caso de estudio para Harvard Business School sobre la política de internacionalización de Pdvsa a partir de los años 80. Este proyecto me permitió conocer de cerca las actividades de comercio y refinación con las que contaba Pdvsa fuera del territorio venezolano.

En Pdvsa tuve un segundo posgrado: me apasionaba el tema petrolero, como me sigue apasionando, y estuve en el mejor lugar para formarme en esta área.

Gustavo Baquero es un profesional venezolano de la industria del petróleo y gas, con más de 18 años de experiencia internacional. Ha trabajado en destacadas empresas petroleras en varias partes del mundo.

Es ingeniero industrial de la Universidad Católica Andrés Bello (UCAB), realizó su tesis de grado en temas de evaluación de impacto ambiental de la industria petrolera venezolana.

Su primer trabajo fue en proyectos de recuperación y reciclaje de desechos de la industria petrolera a nivel nacional, lo cual le permitió conocer desde las operaciones en la Faja del Orinoco hasta las actividades de extracción de carbón en la Guajira venezolana.

Realizó una maestría en administración de negocios internacionales en el Instituto de Empresa de Madrid y luego continuó trabajando en la industria petrolera a nivel internacional, donde ha desempeñado cargos en comercialización de crudos y productos (*trading*), finanzas corporativas, gerencia de proyectos, operaciones en campos de petróleo y gas, especializándose actualmente en estrategia y desarrollo de negocios energéticos.

Ha sido profesor de Economía Petrolera en la UCAB y de Gerencia del Negocio de los Hidrocarburos en el IESA (del cual tiene diplomado). Adicionalmente tiene estudios en Negociaciones de la Escuela de Gobierno John Fitzgerald Kennedy, de la Universidad de Harvard.

Nuestras primeras discusiones sobre política energética versaron sobre las doctrinas históricas y el pensamiento petrolero venezolano, desde Gumersindo Torres, pasando por Alberto Adriani y Arturo Uslar Pietri, Juan Pablo Pérez Alfonzo y Rómulo Betancourt, hasta los tiempos actuales. Gran parte de esas conversaciones y discusiones están reflejadas en lo que hoy es la primera sección de este libro, "Los primeros 100 años".

Estábamos conscientes de la importancia de estudiar a profundidad los primeros 100 años de nuestra historia petrolera; de emprender la revisión, la interpretación y el análisis, no con el objetivo de quedarnos en el pasado, sino de ver hacia el futuro y poder plantearnos como nación cómo deben ser los próximos 100 años. Producto de esta revisión, pronto llegamos a acuerdos sobre algunas premisas orientadoras de todos nuestros esfuerzos: hablar de una mejor Venezuela sin comprender seriamente el tema petrolero es, además de una entelequia, una enorme irresponsabilidad, pero también ha sido una enorme equivocación hacer depender a nuestra nación y su economía únicamente de la renta petrolera.

De manera tal que nos deslindamos, y queremos decirlo con claridad, de las posiciones que a lo largo de la historia han ocasionado nuestra hiperdependencia de la renta petrolera, pero también de aquellas posiciones que consideran el petróleo como el excremento del diablo, lo cual en el fondo oculta una gran externalidad y busca hacer ver como responsables de nuestras desgracias a los recursos que como nación tenemos, y no a los hombres y las instituciones que estos han administrado. Creemos que hay que dejar atrás, definitivamente, esa consigna pesimista de que el petróleo es una maldición y que ser el país con las mayores reservas de petróleo del mundo es una gran bendición, si sabemos aprovecharlas y desarrollarlas de manera responsable para las generaciones futuras del país.

Nuestro objetivo fundamental no trataba de elaborar únicamente un plan petrolero o un plan de políticas públicas. Nos planteamos someter a la consideración de los venezolanos una visión sobre dónde queremos estar en el largo plazo y en función de esa visión fijar los objetivos estratégicos. Posteriormente a nuestras sesiones de trabajo, invitamos a diversos amigos y expertos a reflexionar y discutir sobre la situación actual del sector energético mundial, así como la actualidad de la industria petrolera venezolana.

Fue así como surgió la semilla de este libro y nos propusimos que nada más adecuado que publicarlo en el año 2014, justo cuando nuestro país cumpliría 100 años de historia petrolera desde el primer descubrimiento comercial del Zumaque.

Durante los años 2010, 2011 y 2012, por mi vocación y responsabilidades políticas, emprendí numerosos recorridos por el país. En varias oportunidades invité a Gustavo Baquero para que me acompañara y nutriéramos nuestras sesiones de trabajo en oficina con la constatación en campo de los impactos de esa Venezuela petrolera que tanto estudiábamos. Recuerdo muy especialmente un recorrido por zonas profundamente marginadas y empobrecidas de Maracaibo y San Francisco, en el estado Zulia, y con mucha indignación conversamos sobre la inmensa e inhumana ironía de caminar sobre tierras de pobreza extrema mientras debajo de ellas se encuentran reservas petroleras gigantescas.

Llegamos a la conclusión de que no hay justificación lógica, desde el más alto interés nacional, para que Venezuela siga adoptando una política petrolera de acaparamiento del principal recurso natural en el subsuelo, mientras en la superficie reine la pobreza y el subdesarrollo, sacrificando así una oportunidad histórica irrepetible para impulsar el bienestar y el progreso en todo nuestro país.

De igual importancia fue una asamblea de ciudadanos en Punta de Mata, estado Monagas, donde sus habitantes exponían que el período de mayor prosperidad económica fue durante la década de los 90, cuando, aunque los precios del petróleo eran bajos, existía mucha actividad y empleo generados por los incrementos de proyectos y producción petrolera en la zona.

Pero en estos recorridos no solo se evidencia la terrible realidad de un Estado rico en recursos y un pueblo empobrecido, sino el enorme impacto ambiental producto de la gestión irresponsable de la industria petrolera en los últimos 10 años. En Falcón, Monagas y Anzoátegui, por nombrar pocos ejemplos, son numerosos los dramas de sus habitantes por el terrible impacto de accidentes como el de Amuay, desastres ambientales como el del derrame en el río Guarapiche y sanitarios como el de los gases tóxicos generados por las gigantes montañas de coque en el Complejo Industrial de Jose, en Anzoátegui.

Ya con nuestras sesiones de trabajo, consultas con amigos y expertos y recorridos por el país, decidimos dar un paso más para ir puliendo nuestra visión: decidimos, por un lado, participar juntos y por separado en distintos foros y debates sobre la industria petrolera venezolana y el manejo de su renta (como el fórum UCAB[1] y los debates en el IESA[2]), y, por otro, publicar artículos

---

1   Https://www.aeucab.net.ve/boletinjunio2013detalle1.html.
2   Http://www.iesa.edu.ve/inicio/2013julio08/1368=pensandoenpetroleo,unanuevavisionparavenezuela.

de opinión para recoger críticas, aportes, refutaciones y validaciones a nuestras ideas. Durante el año 2013 publiqué ocho artículos en *El Nacional*, de Caracas, bajo el título "Venezuela y petróleo".

De esta forma construimos nuestra visión energética, fundamentada en aumentar la producción hasta volver a convertirnos en uno de los principales productores mundiales, en el marco de una verdadera democratización del petróleo que asegure definitivamente el bienestar de los venezolanos, pero con un enfoque responsable que finalmente nos permita romper con la dependencia y saldar la deuda histórica de la diversificación económica. Una visión responsable que genere la confianza y estabilidad necesarias para atraer las grandes inversiones requeridas en este negocio y que nos permita sanar financieramente nuestra principal empresa, Pdvsa. Una visión responsable que considere el impacto sobre nuestro medio ambiente; el equilibrio entre este y el desarrollo de la industria; y piense en el mundo y la Venezuela pospetrolera, planteando el uso de nuestros hidrocarburos y su renta para la diversificación de las fuentes de energía.

En febrero de 2014 fui encarcelado arbitraria e injustamente por la dictadura. Este hecho, aunado a que desde 2014 he pasado un año y seis meses absolutamente aislado (es decir más de la mitad de mi encarcelamiento), evidentemente trastocó los planes iniciales para la primera publicación de nuestro libro. Enfrentar esas condiciones ha sido mi mayor reto y, por eso, desde que llegué a Ramo Verde entendí que mi principal terreno de lucha estaba en mi estado de ánimo y en mi mente. Por lo tanto, diseñé una rutina que me permitiera hacer de cada día una oportunidad para crecer, para estar más fuerte, más sereno, para pensar y reflexionar sobre los temas fundamentales del país y, aun en medio de las adversidades, continuar en este proyecto que tanto me ha apasionado por años.

De tal forma que a la par de escribir sobre mis vivencias y reflexiones en Ramo Verde, publicadas en el libro *Preso pero li-*

bre, seguí trabajando en esta propuesta y pude hacerle llegar a Gustavo Baquero, a través de abogados y familiares, diversas libretas, notas, apuntes, papeles y hasta servilletas durante las audiencias del juicio oculto y amañado al que fui sometido.

Con el tiempo las restricciones para escribir fueron aumentando y llegaron al extremo de que solo se me permitía estar en mi celda con una Biblia, prohibiéndome tener lápiz y papel. El director de turno de la cárcel siempre me exigía que pasara por escrito mis reclamos y aprovechaba esas oportunidades para hacerme con algunos trozos de papel, los cuales, utilizando el argot carcelario, mantuve en "caletas". Fue así como durante las visitas pude ir sacando pequeños trozos enrollados minuciosamente para que pudieran superar la requisa a las que eran sometidas mi esposa y mi madre. Algunos de ellos se muestran a continuación:

Este retraso nos obligó igualmente a revisar parte del contenido escrito hace tres años a la luz de las nuevas realidades petroleras y energéticas y que hoy finalmente podemos compartir con los venezolanos.

Esta propuesta sobre nuestro petróleo es una invitación a un amplio debate. Estamos convencidos de que todo este ambicioso plan nacional tiene viabilidad. Creemos que sí se puede físicamente, porque los recursos petroleros están allí, acaparados en el subsuelo, y está en nuestras manos y nuestras conciencias usarlos responsablemente para el porvenir de nuestras venideras generaciones. Sí se puede financieramente, porque sabemos que tenemos las potencialidades para acometer esta expansión nacional en la medida en que generemos la confianza necesaria para atraer las inversiones. Sí se puede técnicamente, porque existen los métodos para convertir nuestro petróleo y el gas natural en una inmensa fuente de prosperidad para todos los venezolanos. Sí se puede socialmente, porque los venezolanos queremos mucho más que "una ayuda" del Estado, deseamos progresar en libertad, y nos sabemos capaces de crecer al máximo como seres humanos sin depender de entes superiores que nos terminan dominando. Y sí se puede políticamente, porque todos los venezolanos tenemos un gran entusiasmo por el futuro y estamos dispuestos a hacer lo necesario para convertir ese entusiasmo en acciones para realizar los sueños de felicidad que nos son propios.

Leopoldo López
Preso de conciencia
Cárcel militar de Ramo Verde, 2017

Primera parte
LOS PRIMEROS 100 AÑOS

Nada como la historia para entender de dónde venimos y cómo hemos llegado a la actualidad. Una revisión de nuestro primer siglo como país petrolero puede ayudar a comprender la verdadera naturaleza de la institucionalidad petrolera de Venezuela y, por extensión, su funcionamiento como petroestado.

El pensamiento petrolero en Venezuela se forma en torno al problema que significa capturar y aprovechar el ingreso fiscal petrolero, el cual proviene de la interacción de tres variables: volumen, precio y tasa impositiva. El peso que distintos actores le han dado a cada una de las variables influye significativamente sobre las distintas posturas de pensamiento petrolero de la Venezuela contemporánea.

Adicionalmente, haremos seguimiento a otra importante variable: la de renta petrolera, definida como la remuneración internacional de un recurso nacional por ser un bien escaso en otros mercados[3].

Para analizar el comportamiento de estas variables y describir los hechos históricos que las explican, estudiaremos cinco etapas institucionales de Venezuela:

1. 1910-1940: el comienzo de la industria y las primeras concesiones.

---
[3] Para mayor detalle ver: http://www.ildis.org.ve/website/administrador/uploads/RentaPetrolera.pdf.

2. 1941-1969: la soberanía fiscal y el camino hacia la nacionalización.
3. 1970-1983: la estatización de la industria petrolera y el colapso del modelo.
4. 1984-1999: la internacionalización de Pdvsa y la apertura petrolera.
5. 2001 a la actualidad: el petroestado del inicio del siglo XXI.

1910-1940: el comienzo de la industria y las primeras concesiones

> *Un bongo remonta el Arauca bordeando*
> *las barrancas de la margen derecha.*
> Rómulo Gallegos

Esa es la primera línea de una de las novelas latinoamericanas más reconocidas del siglo pasado: *Doña Bárbara*. En ella, Gallegos describe la Venezuela de comienzos del siglo XX, que no es muy distinta a la del XIX: una tierra salvaje y cruel, de extensos latifundios donde trabajan peones en condiciones tan precarias que parecen vestigios de esclavitud. Es en esa suerte de medioevo tropical donde se descubre un enorme reservorio de petróleo.

El bongo de esta historia no navegaba el río Arauca sino el Motatán, en el estado Zulia, a unos 15 kilómetros del lago de Maracaibo[4]. Transportaba hacia la hacienda Zumaque los equipos de perforación petrolera que llegaban desde Estados Unidos, por orden de un geólogo estadounidense llamado Ralph Arnold.

Arnold trabajaba para la Caribbean Petroleum Company, subsidiaria de la General Asphalt, constituida para explorar el territorio venezolano. General Asphalt había explotado por años asfalto crudo en el lago de Guanoco (en el estado Sucre, entonces conocido como Bermúdez), así que sus directivos intuían que podía haber más hidrocarburos en el resto del territorio. La demanda mundial crecía vertiginosamente y las petroleras libraban una cacería feroz por conquistar nuevos yacimientos. Casualmente, en Venezuela había petróleo por ser descubierto.

---

[4] El Zumaque I está al sur de la costa oriental del lago de Maracaibo, al pie del cerro La Estrella, 15 kilómetros al este de la ribera del lago y cerca de la población de Mene Grande (Sociedad Venezolana de Ingenieros de Petróleo, 2009).

La Caribbean había conseguido una enorme concesión para explorar y explotar petróleo dentro de 27 millones de hectáreas, por lo que contrató a un equipo de geólogos para evaluar el potencial[5]. Ralph Arnold asumió en 1912 esa tarea. Dirigía un equipo de técnicos que recorrió Venezuela desde el estado Bermúdez hasta el Táchira. Así dieron con la formación geológica de La Luna, que rodea el subsuelo del lago de Maracaibo y se extiende bajo los territorios de Zulia, Táchira, Mérida, Trujillo, Lara y Falcón.

Cerca de allí se encontraba la hacienda La Alquitrana, propiedad del doctor Manuel Antonio Pulido, donde operaba desde 1875 la primera compañía de petróleo de Venezuela: Petrolia del Táchira, una empresa de capital privado venezolano que llegó a explotar ocho pozos y refinar kerosene y gasolina para comercialización en Táchira y sus estados adyacentes. Su presencia era un buen indicio para el equipo de geólogos.

Las lutitas –rocas sedimentarias ricas en hidrocarburos– que abundaban en la formación de La Luna indicaban la presencia de petróleo en la zona. Arnold redactó un informe sobre lo promisorio del terreno para su casa matriz que fue a dar a manos de la Royal Dutch Shell, la cual se decidió a comprar en 1913 el 51% de las acciones de la Caribbean Petroleum Company por USD 10 millones de la época.

La inyección de dinero impulsó la perforación exploratoria del campo Mene Grande en Zulia. Se perforaron los pozos exploratorios Zumba, Zumaya, Zumbacaya, Zumbapalo y Zumaque, y el 31 de julio de 1914 el Zumaque I, formalmente bautizado como MGI, comenzó a producir 264 barriles diarios de crudo ligero. Era un hecho: las adyacencias del lago de Maracaibo albergaban un reservorio de petróleo de gran potencial, lo suficiente como para hacer viable su explotación comercial.

---

[5] La concesión fue inicialmente otorgada al Dr. Rafael Max Valladares y luego traspasada a la Caribbean Petroleum Co. Abarcaba los estados Sucre, Monagas, Anzoátegui, Nueva Esparta, Trujillo, Mérida, Zulia, Lara, Falcón, Carabobo y Yaracuy (Betancourt, 1985).

El general Juan Vicente Gómez, quien venía de autoproclamarse Presidente de los Estados Unidos de Venezuela, se encargaría de lidiar directamente con los retos de la naciente industria petrolera para permanecer en el poder. Pero también nacería una institucionalidad petrolera que más tarde heredaríamos de las compañías internacionales, y que definió las condiciones de la negociación inicial. Las viejas familias de hacendados se enfocaban en materias primas agrícolas, como café y cacao, y dedicaban abundantes recursos a mantenerse en buenos términos con el Gobierno. A diferencia de las regiones petroleras de Estados Unidos de medio siglo atrás, en nuestro país no existía el contexto institucional que permitiera a pequeños empresarios arriesgarse a dejarlo todo para convertirse en el próximo John D. Rockefeller, entre otras cosas porque se ignoraba el potencial comercial del petróleo.

Para aquel momento, solo los dueños de Petrolia habían conseguido una concesión que, aunque operó rentablemente, no alcanzó dimensiones suficientes para exportar productos más allá de Cúcuta. El Gobierno cortó las iniciativas venezolanas privadas para dar paso a las trasnacionales. La Bermúdez Company estaba muy interesada en continuar sus operaciones más allá del lago de Guanoco. Para ello debía conseguir una concesión para explorar el territorio en busca de reservas explotables, pero tenía un problema: la New York & Bermúdez Company, su hermana gemela, había sido objeto de un escándalo durante el gobierno de Cipriano Castro en el que se había tenido que involucrar la cancillería estadounidense. Decidieron usar un testaferro; el elegido sería el doctor Rafael Max Valladares.

El 14 de julio de 1910 Valladares suscribió un contrato con el Ejecutivo Federal para adquirir el derecho de explorar y explotar durante 47 años la península de Paria, el distrito Benítez del estado Sucre, el municipio Pedernales y las islas adyacentes al Delta Amacuro. Se fijaron como impuestos del contrato 5% de regalía sobre el producto exportado y 50% de los derechos de importación sobre productos refinados, más un depósito por Bs. 120.000 en bonos de la deuda pública nacional en el Banco de Venezuela. Cuatro días después, Valladares traspasó la concesión a la Bermúdez Company.

Dos años más tarde se repetiría el *modus operandi*. El 2 de enero de 1912 Valladares suscribió un segundo contrato de concesión para obtener el derecho de explorar y explotar el subsuelo de los estados Sucre, Monagas, Anzoátegui, Nueva Esparta, Trujillo, Mérida, Zulia, Lara, Falcón, Carabobo y Yaracuy. El concesionario solo debía pagar un bolívar por hectárea como renta anual sobre el territorio, una regalía de dos bolívares por tonelada métrica de mineral producido (cerca de siete centavos de dólar por barril) y 50% de importación de los productos refinados. Dos días después Valladares traspasó el contrato a otra filial de la General Asphalt, la Caribbean Petroleum Company, constituida para representar los intereses de General Asphalt en inversiones petroleras dentro del territorio venezolano. El territorio agregaba 27 millones de hectáreas a pesar de que la normativa legal colocaba un tope de 800 hectáreas para concesiones de exploración, pero esas contradicciones no eran un problema si el general Gómez estaba de acuerdo con el negocio.

Sobre esta concesión fue que el equipo de Ralph Arnold llevó a cabo la citada exploración geológica e identificó el potencial petrolero del territorio venezolano, y, como ya se mencionó, 51% de la concesión obtenida por la Caribbean fue adquirida por Royal Dutch Shell. Durante los años 1913 y 1914 la Royal Dutch Shell organizó dos nuevas filiales en Venezuela: la Venezuela Oil Concessions Ltd. y la Colon Development Ltd., con las cuales adquirió aún más concesiones en los alrededores de Maracaibo. Entre 1918 y 1920 la Corona Británica se unió a la repartición, adquiriendo –al margen de la Ley de Minas, que prohibía entregar concesiones a gobiernos foráneos– contratos de concesión a través de la British Controlled Oilfield, registrada en Canadá. Obtuvo en esos años los derechos de exploración y explotación de 3.000 millas cuadradas en Falcón y 15.000 más en el Delta Amacuro, zonas estratégicas para el almirantazgo por su cercanía con el Canal de Panamá y las Antillas británicas, respectivamente.

Poco a poco se implementaron las inversiones necesarias para el desarrollo de los campos, de lo que resultó el desarrollo del pozo Zumaque I en 1914. No obstante, la producción venezolana no terminaba de despegar en relación con el potencial evaluado técnicamente. Pero en 1922 reventó el pozo Barroso II de Shell en el campo La Rosa de la cuenca de Maracaibo, desbordando por ocho días lo que se estimó que fueron 100.000 barriles. Esto detonó un nuevo episodio de frenesí petrolero: el recurso estaba para quien quisiera venir a explotarlo en los términos de Gómez. Entre 1920 y 1930 llegaron a Venezuela más de cien compañías americanas para trabajar en la industria petrolera, siendo las más favorecidas la Lago Petroleum Corporation, la Creole Petroleum Corporation y la Standard Oil de Venezuela.

El negocio petrolero era demasiado sofisticado para la mayoría de los venezolanos, los cuales no tenían el chance de obtener una concesión ni el capital para hacer las inversiones requeridas. Al ciudadano de a pie de las regiones petroleras no le quedó otra que convertirse en obrero que resentía de los capitalistas, quienes de forma implacable lo explotaban aprovechando que no existían –ni existirían mientras reinara Gómez– uniones sindicales. Los venezolanos habían sido condenados por la política del Benemérito a ser los siervos de esta historia, y no emprendedores exitosos.

La reventa de concesiones al estilo Valladares se volvió un negocio redondo para los cercanos al régimen, hasta que Gómez decidió prescindir de los intermediarios y formar la Compañía Venezolana de Petróleo (CVP) para canalizar él directamente el otorgamiento de concesiones. Se estima que de esa compañía

Gómez obtuvo para su enriquecimiento personal más de USD 4 millones de la época, unos USD 55 millones de hoy.

Pero atribuir los rezagos del desarrollo de nuestro país durante la primera mitad del siglo XX a Gómez (como individuo) o al petróleo (como recurso) es pasar por alto las reglas del juego que por décadas hemos perpetuado: el hecho de que el Ejecutivo Nacional controla sin contrapesos la principal fuente de ingresos del país. La danza de concesiones del gomecismo, como la llamó Rómulo Betancourt, no era más que el preludio de una larga historia de rentismo discrecional.

Gumersindo Torres: nace el pensamiento petrolero

Pero no todo fue sombra en los días de Gómez. De entre sus filas salió el primer intento de aprovechar la industria petrolera para algo más que unos pocos centavos por tonelada extraída. Fue iniciativa de Gumersindo Torres, ministro de Fomento de Juan Vicente Gómez en dos ocasiones: entre 1917 y 1922, y entre 1929 y 1931. Su aporte más reconocido fue la primera Ley de Hidrocarburos de Venezuela, la de 1920.

Torres desconocía la materia y decidió no despachar más concesiones hasta entender aquello. Se dedicó a estudiar las leyes petroleras mexicanas, rusas y estadounidenses. Hizo visitas de campo y se reunió con funcionarios de las petroleras. Vio que había pasado en Venezuela lo mismo que en otros países: las concesionarias se habían impuesto con condiciones muy ventajosas debido al desconocimiento local. Según su percepción, ahora Venezuela debía pasar a una etapa que incrementara sus beneficios[6].

Propuso una ley que regulara la actividad petrolera separada de la actividad minera, debido a su peso. Su foco sería la tributación,

---

6 Http://www.scielo.org.ve/pdf/cdc/v27n74/art02.pdf.

pues en comparación con otros lugares Venezuela cobraba muy pocos impuestos a las petroleras. Así, planteó el primer esquema de regalías por concepto de usufructo de la tierra en concesión, como se hacía en Estados Unidos, donde los propietarios de la tierra cobraban una renta a las empresas por explotar su subsuelo, y familias campesinas llegaban a acuerdos con empresas como Standard Oil a cambio de una renta, mientras que los gobiernos locales cobraban también una renta en las tierras públicas con la intención de no permitir distorsiones en el mercado. Torres quiso hacer lo mismo, proponiendo que fuesen los terratenientes quienes cobraran la renta, pero Vicente Lecuna, senador por el estado Lara, argumentó durante la discusión de la ley que en Venezuela las minas eran propiedad del Estado y que era el fisco el que debía cobrar. Alegó que el Estado era capaz de emplear mejor esos recursos en beneficio del fomento del país que los terratenientes.

Aunque a los efectos de la Ley de Hidrocarburos de 1920 Torres impuso su visión, pronto Gómez se daría cuenta del empoderamiento que ese cambio representaba para los propietarios de la tierra y cómo desafiaba su negocio de las concesiones. Muy pronto sería anulado el apartado que les permitía a los terratenientes negociar la renta con las petroleras[7].

La Ley de Hidrocarburos de 1920 promulgó un aumento de las regalías de explotación a 15% y estableció un derecho preferencial para que los terratenientes solicitaran concesiones durante un año, con lo cual más de 2.300 propietarios obtuvieron concesiones sobre sus tierras, que luego traspasaron a las compañías interesadas[8]. Además se incorporaron medidas novedosas. Ahora el Estado no podría negociar, ceder o renunciar a sus derechos mineros. Se estableció el principio de la reserva nacional de hidrocarburos, se definieron los procedimientos legales para

---

[7] Baptista y Mommer, 1987.
[8] Http://gredos.usal.es/jspui/bitstream/10300/70525/1/Derechos_de_propiedad%2c_companias_petrole.pdf.

la reversión de concesiones al Estado al término de su período, y se dio relevancia a la necesidad de realizar un catastro de áreas petroleras[9]. En su segundo término en el Ministerio de Fomento, Torres haría dos aportes más: la creación de la Oficina Técnica de Hidrocarburos, para fiscalizar directamente los aspectos operacionales de la industria, y la designación de un grupo de ingenieros civiles de la UCV para estudiar Ingeniería de Petróleo en Estados Unidos. Se puede decir que intentó priorizar el conocimiento de los venezolanos para operar la industria, lo cual era –y sigue siendo– requisito necesario para que los nacionales se involucraran más en la producción y administración del petróleo.

Adriani y Uslar Pietri: el campo y la "siembra del petróleo"

Alberto Adriani es el primero que habla de la idea del enclave petrolero en Venezuela. Cursó sus estudios de Economía y Sociología en Ginebra y Londres, lo que será relevante para nuestra historia, dada la filosofía económica de esas escuelas de pensamiento y por el paradigma que vivía Europa durante la estadía de Adriani, cuando se estudiaba la agricultura moderna como un actor muy importante en la economía.

Adriani tuvo una destacada carrera diplomática bajo el gobierno de Gómez. Viviendo afuera, escribió *Un programa de gobierno*, donde describió su anhelo de "levantar de sus ruinas la industria y el comercio" de Venezuela, y de construir infraestructura pública de logística y comunicaciones para potenciar las exportaciones tradicionales, mediante el fomento estatal[10]. Para él lo central era desarrollar el campo. El petróleo le parecía un problema menor y pasajero: "No debemos equivocarnos en la apreciación de los

---

9   Http://www.scielo.org.ve/pdf/cdc/v27n74/art02.pdf.
10 Http://www.fundacionalbertoadriani.org.ve/downloads/biografia_alberto_adriani.pdf.

cambios que han seguido al auge de la industria petrolera en Venezuela (...) es, desde el punto de vista económico, una provincia extranjera enclavada en el territorio nacional; y ejerce una influencia relativamente insignificante en la prosperidad económica de nuestro pueblo".

En el pensamiento de Adriani, la industria petrolera y la agrícola eran irreconciliables, y dada la transitoriedad de la riqueza extractiva –como él creía que era la petrolera–, había que enfocarse en el desarrollo del campo, y abogar, en la medida de lo posible, por la devaluación del bolívar para abaratar las exportaciones tradicionales. Esto llevó a que se pensara que el Gobierno no tenía por qué ocuparse de cuánto petróleo debía producir Venezuela, ni a qué precio lo vendía.

Así llegamos a la frase más conocida del pensamiento petrolero venezolano. El 14 de julio de 1936, Arturo Uslar Pietri publicó en el diario *Ahora* un editorial titulado "Sembrar el petróleo". En él criticó los estragos que había causado el petróleo en la economía nacional. Influenciado por Adriani, pensaba que los yacimientos se agotarían rápidamente y que de nada valía la pena esforzarse por desarrollar su industria; era mejor invertir en lo duradero: el campo. En su opinión, el Gobierno se estaba acostumbrando a percibir un fuerte flujo de recursos, del cual iban dependiendo más y más las actividades oficiales, y cuando el petróleo se acabara no habría nada que lo sustituyera.

Uslar Pietri también subraya en su editorial que la producción del petróleo "depende por entero de factores y voluntades ajenos a la economía nacional", exculpando, si se quiere, las acciones de Gómez y la élite gobernante. Sin duda, otra idea de Adriani. Su propuesta de "sembrar el petróleo" consistía en fortalecer la actividad agrícola en Venezuela a través de la industrialización del campo bajo la conducción del Estado.

Uslar Pietri subestimó tanto el negocio como el potencial de Venezuela para sostener una industria petrolera longeva. Ya en

1936 la industria petrolera global tenía casi 70 años y una demanda mundial creciente. Estados Unidos demostraba que una industria petrolera vigorosa no tenía por qué traducirse en una maldición para la economía local. Habría que prestar atención a toda la cadena de valor de los hidrocarburos para comprender en toda su magnitud el potencial económico, político y geopolítico que estos traen consigo: empleo directo e indirecto, infraestructura, capital, tasas de rentabilidad de una magnitud muy escasa en otras industrias.

La argumentación de Uslar también omite reconocer que, previo al desarrollo de la industria petrolera, el fisco nacional tenía pocos ingresos. La baja productividad de la economía venezolana dependiente de la actividad agricultora tradicional y la débil capacidad tributaria del Gobierno central no permitían que fuese de otra manera. Prácticamente lo único que lograba tributar el Gobierno central era el comercio de aduanas.

Participación fiscal de los ingresos petroleros
1921-1940

Año	Ingresos fiscales totales (Bs.)	Ingresos fiscales petroleros (Bs.)	Ingresos fiscales petroleros (% del total)
1921	82	1	0%
1926	182	70.069	38%
1930	210.959	113.183	54%
1935	202.598	117.983	58%
1940	354.688	230.418	67%

Fuente: Capacho et al., tomado de Rodríguez y Rodríguez, 2012.

Uslar también obvia las distorsiones en la inversión productiva que suponía el traspaso de las concesiones. Aún más, olvida una medida adoptada por el gobierno de Gómez que cambiaría la historia económica de Venezuela: el Convenio Tinoco.

Debido a la Gran Depresión americana que siguió al *crack* financiero de 1929, el dólar americano comenzó a devaluarse con respecto al oro, entonces ancla de las monedas del mundo; fue el primer gran reto cambiario del mundo moderno. En el caso venezolano, la paridad de cambio pasó de 5,26 Bs./USD a 3,06 Bs./USD. Dado que el comercio internacional de Venezuela se efectuaba mayormente en dólares americanos, su devaluación significaba el encarecimiento relativo de las exportaciones venezolanas (se necesitaban más dólares para pagar los mismos bienes producidos en bolívares) y, a su vez, un abaratamiento relativo de las importaciones pagaderas en dólares.

Muchos países decidieron devaluar su tipo de cambio con respecto al oro en la misma proporción que lo había hecho el dólar americano para contrarrestar el efecto cambiario. Pero en Venezuela se optó por lo inverso: el país obtenía más dólares si mantenía el tipo de cambio apreciado, con lo que podían incrementarse las importaciones en el corto plazo, aumentando rápidamente el nivel de consumo público y los ingresos aduaneros del Gobierno central.

En agosto de 1934 el ministro de Relaciones Interiores, Pedro Rafael Tinoco, firmó con las compañías petroleras un convenio para fijar a 3,09 Bs./USD la tasa a la cual el Tesoro Público compraría los dólares que las compañías petroleras debían cambiar para pagar sus impuestos y demás gastos en Venezuela, que pasaría a conocerse como el Convenio Tinoco.

La apreciación convenida del bolívar respecto al dólar era una manera rápida de comprar la modernidad, dando comienzo a la ilusión de desarrollo: con dólares baratos se podía importar lujo y tecnología sin un aparato nacional que los proveyera. La decisión castró la ya modesta producción de los hacendados privados, pues no podrían competir frente a los países que sí habían devaluado sus monedas. El Gobierno intentó mitigar los efectos con subsidios a la producción agrícola y con tasas de cambio preferenciales, pero nada de esto tuvo éxito. La gente comenzó a ocuparse en negocios que no dependieran de exportación sino de la demanda local, como el inmobiliario y el comercio, abriendo el paso a un prolongado caso de enfermedad holandesa[11]. El Convenio Tinoco fue un instrumento "destructivo" de la economía no petrolera.

Pero la industria petrolera tenía múltiples conexiones con la economía y la sociedad. El personal que laboraba en los campos era venezolano; los ingresos de la exportación se traducían en sueldos y salarios del sector petrolero que luego se gastaban en el sector consumo y residencial, se convertían en impuestos que llegaban al Fisco Nacional y eran utilizados para inversión pública y financiamiento del aparato gubernamental. El petróleo se convirtió en el motor de la economía nacional. Es interesante preguntarse qué habría pasado si el Gobierno hubiese permitido el desarrollo de la industria petrolera de la mano del capital privado nacional, replicando ejemplos como el de la Petrolia del Táchira.

En definitiva, la doctrina de "sembrar el petróleo" consolida al Estado como el principal agente económico del país. Su doble rol de regulador y administrador le permitirá configurar un grupo de reglas que refuerzan su supremacía por encima de los demás grupos de la sociedad.

López Contreras y la preservación del *statu quo*

A la muerte de Juan Vicente Gómez, el ministro de Guerra y Marina, el general Eleazar López Contreras, es designado por el Congreso como Presidente interino hasta que se celebren nuevas elecciones en 1936. Libera a los presos políticos y permite el regreso de los exiliados políticos, entre ellos Rómulo Betancourt.

---

11   Se refiere a las consecuencias negativas de un incremento súbito en los ingresos externos de un país, asociados por lo general a la exportación de recursos naturales, pero también a la inversión extranjera directa o ayuda internacional, un choque que produce la apreciación real de la moneda local, lo que termina por desincentivar las exportaciones no relacionadas a la fuente principal de ingresos externos (como el petróleo) e incentivar la importación de los demás bienes transables.

Pero los "veintiocheros", como también se les conoció a los de la Generación del 28, luego de casi una década de exilio, vienen con un lenguaje "peligroso" que habla de proletariado y antiimperialismo y, peor aún, de partidos políticos.

Betancourt es el arquetipo de ese movimiento democrático y de su pensamiento petrolero. En 1928 encabezaba las primeras protestas de los estudiantes de la UCV en contra de la dictadura. Para Betancourt, el petróleo era una fuente de posibilidades extraordinarias que, en manos de un gobierno distinto, podría solucionar las carencias de los venezolanos.

A la muerte de Gómez, en diciembre de 1935, los dos bandos de pensamiento encarnados en Arturo Uslar Pietri y Rómulo Betancourt ya habían fijado los principios respecto de la industria petrolera nacional, por los que se guiarían durante el siglo XX. Ambos coincidían en que un Estado dominante debía ser el protagonista del progreso del país.

En enero de 1936 comienzan manifestaciones en Caracas que piden al Gobierno interino acabar con las prácticas autoritarias del gomecismo. El Gobierno resuelve bajar la presión con un plan de gobierno, el Programa de Febrero, para atender la precariedad en que vivía buena parte de la población. La idea era que el Estado proveyera al país con bienes públicos que solo podían ser financiados con los ingresos petroleros. En abril de 1936 Eleazar López Contreras fue electo Presidente Constitucional de Venezuela con el apoyo de la oposición.

Para defender el *statu quo*, el gabinete posgomecista emite en mayo de 1936 una ley de control de la protesta que, entre otras cosas, prohibía las huelgas de carácter político y las de empleados públicos, lo que trajo de nuevo represión y persecución de disidentes. Mientras tanto, una nueva Ley del Trabajo, de julio de 1936, establecía por primera vez el derecho a la asociación sindical. Surgieron focos de huelga por todas partes, pero la que permanece en la memoria de Venezuela es la de los trabajadores del petróleo, en diciembre de 1936, cuando 20.000 trabajadores petroleros se fueron a huelga durante 37 días con un amplio apoyo del resto del país. El conflicto hizo que López Contreras concediera a los trabajadores algunas mejoras salariales y la obligación de parte de las empresas de dotar de agua fría a los centros de trabajo. Fue la primera vez que el Estado venezolano se imponía sobre las compañías extranjeras a favor de los trabajadores venezolanos, algo que difícilmente habría hecho Gómez. El sector era ya un elemento tan sensible para la estabilidad política de Venezuela que el Gobierno no podía dejar de intervenir.

El decreto le trae fama de patriota a López Contreras y, por tanto, otra tregua con la oposición, de modo que consolida la gobernabilidad. Pero al poner en marcha los programas prometidos necesitaría más fondos. Propuso una modificación a la Ley de Hidrocarburos para limitar la exoneración de impuestos a las importaciones de las compañías petroleras. En lugar de estar exentos todos los bienes importados, solo lo estarían artículos necesarios para actividades relacionadas con la explotación petrolera; antes de eso, las petroleras importaban libres de impuestos incluso los bienes con los que surtían sus comisariatos[12]. Las compañías se opusieron con firmeza, argumentando que iba en contra de los contratos. Hasta el momento la relación entre el Estado y las petroleras provenía de los códigos de minas e hidrocarburos del gobierno de Gómez, lo que hacía que las condiciones contractuales variaran sustancialmente de una concesión a otra. Esto empujó a López Contreras a revisar a fondo su política petrolera. El Gobierno tomó la decisión de no otorgar más concesiones y reformar la Ley de Hidrocarburos para conseguir soberanía impositiva del Estado frente a las petroleras[13]. López Contreras nom-

---

12 Se le conocía bajo el nombre de "comisariato" a los automercados y abastos que funcionaban dentro de los campos petroleros.
13 Urbaneja, 2013.

bró como ministro de Fomento a Manuel R. Egaña (1938-1941). Gobierno y oposición tenían la misma opinión: el Estado debía extraer de la industria la mayor renta posible para fomentar el desarrollo del país.

Egaña quiso abordar el desacuerdo con tres argumentos:

1. Había llegado el momento de renegociar. La renta era demasiado baja y podía acordarse un aumento por la vía de la negociación privada.
2. Cualquiera que fuera el acuerdo contractual del Estado como propietario del subsuelo con las compañías extranjeras, nada podía socavar el derecho del Estado en lo referente a los impuestos.
3. Debía presionarse a las compañías petroleras a refinar la mayor cantidad de derivados posible dentro de la frontera venezolana, con el fin de incrementar la inversión extranjera en la cadena de valor del petróleo venezolano.

Las compañías petroleras no daban su brazo a torcer. Paralelamente, en el contexto de la nacionalización de la industria petrolera de México, Estados Unidos propone a Venezuela reforzar los lazos comerciales a través de un acuerdo de comercio recíproco, algo que hoy se entendería como un tratado de libre comercio. El acuerdo sustituiría el *modus vivendi* que normaba la relación comercial de los dos países.

En líneas generales, el acuerdo protegía el comercio bilateral a través de la eliminación de las barreras arancelarias para los productos de origen venezolano hacia Estados Unidos y viceversa, sin que esto limitara la imposición de gravámenes domésticos. Igualmente, resguardaba la paridad de cambio entre el dólar y el bolívar, de tal manera que si alguna de las dos monedas se apreciaba o depreciaba con respecto al momento de la firma del acuerdo, los países podrían renegociar los términos comerciales. Esto supuso un acercamiento a las relaciones comerciales, pero, sobre todo, a la cooperación bilateral entre ambos Estados, hecho que pronto se transformaría en una ventaja del gobierno de Venezuela.

Por último, durante el gobierno de López Contreras se produjo otro elemento nunca antes visto: los políticos de oposición promovieron la discusión de diversos problemas, entre ellos la política petrolera. Se contrastaban constantemente las ganancias exorbitantes de las petroleras extranjeras con las carencias de la población venezolana.

Analizando las variables claves descritas al principio de esta sección (producción, precios y renta petrolera), es de destacar que, como se muestra en los gráficos a continuación, entre 1925 y 1940 la renta petrolera internacional creció 4,9 veces, principalmente debido a una expansión de la producción, que se multiplicó por 8,2 en el mismo período al pasar de 55.000 barriles por día a 504.000 barriles por día. Por su parte, los precios se mantuvieron relativamente estables, promediando USD 17 por barril, con un mínimo de USD 10 y un máximo de USD 25 por barril (USD de 2014).

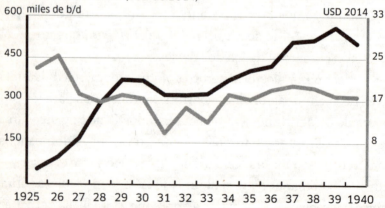

Producción vs. precios
1925-1940

Fuente: BP, 2015; Baptista, 2008 y 2015; cálculos propios.

Renta petrolera internacional
1925-1940

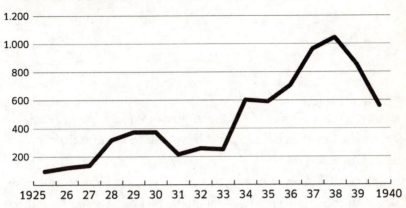

Fuente: BP, 2015; Baptista, 2008 y 2015; cálculos propios.

1941-1969: la soberanía fiscal y el camino hacia la nacionalización

En mayo de 1941 Isaías Medina Angarita llegó a la presidencia de Venezuela. Como el Estado seguía creciendo en tamaño y funciones, el Gobierno demandaba cada vez más recursos para mantener su expansión. Por un lado, promulgó en 1942 la primera Ley de Impuesto sobre la Renta de Venezuela. Ella esclarecía qué rubros podían ser deducidos de la renta bruta en el caso del pago de impuestos a la minería y los hidrocarburos, al igual que formalizaba la facultad del Ejecutivo para exonerar a industrias que produjeran artículos de primera necesidad o transformaran materias primas de producción nacional. Ya no se permitiría que el pago de impuestos quedara atado a un contrato de concesión específico, sino que el Gobierno procuraba unificar los criterios de pago para todas las empresas. Asimismo –luego de que el Estado perdiera varios litigios contra las petroleras– la ley creó una junta de apelaciones dentro del Ministerio de Hacienda, cuyos miembros serían designados por el Ejecutivo Federal, para resolver conflictos relacionados con la renta petrolera. Se formalizó, si se quiere, que el Poder Ejecutivo tuviera la última palabra en el asunto de la recaudación fiscal, con la intención de fortalecer la posición del Estado venezolano frente a las compañías internacionales. Por otra parte se le dio continuidad al proceso de reforma petrolera iniciado por el gobierno de Eleazar López Contreras, pero ahora en un contexto geopolítico mucho más tenso, que les restará espacio de maniobra a las compañías petroleras y que favorecerá al Gobierno venezolano: la Segunda Guerra Mundial.

En enero de 1941 el Departamento de Estado de los Estados Unidos se acercó al Gobierno venezolano para negociar la cooperación militar de sus Fuerzas Armadas en la defensa del Caribe. El Estado venezolano aceptó resguardar municiones estadounidenses en Isla de Aves y cooperar con la estrategia americana de protección de las instalaciones petroleras del crudo venezolano y las refinerías del Caribe. Aunque con mucha discreción a lo interno, Venezuela pasó a estar bajo la protección militar de Estados Unidos. En esas circunstancias asumió Medina Angarita la presidencia; ocho meses más tarde, Japón atacó la base estadounidense de Pearl Harbor en Hawái, detonando la entrada formal de Estados Unidos al conflicto. Apenas días después, el gobierno de Venezuela rompió relaciones con los gobiernos del Eje en guerra con Estados Unidos y sus aliados: la Alemania nazi, la Italia fascista y el imperio del Japón.

En el marco de esa cooperación entre el gobierno de los Estados Unidos y el de Venezuela, Medina Angarita envió una misión diplomática a conversar con el presidente Franklin Delano Roosevelt, que le explicó las dificultades que había encontrado Venezuela al negociar con la subsidiaria de Standard Oil de New Jersey un nuevo esquema de rentas. La misión llevaba una carta personal del presidente Medina Angarita a su homólogo americano, explicando las intenciones que tenía el Gobierno venezolano de llevar a cabo una reforma petrolera para incrementar el aprovechamiento nacional de su industria de hidrocarburos.

Entre otras cosas, Medina pedía a Roosevelt que el Departamento de Estado se acercara a los máximos representantes de las petroleras estadounidenses en Venezuela y los convenciera de cooperar con el Gobierno venezolano para no llegar a una situación de expropiación como en México. Se sabe que el Departamento de Estado se reunió con el VP Ejecutivo de Standard Oil, Wallace Pratt, para hacerle ver que era un asunto de seguridad de Estado procurar que las empresas estadounidenses siguieran operando la industria petrolera venezolana. Washington contactó al gobierno de Gran Bretaña para que hiciera lo propio con los representantes de la Shell de Venezuela.

No queda duda de que el Gobierno tomó ventaja de la situación de la guerra para poner orden en la industria petrolera, pero también y de una vez por todas, para conseguir el reconocimiento de su condición de Estado soberano frente a las compañías trasnacionales con el apoyo diplomático del gobierno federal de los Estados Unidos. Se dice que fue el mismo subsecretario de Estado, Summer Wells, quien sugirió a Medina Angarita la contratación de un equipo de consultores estadounidenses para brindar asistencia técnica para la redacción y negociación de la reforma petrolera, que se conocería como la Ley de Hidrocarburos de 1943.

El gobierno de Medina Angarita se abocó a impulsar la reforma en alianza con quienes consideró actores relevantes. Incluyó en su agenda visitas presidenciales a los campamentos petroleros para reunirse con los sindicatos del petróleo, una práctica nunca vista en Venezuela y que, se dice, buscaba no repetir los errores de la nacionalización mexicana.

La negociación se llevó desde el despacho de Medina Angarita con los representantes de las tres grandes trasnacionales petroleras presentes en el país[14], pero también se convocó a las compañías más pequeñas para informarles sobre las acciones que serían tomadas. La filosofía del arreglo debía ser de repartición de las ganancias más equitativa, de modo tal que el agregado de regalías e impuestos concediera al Gobierno venezolano beneficios netos similares o hasta mayores a los que obtenían las compañías petroleras por explotar el subsuelo nacional.

---

14 Creole (Standard Oil/Exxon), Mene Grande (Chevron), Shell.

La Ley de Hidrocarburos promulgada el 13 de marzo de 1943 fue un parteaguas para la industria petrolera venezolana y en el paradigma fiscal nacional:

1. Unificó bajo un mismo texto legal todas las operaciones de exploración y producción de petróleo en el país.
2. Eliminó la diferenciación entre concesiones costa adentro y costa afuera, al igual que la discriminación geográfica de las zonas en concesión. Todos los terrenos operarían bajo las mismas reglas.
3. Fijó un impuesto uniforme de explotación (la regalía) de 16 2/3% sobre ingresos brutos. Solo se admitirían deducciones basadas en la lejanía del campo petrolero al puerto de exportación como un elemento que afectaba el costo de producción.
4. Estableció que las compañías petroleras eran sujeto de derecho de la Ley de Impuesto sobre la Renta de Venezuela, aprobada ese mismo año con una tasa de 12%, además de los impuestos específicos para el sector petrolero. Esto fue posible porque la legislación estadounidense sobre doble tributación obligaba al Fisco Federal a renunciar al ISLR que empresas estadounidenses pagaran en el país donde ejercían sus operaciones.
5. Todas las concesiones renovadas tendrían una duración de cuarenta años, con posibilidad de ser extendidas por veinte años adicionales.
6. Obligó a las petroleras a construir grandes refinerías dentro de las fronteras venezolanas al término de la guerra, mandato que verá sus frutos en la construcción del Parque Refinador de Paraguaná. El Gobierno pretendía expandir la cadena de valor de la industria petrolera en Venezuela, creando más empleo e industrialización a partir del petróleo nacional.

Si bien las tasas de gravamen fueron consensuadas en aquella negociación entre el Gobierno y las petroleras, el mecanismo legal aprobado le daba poder al Gobierno para modificar unilateralmente las tasas y crear nuevos impuestos específicos al sector en cualquier momento que fuese necesario, lo que se conoció como la soberanía fiscal definitiva del Estado venezolano.

Una vez aprobada la nueva Ley de Hidrocarburos, Uslar Pietri pasó a estar a cargo del Ministerio de Hacienda y del proceso de cobranza de los nuevos impuestos petroleros que, recordemos, eran la razón de la reforma petrolera.

La Ley de Hidrocarburos de 1943 continuó delegando las decisiones de producción y precios en las compañías petroleras trasnacionales, mientras que el Gobierno se ocupaba de cobrar impuestos y redistribuir o invertir el ingreso fiscal petrolero a través de su propia interpretación de la siembra petrolera. Durante el gobierno de Medina (1941-1943), los gastos públicos se fueron principalmente hacia la inversión, por recomendación de Uslar Pietri. Esta creció a una tasa de 27% anual, mientras que los gastos corrientes disminuyeron 3% por año en el mismo período[15]. Esta forma de gasto se tradujo en un rápido fortalecimiento de la clase empresarial –constructores, importadores e industriales–, pero de ningún modo en beneficios ni transferencias directas a los ciudadanos porque, según Uslar Pietri, tal cosa sería desvirtuar la ética del trabajo y fomentar la holgazanería entre los trabajadores. La economía debía hacer su trabajo por las vías del mercado. A los ojos de la oposición, en especial los del partido Acción Democrática (AD), fundado por Betancourt, esta postura era elitista, pues permitía que se ampliara la brecha entre los nuevos ricos y los pobres.

---

[15] Ver Manzano, 2009.

El *fifty-fifty*: de Venezuela para el mundo

La Junta Revolucionaria de Gobierno presidida por Betancourt, en cooperación con los militares Carlos Delgado Chalbaud y Marcos Pérez Jiménez, interrumpió la estabilidad posgomecista con su llamada Revolución del 18 de octubre de 1945, cuando derrocaron al general Medina Angarita e instauraron una Junta de Gobierno. Tan pronto cesó el fuego en el centro de Caracas, los representantes de las tres grandes petroleras se reunieron con Betancourt para tantear el terreno sobre los acuerdos recién firmados. Los directivos se llevaron la impresión de que no habría cambios en la Ley de Hidrocarburos de 1943, aunque probablemente vendrían más reivindicaciones laborales[16]. AD llegó al Gobierno dispuesto a instaurar –sin prisa, pero sin pausa– una activa agenda de cambios en la política petrolera, cuyos lineamientos, descritos por Betancourt en su libro *Venezuela, política y petróleo*, fueron los siguientes[17]:

1. Elevación de los impuestos hasta lo que entonces se consideró razonable.
2. Concurrencia autónoma de Venezuela al mercado internacional del petróleo, vendiendo directamente sus "regalías" (en especie).
3. Cese del otorgamiento de concesiones a particulares y planeamiento de una empresa del Estado con la facultad de explorar directamente, o mediante terceros, las reservas.
4. Industrialización de la mayor parte del petróleo venezolano dentro del país y organización de una refinería nacional, con capital estatal o mixto.
5. Medidas para la conservación de la riqueza petrolera y utilización del gas.

---

16 Telegrama de Corrigan al DOE del 23 de octubre de 1945, 10:00 am. http://images.library.wisc.edu/FRUS/EFacs/1945v09/reference/frus.frus1945v09.i0025.pdf.
17 Betancourt, 1986

6. Reinversión por las compañías de una parte de sus utilidades en la vitalización y desarrollo de la economía agropecuaria.
7. Mejoras sustanciales en los salarios, prestaciones sociales y condiciones de vida y de trabajo de los obreros y técnicos venezolanos.
8. Inversión de una cuota elevada de ingresos de la nueva política impositiva en una economía diversificada y propia, netamente venezolana.

Se da comienzo al plan el 31 de diciembre de 1945 con la emisión del decreto N° 122[18], que establece que aquellas compañías que obtuvieron ganancias superiores a los Bs. 800.000 durante el último año fiscal deberán pagar un ISLR extraordinario. Obviamente, el objeto era pechar a las petroleras, que eran las únicas que tenían ese tipo de ganancias en el país[19].

No perdamos de vista la importancia estratégica de la producción petrolera de Venezuela. Durante el Trienio Adeco, como se conoció al período 1945-1948, Venezuela fue el mayor exportador de petróleo del mundo, con una capacidad de producción que superaba los 1,3 millones de barriles diarios.

La cooperación bilateral con Estados Unidos debía ser tan cercana como en tiempos de Medina, haciendo las concesiones que fuesen necesarias a la nueva Junta, a pesar de sus tendencias nacionalistas. Prueba de ello es que la embajada de Estados Unidos, de la mano con las juntas directivas de Creole y Mene Grande, dejó pasar el aumento extraordinario de los impuestos y propuso un plan de asistencia técnica al Gobierno venezolano para proteger

---

[18] Http://digicoll.library.wisc.edu/cgibin/FRUS/FRUSidx?type=turn&entity=FRUS.FRUS1946v11.p1348&id= FRUS.FRUS1946v11&isize=M.
[19] Según el mismo Betancourt, el 98,5% de ese impuesto extraordinario fue pagado por empresas petroleras (Betancourt, 1986).

los campos petroleros y las refinerías de posibles ataques de las células comunistas en el país.

También da fe de ello una negociación directa entre el presidente norteamericano Harry Truman y el nuevo presidente venezolano Rómulo Gallegos, quien había sido electo en 1947, en compañía de sus ministros Pérez Alfonzo, Raúl Leoni, Andrés Eloy Blanco y Gonzalo Barrios. Allí se acordó que dadas las necesidades de importación de piezas de acero del sector petrolero e industrial venezolano, el gobierno de Estados Unidos podría garantizar el suministro estratégico de tales rubros a cambio de concesiones de minería del hierro en el sureste del país; de allí que se instalaran en Guayana las subsidiarias de US Steel Corporation, la Orinoco Iron Company, y de Bethlehem Steel Company, la Iron Mines Company of Venezuela[20].

Pero pronto, en 1947, la Junta emite un segundo decreto impositivo: el 212, que elevaba el impuesto progresivo sobre la renta de 9,5% a 26% sobre las rentas mayores a los Bs. 28 millones. De nuevo, un aumento del ISLR que solo las petroleras percibirían. También fue disminuido el ISLR a los trabajadores, al igual que se redujeron otros impuestos indirectos, reconociendo abiertamente que el Gobierno pretendía financiarse tanto como pudiese de los ingresos petroleros, mientras que los venezolanos obtenían un alivio tributario porque tenían derecho a gozar los beneficios de vivir en un país petrolero[21].

Se incrementaba así la cacería de las ganancias equitativas entre Gobierno e industria, el famoso *fifty-fifty*. Los líderes de AD estaban convencidos de que en ningún caso podían las compañías obtener ganancias mayores a las del Estado, por lo que, en el contexto del aumento de producción de esos años, el Gobierno

---

[20] Ver *Relaciones exteriores de los Estados Unidos, 1948*. Http://digicoll.library.wisc.edu/cgibin/FRUS/FRUSidx?type-turn&entity=FRUS.FRUS1948v09.p0778&id= FRUS.FRUS1948v09&isize=M.
[21] Betancourt, 1986.

debía estar muy atento al cálculo de los ingresos de las petroleras. Se notificó a las concesionarias que era su intención percibir al menos la mitad de los beneficios, de modo que les pidió comprometerse a realizar las obras de interés colectivo que les indicara hasta alcanzar la proporción de ganancias 50/50 entre el Estado y las concesionarias. Contó luego el entonces diputado al Congreso Nacional por el Partido Comunista Juan Bautista Fuenmayor que Betancourt le dijo en 1945: "En el escritorio del general Medina encontré un proyecto de decreto para recabar de las compañías petroleras el 50 por 100 en las ganancias de esa industria. Llamé a los directivos de la Creole y, luego que me dieron su asentimiento, procedí a imponérselo al resto de las empresas"[22]. El *fifty-fifty* era una movida contemplada en la negociación de 1943.

En 1947 el Gobierno decidió vender directamente el crudo. Hasta entonces el petróleo venezolano se vendía dentro de la categoría "Zona del Caribe", cuando en verdad producíamos 74% del petróleo de las Américas (excluyendo a EEUU). Si el Gobierno negociaba directamente el petróleo en los mercados internacionales el mundo conocería su verdadero origen. El país atravesaba un cuadro de escasez de bienes de consumo y el Gobierno decidió intercambiar, al mejor estilo del trueque, barriles de petróleo por alimentos básicos y materias primas a través de un sistema de licitaciones internacionales.

También anunció una política de "no más concesiones a particulares". AD propuso crear una compañía nacional de petróleo que fuera recipiente de las nuevas concesiones e hiciera operaciones de exploración y producción. Las directivas de Creole, Mene Grande y Shell eran de la opinión de que las concesiones renovadas con la ley del 43 copaban su capacidad exploratoria y de inversión por un margen de al menos cinco años más, y que los bloques que actualmente controlaban serían suficientes para

---

[22] Martín Frechilla y Texera Arnal, 2004

aumentar la producción de Venezuela en un 20% durante el próximo lustro. No tenían la necesidad de ejercer presión para obtener nuevas concesiones: cruzarían ese puente cuando llegaran a él.

También se tomaron medidas aguas abajo de la industria. Un decreto-ley rebajó los precios de la gasolina y sus respectivos impuestos, bajo la premisa de que el acceso a combustibles de bajo costo era un elemento necesario para elevar el desarrollo industrial y el bienestar de la sociedad[23]. Las petroleras fueron presionadas para que cumplieran con su promesa de 1943 de construir nuevas refinerías en Venezuela. No obstante, en el marco del *fifty-fifty*, el incentivo para las compañías petroleras estaba en mantener –por lo pronto– la mínima capacidad de refinación, ya que toda la cadena de valor estaba sujeta a repartirse mitad y mitad las ganancias con el Gobierno.

En noviembre de 1948 los oficiales Marcos Pérez Jiménez, Carlos Delgado Chalbaud y Luis Felipe Llovera Páez exigieron al presidente Gallegos que AD se separara del Gobierno y que Betancourt saliera del país[24]. Por lo pronto, la nueva Junta no haría cambios en el manejo de la industria petrolera. Crecía la preocupación por la pérdida de competitividad de los crudos venezolanos frente a los del Medio Oriente, dada la diferencia en el marco fiscal que traía el *fifty-fifty*. Manuel R. Egaña, quien en unos meses volvería a ser ministro de Fomento, llevó la discusión al nuevo gabinete, que decidió convencer a los gobiernos del Medio Oriente de que debían aumentar sus impuestos a los hidrocarburos. Para 1952 la política del *fifty-fifty* se había convertido en el principio que predominaba en la industria petrolera de gran volumen.

Venezuela seguía jugando un rol importante en la exportación de petróleo y mineral de hierro hacia EEUU, pero había tensión en las relaciones comerciales, que generaron una negociación constante entre Washington y Caracas para conseguir recortes

---

23 Betancourt, 1986.
24 Urbaneja, 2012.

voluntarios de la exportación petrolera hacia EEUU, cuando se consideraba que el precio en el golfo de México se veía muy afectado por la sobreoferta. Venezuela cooperó para mantener la relación amistosa, siempre que se hicieran solicitudes de reducción directamente a las empresas y no se impusiera una restricción comercial a Venezuela como país, ya que ello significaría una violación del Acuerdo Complementario de Comercio. Estados Unidos absorbía cerca de 40% de su exportación y continuaba siendo su protector en caso de conflicto bélico.

Hasta que llegó el momento de "cruzar el puente" de las concesiones, justo cuando había que renovar el acuerdo de cooperación militar. Pérez Jiménez organizó una nueva ronda de subastas en 1956 que, en el contexto de la Crisis del Canal de Suez, le traería excelentes beneficios al Estado. Así, la producción petrolera de Venezuela creció 95%, incorporando 1,2 millones de barriles diarios durante la Década Militar y elevando en la misma proporción el ingreso fiscal petrolero. El Estado ajustó una vez más su política sobre la renta petrolera, que en parte usó para las grandes obras de esos años, como la autopista Caracas-La Guaira, el Centro Simón Bolívar de Caracas, la Ciudad Universitaria y el complejo de viviendas sociales en el oeste de Caracas "2 de Diciembre de 1952", rebautizado en la democracia como "23 de Enero". Del mismo modo se colocó abundante capital estatal en el desarrollo de las Industrias Básicas de Guayana a través de la Corporación Venezolana de Guayana (CVG), una compañía *holding* que representaba los intereses del Estado venezolano como contraparte del capital extranjero (principalmente americano) que había obtenido las concesiones para desarrollar los yacimientos minerales del sur del país.

El 23 de enero de 1958 fue derrocado Marcos Pérez Jiménez y se instauró una nueva Junta de Gobierno. El Presidente interino, Edgar Sanabria, aprovechó su corta estadía en Miraflores para cambiar la base fundamental de la relación entre Venezuela y sus concesionarias con el decreto ejecutivo N° 476 del 19 de diciembre de 1958, que modificaba el impuesto complementario de la Ley de ISLR, de manera que la relación de repartición de los beneficios del petróleo dejó de ser 50/50 y pasó a ser 60/40 a favor del Estado. Se había derrumbado el principio del *fifty-fifty*.

Al ser evidente el camino del nuevo Gobierno, volvieron las presiones proteccionistas de los productores independientes de petróleo en Estados Unidos, y en marzo de 1959 Washington aprobó un programa de control a las importaciones petroleras desde Venezuela[26]. El programa realmente incluía a casi todos los países que exportaban petróleo a Estados Unidos, con dos excepciones: Canadá y México. El nuevo gobierno de AD lo vio como una traición. Ahí entró un personaje de gran importancia tanto en nuestro país como en el mundo petrolero de entonces: Juan Pablo Pérez Alfonzo.

Pérez Alfonzo: un pentágono y un cártel

Las ideas de Pérez Alfonzo, ministro de petróleo del nuevo Gobierno, formaron el último bloque fundacional del pensamiento petrolero venezolano. Una vez que se adoptaron, Venezuela entró en el camino hacia la nacionalización. Pérez Alfonzo puso en marcha una nueva política de "defensa y conservación del petróleo", la cual resumió en un libro llamado *El pentágono petrolero*, en alusión a los cinco pilares sobre los cuales se sostenía:

1. Participación razonable del Estado en los beneficios de la venta del petróleo.
2. Creación de la Comisión Coordinadora de la Conservación y el Comercio de los Hidrocarburos (Cccch) para estudiar constantemente el precio justo que debía recibir el Estado

---

[26] Https://history.state.gov/historicaldocuments/frus195860v05/d351

por su petróleo y regular la producción interna en función de influenciar el mercado.

3   Creación de la Corporación Venezolana de Petróleo (CVP) para representar los intereses del Estado en la operación de la industria petrolera.

4   El fin de las concesiones a particulares en la industria petrolera venezolana.

5   La alineación de Venezuela con los intereses de los otros países exportadores de petróleo asociados en la OPEP.

En cuanto a la Comisión Coordinadora de la Conservación y el Comercio de los Hidrocarburos (Cccch), la definía como "el instrumento de defensa de los precios para evitar el despilfarro económico del petróleo, que se agota sin posibilidad de renovarse". Explicaba que Venezuela debía tomar ventaja de su posición estratégica en el Caribe –contrapeso geográfico al golfo Pérsico– y reaccionar al "injusto" sistema de cuotas de importación de Estados Unidos para dejar de ser un tomador de precios del mercado internacional y "defender" un precio más justo por su posición exclusiva. La evaluación de cuál era el precio aceptable era tarea de la Cccch.

Su Corporación Venezolana de Petróleo (CVP), modelada a partir de la Compañía Nacional Iraní de Petróleo, satisfaría la "necesidad emocional colectiva" de una petrolera nacional manejada por venezolanos, para venezolanos. Se trata de la primera compañía estatal de petróleo en Venezuela. La CVP obtendría bloques para exploración y determinaría si prefería explotar el yacimiento por sí misma o hacer contratos de servicio con otras compañías dividiendo los riesgos, manteniendo siempre la propiedad nacional del hidrocarburo y de los activos. Asimismo, la CVP daría al Estado experiencia directa en los asuntos del petróleo e insumos para que la Cccch determinara el precio justo. Era un ensayo antes de "dar el gran salto", en clara alusión a la nacionalización de la industria. Las empresas tradicionales podrían seguir participando en el mercado petrolero venezolano como socias del Estado, representado por la CVP. Comenzó una campaña de presión para que las compañías devolvieran las "concesiones ociosas" si no las iban a poner a producir pronto. Esas concesiones no expirarían hasta 1983; faltaban todavía 16 años.

Pero es el quinto pilar de su pentágono el que más se asocia con la memoria de Juan Pablo Pérez Alfonzo: la Organización de Países Exportadores de Petróleo (OPEP).

En sus primeros días como ministro de Hidrocarburos, Pérez Alfonzo voló a Washington para solventar el problema de las barreras al crudo venezolano. Llevaba la propuesta de un sistema de coordinación de cuotas de producción para el Hemisferio Occidental que garantizara a Venezuela una cuota de mercado en Estados Unidos. Regresó con las manos vacías a Caracas, pensando que si Estados Unidos no quería participar, le quedaba otro grupo al que acudir: tenía una invitación para asistir dentro de pocos meses al Primer Congreso Árabe de Petróleo y podía llevar su propuesta para allá.

Fue un éxito. En septiembre de 1960, se reunieron en Bagdad representantes de Irán, Irak, Kuwait, Arabia Saudita y Venezuela para firmar la creación de la OPEP. La fuerza de la OPEP, decía Pérez Alfonzo, estaba en su creciente posición como proveedora del petróleo comercializado en el mundo y su dominio de las reservas probadas.

En ese momento Venezuela era el mayor productor dentro de la OPEP, con 1,24 millones de barriles diarios, seguida por un Kuwait que producía 844 millones de barriles diarios y una Arabia Saudita que producía 689 millones de barriles diarios[27].

Este período (1941-1969) es definitivamente el más espectacular de la historia económica y petrolera de Venezuela. La renta petrolera internacional que ingresa al país se vuelve a multiplicar 4,28 veces durante el período. Una vez más, la explicación está en la expansión de la producción en estos años: Venezuela pasa de 621.000 barriles diarios en 1941 a 3,59 millones de barriles diarios en 1969. Esto fue un incremento de 4,78 veces de la capacidad de producción. Por su parte, los precios internacionales se mantuvieron entre los USD 12 dólares y los USD 20 dólares por barril, promediando USD 16 por barril durante el período, más bien en leve declive (USD de 2014).

---

27 Pérez Alfonzo, 1967.

Producción vs. precios
1941-1969

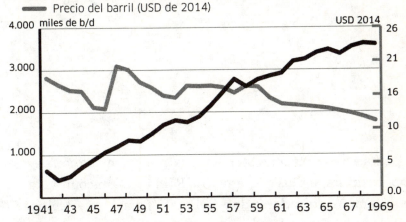

Fuente: BP, 2015; Baptista, 2008 y 2015; cálculos propios.

Renta petrolera internacional
1941-1969

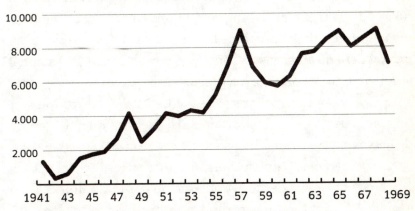

Fuente: BP, 2015; Baptista, 2008 y 2015; cálculos propios.

1970-1983: la estatización de la industria petrolera de Venezuela y el colapso del modelo

La política del pentágono petrolero fue implementada con devoción partidista por los gobiernos de Rómulo Betancourt y Raúl Leoni, ambos fundadores de AD. En 1969 ganó las elecciones Rafael Caldera. Su gobierno quería un trato preferencial que dejara a sus exportaciones de petróleo a EEUU al menos en los mismos términos que las de Canadá. El presidente Richard Nixon aseguró que él personalmente solicitaría la revisión de las cuotas venezolanas. Pero aunque la revisión del segundo semestre de 1970 subió el límite de crudo que Venezuela podía vender a EEUU, no lo puso a la par de las importaciones canadienses. Caldera respondió con un aumento de los impuestos a las petroleras en una manera no antes vista. Consiguió que el Congreso Nacional aprobara unilateralmente los precios de las exportaciones venezolanas con referencia al precio de compra en el golfo de México. En consecuencia, congresistas de EEUU declararon que el clima de inversiones en Venezuela se hacía cada vez más inestable. En 1972 el gobierno de Caldera anunció que debía rescindir el tratado comercial que regía desde el gobierno de López Contreras. Acto seguido, se propusieron para discusión en el Congreso Nacional, a principios de 1971, dos proyectos: la Ley Orgánica que Reserva al Estado la Industria y el Comercio de los Hidrocarburos, y la Ley de Bienes Afectos a las Concesiones de Hidrocarburos, que establecía que las propiedades y equipos de las concesionarias debían pasar al Estado a principios de 1983, cuando las concesiones expiraran, sin que las compañías pudiesen siquiera desarmar las estructuras para sacarlas del país.

El segundo proyecto se aprobó ese mismo año. La Ley de Reversión aclaró las dudas de las compañías, al establecer que la República consideraría todos los bienes de los concesionarios de utilidad pública, por ser parte integral de la operación petrolera. Eso marcó el pico de la producción petrolera venezolana a lo largo de toda su historia. Con esa ley el Estado expresaba su decisión irreversible de tomar control de la industria, reconfigurando completamente la lógica para la toma de decisiones en la industria petrolera venezolana de allí en adelante.

La esperanza de Washington era que el gobierno electo en 1973 permitiera la renegociación antes de que expiraran las concesiones en 1983[28]. Pero esa oportunidad nunca llegó, pues en el siguiente gobierno, Carlos Andrés Pérez firmó la estatización de la industria petrolera.

Veamos a continuación un resumen de cómo evolucionó el marco fiscal venezolano entre 1943 y 1975, justo antes de firmar la "nacionalización" de la industria petrolera.

Bonanza petrolera de los 70 y nuevo rol de la OPEP

Una vez más debemos ir al mercado internacional de petróleo para entender las decisiones que se tomaron en Venezuela.

Desde principios de los 70 Estados Unidos se vio en una crisis energética. Esto llevó a la administración de Nixon a desmantelar el sistema de cuotas de importación en los primeros meses de 1973, ese mismo al que se habían opuesto las últimas tres administraciones venezolanas. En consecuencia, los precios del petróleo subieron.

---

28 Https://history.state.gov/historicaldocuments/frus196976ve10/d682

La OPEP quiso revisar los precios de venta en los puertos de exportación, que para ese momento eran negociados entre los gobiernos de los países exportadores y las compañías operadoras. Hubo una primera discusión en septiembre, pero no se llegó a ningún acuerdo. La discusión continuaría en la sede de la OPEP, pero entonces estalló la guerra del Yom Kippur entre Egipto e Israel y los países árabes anunciaron la decisión de aumentar 70% el precio del petróleo, llegando a USD 5,11 por barril. Era la primera vez que imponían un precio sin negociar con las petroleras. Al día siguiente anunciaron un embargo a Estados Unidos y otros países amigos de Israel, que se prolongó por varios meses, causando estragos en el precio mundial del petróleo, que por segunda vez ese año fue revisado al alza por los miembros de la OPEP, para ser fijado en USD 11,65.

El embargo comenzó a ser desarticulado hacia mediados de 1974, pero para ese entonces ya los países de la OPEP sabían que podían subir unilateralmente su precio y recortar producción de forma coordinada con fines políticos. El embargo de 1973 trajo un cambio fundamental en el balance de poder geopolítico y, sobre todo, quedó en Occidente como un episodio traumático del que aprendió que la OPEP era un verdadero actor de veto.

Es relevante para nuestra historia observar el rol de Venezuela. En la siguiente página, se encuentra una tabla de la producción de los países que pertenecen a la OPEP en 1973.

Para 1973 Venezuela era un jugador de mucho menor peso que cuando se fundó la OPEP, poco más de una década antes (en 1960). Ahora Arabia Saudita e Irán habían aumentado su capacidad de producción, mientras que Venezuela se mantenía en la línea de la "defensa y conservación" del recurso.

Cuota de los países OPEP dentro de la organización y el mundo para 1973

País	Producción en 1973 (miles bd)	% dentro de la OPEP	% en producción mundial
Libia	2.211	7%	4%
Argelia	1.111	4%	2%
Nigeria	2.056	7%	4%
Irán	5.907	19%	10%
Irak	2.018	6%	3%
Kuwait	3.080	10%	5%
Catar	570	2%	1%
Arabia Saudita	7.693	25%	13%
Emiratos Árabes Unidos	1.456	5%	2%
Venezuela	3.455	11%	6%
Ecuador	209	1%	0%
Indonesia	1.338	4%	2%
Total OPEP	**31.104**		**53%**
Total mundo	**58.460**		

Elaboración propia. **Fuente:** BP Statistical Review of World Energy, 2014.

La estatización de la industria petrolera

Mientras el mundo se agitaba por la crisis energética, Venezuela se ocupaba de su política interna, pues 1973 fue año de elecciones. Ese diciembre resultó electo Carlos Andrés Pérez, de AD. Y entonces, con mucha facilidad, se adelantó una década la nacionalización de la industria petrolera, en lugar de esperar a que las concesiones se vencieran según lo acordado en 1943. En la madrugada del 1° de enero de 1976, Pérez viajó en compañía de Rómulo Betancourt al pozo Zumaque I en el Zulia para celebrar que entraba en efecto el decreto de nacionalización firmado en agosto de 1975. Luego se trasladó a Cabimas, donde leyó un discurso de ideales nacionales y de grandes sueños para Venezuela. Lo hizo frente a cientos de personas que ondeaban banderas. En la euforia del momento, Pérez terminó su discurso y se lanzó a la multitud para celebrar la "conquista nacional".

¿Cómo fue posible?

Que las concesiones ya estaban por vencerse suele ser la explicación más aceptada. Otra es que desde que Caldera aprobó la Ley de Reversión las compañías estaban desinvirtiendo y la producción había declinado, avalada por la "defensa y conservación del petróleo", a 1,25 millones de barriles diarios, una caída de 35% en cinco años.

A continuación también se presenta una tabla resumen de la evolución del marco fiscal y la carga impositiva sobre las operaciones petroleras hasta llegar a la estatización de la industria:

Marco fiscal petrolero en Venezuela
1943-1974

Año	Presidente	Regalía	ISLR	Impuesto de recargo	Precio promedio del petróleo *
1943	Isaías Medina Angarita	16,67%	12%	-	16,6
1947	JRG-Rómulo Gallegos	16,67%	26%	-	13,35
1958	Rómulo Betancourt	16,67%	47%	-	16,75
1966	Raúl Leoni	16,67%	48%	11%	12,92
1970	Rafael Caldera	16,67%	60%	8%	10,79
1971	Rafael Caldera	16,67%	48%	8%	12,87
1972	Rafael Caldera	16,67%	48%	20%	17,81
1974	Carlos Andrés Pérez	16,67%	64%	36%	54,74
1975	Carlos Andrés Pérez	16,67%	72%	27%	49,93

* USD de 2013
Elaboración propia. **Fuente:** Monaldi y Manzano, 2010; BP, 2014; Betancourt, 1986; y Urbaneja, 2013.

A pesar de que hubo advertencias desde el Congreso y la opinión pública sobre lo precipitado del proceso, la nacionalización, o mejor dicho, la estatización de la industria petrolera había sido una realidad en la mente de los venezolanos por mucho tiempo, y solo se aguardaba el cuándo. Ya para ese entonces era un consenso nacional.

En paralelo, la *venezolanización* de la industria se había ido produciendo con éxito, y ahora existía la capacidad técnica nacional para operar los campos sin necesidad de expertos extranjeros. Solo los empresarios, representados por el diputado Alfredo Paúl Delfino como vocero de Fedecámaras, hicieron fuertes reclamos sobre la ausencia de mecanismos de participación del capital privado venezolano en la industria petrolera.

El Ministerio de Minas e Hidrocarburos presentó al Congreso la exposición de motivos y el Proyecto de Ley Orgánica que Reserva al Estado la Industria y el Comercio de los Hidrocarburos. En el nuevo proyecto se incluyó que las concesiones vencerían a los 120 días de promulgada la ley, momento en el que se procedería a expropiar los bienes y a ocupar las áreas en concesión. Luego tendrían lugar los juicios de indemnización.

Aunque el Estado se reservaba la actividad comercial del petróleo y sus derivados, se eliminó del proyecto original la palabra "exclusivos", lo cual permitió que, al menos mientras el Estado aprendía a comercializar sus hidrocarburos, se podía trabajar de la mano con compañías privadas a través de contratos de servicios y asistencia técnica.

Por último, el artículo 5 de la Ley de Nacionalización estableció la flexibilidad del Estado para la celebración de convenios o contratos operativos con empresas privadas nacionales o extranjeras para la ejecución de determinadas obras o servicios. Digamos que el Estado se cuidaba de no cerrar todas las puertas a la participación privada dentro del sector petrolero venezolano. De acuerdo con la ley, dichos convenios debían tener una duración finita y contar con la aprobación del Congreso Nacional.

El 29 de agosto de 1975 fue promulgada la Ley Orgánica que Reserva al Estado la Industria y el Comercio de los Hidrocarburos, con entrada en vigencia el 1° de enero de 1976. La nueva industria creó una compañía *holding* llamada Petróleos de Venezuela S.A., Pdvsa, bajo la cual estarían subordinadas las 14 nuevas filiales, que fueron creadas desde las 22 antiguas compañías concesionarias. Por ejemplo, Creole pasó a llamarse Lagoven, Shell se llamaría Maraven, Mene Grande pasó a ser Meneven y así sucesivamente. Estas empresas luego se fueron fusionando y más adelante se iría modificando toda la estructura de Pdvsa para agrupar sus segmentos de la cadena de valor (para mayor detalle, ver apéndices).

El designado como primer presidente de Pdvsa fue el general Rafael Alfonso Ravard. Desde tiempos de Pérez Jiménez, Ravard había estado a cargo del desarrollo de las industrias básicas en Guayana. Se descartó la participación del Congreso, y con ello, la opinión de quienes podían opinar diferente al oficialismo[29]. También se aclaró que los nuevos trabajadores de la industria petrolera no serían considerados funcionarios o empleados públicos, para evitar conflictos en la comparación de sueldos y beneficios percibidos por los trabajadores petroleros.

Es a partir de este período cuando comenzaremos a ver los efectos del "rentismo petrolero" que por décadas habían sido advertidos por los estudiosos. El gasto fiscal se expandió 250% entre 1972 y 1975. El tamaño del Estado en la economía alcanzará proporciones nunca vistas en Venezuela: el gasto de la administración de Pérez entre los años 1974 y 1978 superó la suma de los gastos de todos los gobiernos anteriores del siglo XX[30], lo que impulsó a su vez la inversión del sector privado[31].

Pero ni la economía más dinámica es capaz de transformar tan rápido en capital productivo un flujo de ingresos como ese, por lo que mucho de esa renta no pudo ser invertido y pasó a ser utilizado en bienes de consumo. Mucho de estos excedentes ter-

---

29 Pdvsa se constituyó con un directorio conformado por nueve miembros designados mediante decreto por el Presidente de la República, uno de ellos en representación de los trabajadores del petróleo: el general Rafael Alfonzo Ravard, presidente; Julio César Arreaza, vicepresidente; José Domingo Casanova, Edgar A. Leal, José Rafael Domínguez, Alirio Parra, Mauricio García Araujo, Manuel Peñalver, Carlos Guillermo Rangel, directores principales; y Gustavo Coronel, Frank Alcock, Manuel Ramos, Raúl Henríquez, José Martorano Battisti y Luis Plaz Bruzual como suplentes (Parra Luzardo, 2009).

30 Coronil Imber, 2013.

31 La inversión creció entre 1974 y 1978 de 25% del PIB a 44% del PIB (Guerra, 2006).

minó por convertirse en gasto extravagante. Esos fueron los días de la "Venezuela Saudita".

A pesar de las advertencias, el gobierno de Pérez confió en el éxito del modelo de precios altos y empresas estatizadas, por lo que su plan de inversión pública vino acompañado de un financiamiento ambicioso. La deuda interna pasaría de 6,9% a 10,6% del PIB entre 1973 y 1978, y la deuda externa de 10,1% a 18,4%.

Eso afectó profundamente las expectativas del venezolano común, que vio posible que Venezuela se consolidara como un "país desarrollado" gracias a las acciones oficiales. En el Gobierno pensaron lo mismo. Quizás supusieron que se estaban cosechando los frutos de la política del pentágono de Pérez Alfonzo y que, en adelante, Venezuela podría contar con un mecanismo confiable como la OPEP para asegurar "precios justos" para su petróleo.

Pero, como sabemos, esa no es la lógica del mercado. Una vez solucionadas las tensiones bélicas en el Medio Oriente y con la entrada en producción de nuevos campos en Noruega y Alaska, el precio del petróleo volvió a sus niveles históricos, haciendo que los países OPEP ya no pudiesen disponer de la misma renta.

Por esa razón, a principios de los ochenta comenzó un retroceso involuntario del gasto público: desde la reducción de transferencias del Gobierno central a las empresas básicas –que no conseguían la autonomía financiera– hasta la disminución de subsidios y liberalización de precios durante el gobierno de Luis Herrera Campins (1979-1984). Esta administración, que había entrado al poder con 1,3% del PIB de superávit fiscal, cerró con un resultado fiscal global de 5,8% del PIB en déficit.

La desaceleración del gasto del Gobierno puso freno a la inversión y generó desasosiego en el público, que buscó protegerse sacando sus ahorros al exterior[32]. En 1982 el gobierno de Herrera Campins, tratando de fortalecer la posición de reservas interna-

---

32 La inversión se contrajo para 1983 en 19,1% del PIB (Guerra, 2006).

cionales del país, tomó las divisas del Fondo de Inversiones de Pdvsa y las pasó al Banco Central de Venezuela. Esto fue interpretado por los gerentes de la industria como una violación de la autonomía financiera de Pdvsa[33]. Igualmente, se tomó control del Fondo de Inversión del Instituto Venezolano de Seguros Sociales, con el mismo fin. Ambas medidas acabaron con la sostenibilidad financiera de las inversiones de Pdvsa y del IVSS, y de allí en adelante pasarían a depender de las transferencias del Gobierno central para pagar las cuentas.

Con esos fondos, el BCV intentó hacer política monetaria para proteger el bolívar, pero falló. La desconfianza sobre la capacidad de crecimiento de la economía venezolana era muy fuerte, por lo que cada vez se acentuaba más la salida de capitales.

En 1983, la merma de divisas obligó al gobierno de Herrera Campins a devaluar el bolívar, algo no visto en décadas. Fue el famoso Viernes Negro. Recordemos que Venezuela participaba en el comercio internacional a través de la venta de petróleo, y que con la caída en simultáneo de los precios y de la producción, el flujo de ingresos en divisas de Venezuela disminuía, alterando la relación bolívar-dólar. No quedó otra opción que devaluar la tasa de cambio bolívar-dólar de 4,3 Bs./USD a 7,5 Bs./USD para tratar de maximizar el gasto en bolívares de los ingresos en divisas del Estado, y disponer de la mayor cantidad posible de dólares para hacer frente a la deuda externa. También se decretó la reorganización del sector público y la disminución de 10% de los sueldos de los funcionarios; incluso se privatizaron algunos entes para reducir la inversión del Estado. A pesar de la fuerte contracción se estabilizaron las cuentas macroeconómicas, lo que le permitió a Venezuela comenzar la reestructuración de su deuda externa.

Nada de lo sucedido parecía tener sentido en la mente de los venezolanos. Si Venezuela es un país rico, con abundantes reser-

---

33 Ver Coronel Imber, 2012.

vas del recurso natural más preciado del mundo, ¿cómo era posible que la economía decreciera de esa manera?

Por primera vez se observaba un comportamiento de la renta petrolera tan volátil. Aunque para el final del período 1970-1983 la renta se incrementó 89% en términos totales, hay que subrayar los choques que acompañaron ese incremento: entre 1970 y 1974 la renta creció en 357% para luego caer 46% en los cuatro siguientes años; a continuación, se produjo un nuevo aumento de 83% y una segunda caída de 58%.

A diferencia de los dos períodos estudiados anteriormente, las variaciones observadas entre los años comprendidos entre 1970 y 1983 se deben principalmente a los cambios de precios. Entre estos años el crudo promedia los USD 55, pasando de un mínimo de USD 11 a un máximo de USD 106 (USD de 2014). Entre tanto, Venezuela vio mermar su capacidad de producción en 51%, pasando de su pico histórico en 1970, 3,7 millones de barriles diarios, a 1,8 millones de barriles diarios en 1983.

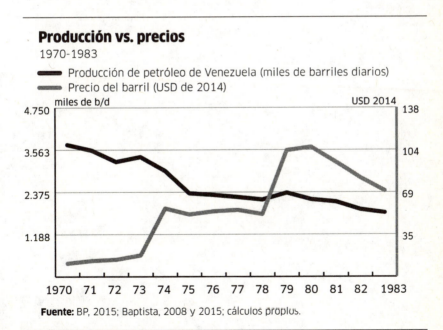

Producción vs. precios
1970-1983

Producción de petróleo de Venezuela (miles de barriles diarios)
Precio del barril (USD de 2014)

Fuente: BP, 2015; Baptista, 2008 y 2015; cálculos propios.

Renta petrolera internacional
1970-1983

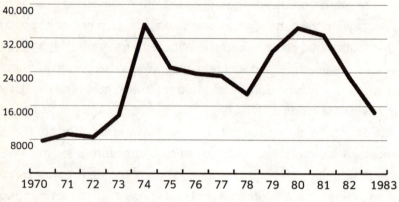

Fuente: BP, 2015; Baptista, 2008 y 2015; cálculos propios.

1984-1999: la internacionalización de Pdvsa y la apertura petrolera

De regreso a los mecanismos tradicionales del Estado rentista, el gobierno de Jaime Lusinchi (1984-1989) puso en marcha dos planes de inversión pública, uno en 1985 y otro para el período 1986-1988, pero el precio del petróleo volvió a derrumbarse 50% y ya no había un Fondo de Inversiones de Pdvsa o del IVSS del cual apropiarse. La economía volvió a deprimirse, haciendo que la deuda externa creciera hasta casi 60% del PIB (en comparación con el promedio de 18% de la década anterior). Esto obligó al Gobierno a devaluar una vez más: de 7,5 Bs./USD a 14,5 Bs./USD. La percepción de crisis se agudizó, estimulando más salidas de ahorros, que fueron mermando las reservas internacionales hasta llevarlas a niveles comparables con los de 1972, los previos al auge de precios de 1973-1974[34].

Como había que pagar la deuda externa en dólares, no había muchas divisas disponibles para la importación y se produjo un episodio de desabastecimiento. Se impuso entonces un control de cambios regido por una agencia gubernamental llamada Régimen de Cambios Diferenciales (Recadi), al igual que un control de tarifas y precios –el PVP, o Precio de Venta al Público– regulado por la Ley de Costos, Precios y Salarios[35]. Incluso se permitió que las transacciones cambiarias de la industria petrolera se realizaran al tipo de cambio libre. Así comenzó el camino hacia la internacionalización de Pdvsa.

---
34 Al cierre de 1988, las reservas internacionales del BCV eran de USD 6,6 millones.
35 Urbaneja, 2012.

Pdvsa comenzó, correctamente, a crecer aguas abajo, con nuevos eslabones fuera del país. La empresa asumió una estrategia de internacionalización integrada verticalmente, a través de la compra total o parcial de refinerías y redes de distribución en el extranjero. En 1983 Pdvsa adquirió el 50% de Veba Oel de Alemania, un socio estratégico para procesar los crudos pesados de Venezuela, y se creó una nueva asociación llamada Ruhr Oel, que le dio derecho a Pdvsa de colocar 155.000 barriles diarios en el complejo refinador de Gelsenkirchen y continuó ampliando sus inversiones hacia el resto de Alemania, Francia e Italia[36]. En 1985 Pdvsa comenzó a operar la Refinería Isla, de Shell, en Curazao, a través de un contrato de arrendamiento a largo plazo. Sus productos serían comercializados en EEUU, Centroamérica y las Antillas.

En 1986 se concretó la mayor adquisición estratégica que realizó Pdvsa en el extranjero y que hoy sigue siendo el principal destino de las exportaciones de crudo venezolano: la compra del 50% de Citgo Petroleum Corp. En 1989 Pdvsa compraría el 50% restante del capital de Citgo y continuaría creciendo dentro del mercado estadounidense y también hacia el Caribe. Sus refinerías se diseñaron específicamente para procesar crudos venezolanos y estaban atadas a contratos de suministro de largo plazo con Pdvsa. Ese mismo año Pdvsa adquirió el 50% de las acciones de Nynas (hoy Neste Oil), una empresa sueca productora de asfalto y lubricantes. Esta compra le permitió a la estatal acceder a refinerías en Suecia, Bélgica y Escocia, elevando la cuota de mercado de asfalto de Pdvsa a 17% del mercado europeo.

La internacionalización continuó hasta principios de la década de 1990. Al final del proceso Pdvsa habría comprado total o parcialmente 16 refinerías en ocho países, con una inversión estimada en USD 6.500 millones (corrientes). Sumadas, la capacidad de refinación de Pdvsa internacional alcanzaría 1,7 millones

---

36 McBeth, 2015.

de barriles diarios, un volumen similar a la producción promedio de Venezuela en la década de los ochenta. La lógica de estas inversiones es que Pdvsa se vendía a sí misma en el exterior, asegurando volúmenes de mercado y flujos de ingresos en divisas para la empresa y para el país.

Refinerías de Pdvsa en el exterior

Ubicación	Dueño	Participación de Pdvsa (%)	Capacidad de refinación	
			Capacidad nominal *	Participación de Pdvsa *
Caribe				
Isla, Curazao	Pdvsa	100	335	335
Camilo Cienfuegos, Cuba	Pdvsa-Cupet	49	65	32
Jamaica, Jamaica	Pdvsa-Petrojam	49	35	17
Total			435	384
EEUU				
Lake Charles, Louisiana	Citgo	100	425	425
Corpus Christi, Texas	Citgo	100	157	157
Lemont, Illinois	Citgo	100	167	167
Chalmette, Louisiana	Citgo-Exxon	50	184	92
Saint Croix, US Virgin Is.	Citgo-Hess	50	495	248
Total			1.428	1.089
Europa				
Gelsenkirchen, Alemania	Pdvsa-Deutsche BP	50	230	115
Schwedt, Alemania	Pdvsa-Deutsche BP	19	240	45
Neustadt, Alemania	Pdvsa-Deutsche BP	13	260	34
Karlsruhe, Alemania	Pdvsa-Deutsche BP	12	312	37
Nynashamn, Suecia	Pdvsa-Neste Oil	50	29	15
Gothenburg, Suecia	Pdvsa-Neste Oil	50	11	6
Dundee, Escocia	Pdvsa-Neste Oil	50	9	5
Eastham, Inglaterra	Pdvsa-Neste Oil	25	18	5
Total			1.109	262
Total exterior			2.972	1.735

*Miles de barriles diarios. **Fuente:** PODE, 2009-2010.

La operación de Pdvsa dentro de las fronteras venezolanas se convirtió en un centro de costos de la cadena de valor, haciendo que se redujera el margen de utilidad gravable. Simultáneamente, el Gobierno participaba con convicción en la OPEP en la defensa del precio, lo que contuvo la producción de Pdvsa por debajo de los 2 millones de barriles diarios a lo largo de la década de 1980. Esto impidió que se compensara la caída de los ingresos petroleros por la vía del volumen, obligando a que el país continuara empeorando su situación económica, al igual que su crisis de balanza de pagos.

El segundo gobierno de Carlos Andrés Pérez

Carlos Andrés Pérez se convirtió en el primer presidente en ser elegido por segunda vez en la historia democrática del país en 1988. Pensaba que un paquete de ajustes podría deslastrar a Venezuela de su origen de país petrolero, aunque las raíces de eso eran tan profundas que trascendían el plano económico.

Para entender las políticas propuestas durante el segundo gobierno de Pérez hay que tener en mente que Venezuela presentaba dificultades para pagar su deuda externa desde hacía ya dos gobiernos, y que las reservas internacionales venían mermando a ritmo galopante. Había una descapitalización rampante en todos los sectores y un surgimiento de la pobreza que no se veía desde principios de siglo. A principios de 1989, cuando ya el gabinete se preparaba para asumir funciones, las reservas internacionales del BCV alcanzaban para menos de 30 días[37] de importaciones, lo que hizo inevitable recurrir a un prestamista externo para evitar el impago: el Fondo Monetario Internacional (FMI).

El FMI, como cualquier institución financiera, ponía condiciones al prestatario para el otorgamiento del crédito; la premisa era que "virando" hacia una economía de mercado el país aumentaría su productividad, por tanto su nivel de exportaciones no petroleras, y terminaría mejorando su capacidad de pago externo, poniendo fin al problema de la balanza de pagos. Comenzarían

---

37 Rivero, 2012.

por ajustar los precios y tarifas que, a pesar de la inflación, el gobierno de Lusinchi había decidido no tocar para no perjudicar la imagen del partido en la campaña electoral. La corrección podría mejorar el desabastecimiento y reducir las huelgas de productores y transportistas. También habría que devaluar para tratar de hacer más competitivas las exportaciones no petroleras y dar un golpe de timón hacia la diversificación. El plan fue presentado a los ministros el día 10 de febrero en una sesión privada, y el día 17 se presentó al país en cadena de radio y televisión. Aprobaron un aumento del transporte colectivo, cuyos precios llevaban más de dos años congelados (con una inflación anual cercana al 40%); el precio de la gasolina sería aumentado a 100% a lo largo de un año, y el precio del pasaje urbano e interurbano en un 30%. El aumento entraría en vigencia el lunes 27 de febrero de 1989. Los ministros Moisés Naím y Miguel Ignacio Purroy advirtieron que podría haber protestas sociales en rechazo a los primeros ajustes, pero nadie previó uno de los episodios más traumáticos de la historia contemporánea de Venezuela: el Caracazo.

Veamos un poco el proceso en perspectiva. El 27 de febrero Pérez y su gabinete tenían apenas dos semanas en el Gobierno. La pobreza había aumentado de 12% en 1980 a 63% para comienzos de 1989[38]; había desabastecimiento de productos, inflación, control de cambios.

Aun después del Caracazo, Pérez dio luz verde para continuar con el programa propuesto, bautizado como el "Gran Viraje". Pretendía una corrección simultánea de todos los desequilibrios que impedían a Venezuela funcionar como una economía de mercado; principalmente acabar con el déficit fiscal y la crisis de balanza de pagos sin desatender las necesidades sociales más básicas. Las medidas abarcaban siete ejes[39], desde lo cambiario y la deuda

---

38 Http://www.bcv.org.ve/Upload/Publicaciones/doc14.pdf.
39 Para una descripción detallada, ver Purroy, 1989.

hasta la congelación de cargos públicos; tres aumentos anuales de los derivados del petróleo en el mercado nacional; sinceración general de precios salvo 18 productos de la canasta básica; y la privatización de empresas como Cantv y Viasa. Tras la implementación en 1989 empeoraron todos los indicadores económicos con respecto a 1988. Pero en 1990 y 1991 se comenzaron a ver mejoras. El Gobierno comenzó a aumentar la recolección que recibía de la estatal petrolera. Obligó a Pdvsa a reducir inversiones en el desarrollo de gas licuado, orimulsión, carbón, petroquímica e incluso a incrementar la producción de crudo.

Si bien es cierto que en esos años hubo un gran crecimiento del sector no petrolero, una mirada a las cuentas nacionales demuestra que, una vez más, el crecimiento se debía a una momentánea subida de precios del petróleo, producto de la guerra en el golfo Pérsico. El incremento del precio aumentó la disponibilidad de divisas para las importaciones, que crecieron casi 50% entre 1990 y 1991, y más de 20% entre 1991 y 1992. Pasada la guerra volvería a caer el precio, manteniéndose bajo hasta 1999. Sin embargo, el súbito alivio que vivió la economía venezolana con el incremento del valor de las exportaciones petroleras permitió que por primera vez se decidiera incumplir las cuotas de la OPEP y levantar la producción, para aumentar el flujo de divisas hacia el país.

Los dos intentos de golpe de Estado de 1992 y su salida de la presidencia en 1993[40] interrumpieron el programa de Pérez. El crecimiento se desaceleró en 6% en 1992, luego de lo cual Venezuela entraría de nuevo en recesión con un crecimiento negativo de 0,4% en 1993 y de 3,3% en 1994[41]. La pobreza siguió creciendo hasta encontrarse al cierre de 1994 en 84%, del cual 55% eran personas viviendo en pobreza extrema[42]. La depresión acentuó la desconfianza hacia la estabilidad del bolívar, incrementando nue-

---
40 Para una narración detallada, ver Rivero, 2012.
41 Http://gumilla.org/biblioteca/bases/biblo/texto/SIC1995571_2631.pdf.
42 Http://www.bcv.org.ve/Upload/Publicaciones/doc14.pdf.

vamente salidas de ahorros hacia el exterior y erosionando una vez más las reservas internacionales del BCV, que, recordemos, provienen mayormente de las exportaciones petroleras[43].

Mientras tanto Pdvsa seguía adelante con su internacionalización y expansión, y en 1992 dio comienzo a un proceso que luego sería conocido como la apertura petrolera.

La apertura petrolera

Inicialmente se concibió como un mecanismo para inyectar capital en campos maduros considerados marginales, de alto costo, alta complejidad tecnológica y baja prioridad en los planes estratégicos de Pdvsa. Se podía contratar a compañías con tecnología para la explotación de esos campos e incrementar de manera rápida la capacidad productiva de Venezuela entre 150.000 y 200.000 barriles diarios. Esto podía hacerse a través de contratos de servicios en el marco del artículo 5 de la Ley de Nacionalización, ya que no implicaba cesión de derechos de propiedad del recurso.

Dicha inclusión de socios particulares se formalizó a través de convenios operativos, mediante los cuales Pdvsa contrataba servicios de exploración y producción de terceros. En un convenio operativo las petroleras extranjeras no obtenían derechos patrimoniales sobre los hidrocarburos, solo producirían un volumen de crudo acordado y lo entregarían a Pdvsa a cambio de un pago fijo para cubrir los costos del servicio, y un pago negociable por barril producido que representaba el margen de ganancia de esas empresas y que se reducía si el volumen producido excedía la meta de producción. Los convenios operativos fueron otorgados por medio de tres rondas de licitación: las dos primeras en 1992 y 1993, durante los gobiernos de Carlos Andrés Pérez y Ramón J. Velásquez, y la tercera en 1997, en el segundo gobierno de Rafael

---

[43] Http://gumilla.org/biblioteca/bases/biblo/texto/SIC1993553_101104.pdf.

Caldera. El resultado de estas rondas de la apertura fue la firma de 32 convenios operativos de servicios, 4 asociaciones estratégicas en la Faja del Orinoco y 4 contratos de exploración a riesgo y ganancias compartidas (de los cuales 3 resultaron exitosos).

En las primeras rondas se otorgaron 15 campos a consorcios conformados por 17 compañías petroleras privadas, situados sobre reservas totales cercanas a los 4.000 millones de barriles[44]. Los contratistas debían cancelar la tasa corporativa de 34% de ISLR vigente[45] y se estableció que los convenios operativos tendrían una vigencia de veinte años.

La nueva estrategia fue plasmada en el Plan de Negocios de Pdvsa 1993-2002, que partía de la premisa de que los recursos de hidrocarburos de Venezuela son abundantes y por tanto no tiene sentido mantener la política de conservación. Había que aumentar la producción de hidrocarburos y esto solo podía hacerse con la ayuda de capital privado.

Tales incrementos requerirían una inversión de USD 48.500 millones, de los cuales Pdvsa aportaría USD 39.200 millones (81%) y el restante 19% provendría de la inversión privada bajo los convenios operativos, pero también incluyendo nuevos mecanismos de asociación como el contrato a riesgo con ganancias compartidas y la asociación estratégica. Estas últimas inversiones privadas se concentrarían en desarrollar la explotación de crudos en la Faja del Orinoco y del gas natural costa afuera (proyecto bautizado como Cristóbal Colón).

Existía entre algunos grupos políticos recelo sobre las asociaciones estratégicas, que implicaban la participación accionaria mayoritaria de los privados. Pdvsa exponía que no contaba con suficientes fondos para invertir en exploración y producción, lo que estaba afectando la capacidad operativa de la empresa. Se

---

44 McBeth, 2015.
45 Http://www.pdvsa.com/interface.sp/database/fichero/publicacion/1411/59.PDF

logró modificar el artículo 5 de la Ley de Nacionalización para establecer que mantener el control de las operaciones no implicaba necesariamente que Pdvsa aportara la mayoría del capital accionario en los nuevos emprendimientos, sino que podría conservar el poder de veto con acciones privilegiadas[46].

En el caso de que se lograra un descubrimiento, el Estado, a través de la Corporación Venezolana de Petróleo (CVP, filial de Pdvsa), podría asociarse para el desarrollo y producción de ese descubrimiento, con un porcentaje máximo del 35% y un porcentaje mínimo de 1%. En julio de 1995 el Congreso aprobó cuatro contratos de exploración a riesgo y ganancias compartidas. De los diez bloques ofertados, ocho fueron otorgados y solo tres resultaron exitosos.

Los acuerdos de exploración a riesgo y ganancias compartidas fueron una modalidad utilizada para trasladar los riesgos y costos de la fase exploratoria del Estado hacia inversionistas privados. Por su parte, las asociaciones estratégicas se constituyeron como mecanismo para desarrollar las masivas reservas de petróleo pesado y extrapesado de la Faja del Orinoco.

Ya desde 1978 el Ministerio de Energía y Minas había transferido la responsabilidad de desarrollar la Faja del Orinoco a Pdvsa, que la había dividido en cuatro proyectos y los había asignado a sus cuatro filiales: Cerro Negro a Lagoven, Hamaca a Meneven, Zuata a Maraven y Machete (luego Sincor) a Corpoven. Las filiales habían adelantado el esfuerzo exploratorio en la zona, pero encontraron dificultades para comercializarlo debido a su viscosidad. En los ochenta, Intevep consiguió una solución para la comercialización del crudo de la Faja: una mezcla de 70% de petróleo extrapesado con 30% de agua y un agente emulsionante conocido como Orimulsión; este compuesto podía reemplazar al carbón y al fueloil en plantas de generación termoeléctrica. También se

---

[46] Parra Luzardo, 2009.

consiguió una segunda solución que permitiría una mayor monetización del crudo extrapesado: aumentar su calidad usando plantas de mejoramiento. El problema era el requerimiento de capital para construir los mejoradores.

Por eso la estrategia de desarrollo de la Faja se basó en dos tipos de acción: la comercialización de orimulsión a través de una filial de Pdvsa llamada Bitúmenes del Orinoco S.A., conocida como Bitor, y el establecimiento de alianzas estratégicas con socios privados que contaran con el capital y la tecnología para transformar el crudo extrapesado en crudo sintético que pudiese ser procesado por refinerías convencionales. Durante la apertura, lo que se hizo fue formar cuatro asociaciones estratégicas para ejecutar los cuatro proyectos que ya existían en la Faja. Estas 4 asociaciones estratégicas fueron Petrozuata, Cerro Negro, Sincor y Hamaca.

Bajo estos acuerdos, se constituía una nueva persona jurídica entre el Estado y los socios para operar el proyecto. Aunque el Estado no colocaría el capital mayoritario, se aseguró el control de ciertas decisiones mediante la emisión de acciones privilegiadas a nombre de las filiales venezolanas, de acuerdo con lo aprobado en el Congreso. Estas acciones les daban derecho a formar parte de las asambleas de accionistas, vetar las decisiones fundamentales y nombrar el presidente y el gerente general de la junta directiva de la asociación.

Por último, a principios de junio de 1997 se llevó a cabo la tercera ronda de licitación de contratos de exploración a riesgo y ganancias compartidas para campos marginales. Se ofrecieron 20 bloques, de los cuales se otorgaron efectivamente 17 a 30 compañías privadas, por un total de reservas cercanas a los 1.400 millones de barriles.

Con la apertura, Venezuela elevó su producción de petróleo en cinco años de manera importante, superando una vez más la marca de los 3 millones de barriles diarios hacia 1996.

También en esta etapa ocurre un cambio en la estructura organizacional de Pdvsa y sus filiales. Desde la nacionalización, Pdvsa había operado como casa matriz de una serie de operadoras, las más grandes Lagoven, Maraven y Corpoven. Esas tres fueron las que se mantuvieron en operación hasta 1997; el resto fue siendo absorbido por estas con el pasar de los años.

A partir del 1º de enero de 1998, se fusionaron Lagoven, Maraven y Corpoven y se reorganizaron en unidades de negocio con el objetivo de mejorar la productividad de la empresa, modernizar sus procesos administrativos y aumentar el retorno de capital[47]. De ahí en adelante Pdvsa será una sola compañía con tres divisiones: Pdvsa Exploración y Producción, Pdvsa Manufactura y Comercio, y Pdvsa Servicios.

Rafael Caldera y la Agenda Venezuela

Pero el éxito que vivía la industria petrolera no comulgaba con la realidad de la mayoría. A principios del segundo gobierno de Rafael Caldera se profundizó la recesión. En 1994 se produjo una crisis bancaria que arrastró a la quiebra a nueve bancos nacionales y regionales y afectó los ahorros de miles de familias. Ese 1994 cerró con una inflación del 71%, un hito particularmente crítico en un país donde 46% de la población vivía por debajo de la línea de pobreza. La realidad económica obligaba al Gobierno a repensar su estrategia. Caldera lanzó en abril de 1996 un nuevo programa macroeconómico con el nombre de Agenda Venezuela. Sus metas eran reducir la inflación, fortalecer las exportaciones y la economía no petrolera, y disminuir el desempleo y la pobreza.

En alianza con el FMI se aprobó un acuerdo de reorganización de pagos de la deuda externa, un nuevo ajuste fiscal, la liberalización de precios y del tipo de cambio, nuevos aumentos de impuestos y el ahorro de los ingresos petroleros extraordinarios

---

[47] Http://www.pdvsa.com/index.php?tpl=interface.sp/design/readmenuprincfiliales.tpl.html&newsid_ temas =20.

(con respecto a lo estipulado en el presupuesto nacional). Una de las medidas más recordadas fue el aumento del precio de la gasolina, en más de 500%. Todo esto llevó a que 1996 cerrara con una inflación de 103% y un índice de pobreza de 67%.

La Agenda Venezuela consiguió estabilizar la mayor parte de los indicadores macroeconómicos, notablemente el más preocupante, la inflación[48]. Continuó promoviendo la apertura a capitales externos más allá del sector petrolero, como en telecomunicaciones y banca. Los bruscos cambios revelaban la vulnerabilidad de los sectores de menores ingresos en Venezuela, que parecían entrar y salir de la definición de pobreza con facilidad alarmante, reflejo de que esa línea en verdad se movía conforme subían y bajaban las transferencias del Gobierno y no de acuerdo a capacidades productivas. La dicotomía que significa vivir sumergido en la pobreza, en lo que lucía como un país petrolero y rico en el imaginario del público, alimentaba la frustración que acabaría con el sistema político establecido.

Entre 1984 y 1999 prosiguió una volatilidad importante de la renta petrolera internacional capturada por la economía venezolana, pero esta vez a la baja. Al final del período, la renta se había reducido en 49% en términos totales, una vez más con picos y valles importantes. La primera caída, observada entre 1984 y 1986, redujo la renta petrolera captada del mercado internacional en 73%; luego se recuperó a niveles similares a los del comienzo del período. La renta volvió a desplomarse entre 1990 y 1991 en 41%, y se repitió el incremento, pero vino una tercera caída, esta vez más brusca, que recortó la renta que ingresaba a la economía en 81% entre 1996 y 1998.

A pesar del incremento de producción que supuso la apertura, registrando un alza de 89% para el período 1984-1999 al recuperar la capacidad de producción de 1,8 millones de barriles diarios a

---

[48] Cerró 1997 en 37% y 1998 en 29% (datos del BCV).

3 millones de barriles diarios, la caída prolongada de los precios, en conjunto con las necesidades de financiamiento externo de Pdvsa y de la República para el pago de la deuda, no logró ser compensada en términos rentísticos. Entre los años mencionados, el precio del barril de crudo venezolano promedió los USD 35, con un mínimo de USD 25 y un máximo de USD 66 (USD de 2014).

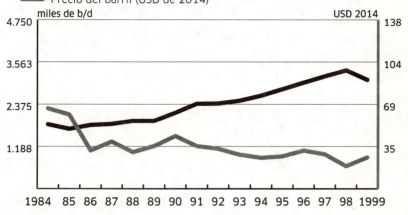

Producción vs. precios
1984-1999

Fuente: BP, 2015; Baptista, 2008 y 2015; cálculos propios.

Renta petrolera internacional
1984-1999

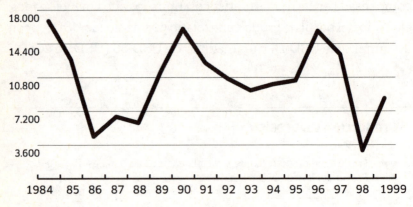

Fuente: BP, 2015; Baptista, 2008 y 2015; cálculos propios.

2001 a la actualidad:
el petroestado del inicio del siglo XXI

El gobierno de Hugo Chávez consiguió radicalizar los paradigmas. En líneas generales, su política petrolera fue la de Pérez Alfonzo. En la Carta Magna de 1999 el Estado se reserva la propiedad y la administración de los hidrocarburos existentes en el territorio nacional; las actividades petroleras y la totalidad de las acciones de Pdvsa son consideradas estratégicas "por razones de soberanía económica, política y estrategia nacional"[49].

Pero antes de que entrara en vigencia la nueva Constitución se comenzó a aplicar esa nueva lógica. En septiembre de 1999 se promulgó la Ley Orgánica de Hidrocarburos Gaseosos[50]. Regulaba las actividades del gas no asociado desde la exploración hasta la refinación y comercialización. Según la ley, el Ministerio de Energía y Petróleo (Menpet) es el facultado para determinar los precios de los hidrocarburos gaseosos desde los centros de producción y procesamiento. Estas actividades del gas no asociado podrán ser desarrolladas por personas privadas nacionales o extranjeras, reconociendo que el Estado tiene derecho en todo momento a una regalía del 20% del gas extraído y no reinyectado[51].

Los hidrocarburos líquidos, por su parte, debieron esperar hasta el 2001 para ser normados y hasta el 2006 para que la Ley de Hidrocarburos, relativa a las actividades de hidrocarburos líqui-

---
[49] Http://servicios.iesa.edu.ve/portal/CIEA/EC_2012.pdf
[50] GO N° 36.793 del 23 de septiembre de 1999.
[51] Conapri, 2007.

dos y gaseosos asociados, fuera puesta en práctica. Lo primero que hay que decir de la Ley Orgánica de Hidrocarburos de 2001 es que no fue una ley elaborada, discutida y sancionada por la Asamblea Nacional, sino un decreto con fuerza de ley promulgado sin discusión ni consulta pública, emitido por el Presidente en el marco de una ley habilitante que le permitió aprobar 49 leyes que pretendieron reformar de un plumazo toda la institucionalidad del Estado venezolano, y para muchos, hasta la identidad nacional[52].

A principios de 2002 el entonces presidente de Pdvsa, el general Guaicaipuro Lameda, fue destituido y reemplazado por Gastón Parra Luzardo, en compañía de nuevos directores afectos al presidente Chávez, entre otros, el muy pronto ministro y presidente de Pdvsa Rafael Ramírez. En rechazo a lo que se consideró dentro de la industria como un intento de partidizar a Pdvsa, trabajadores de la compañía nacional de petróleo se declararon en paro. Entre diciembre de 2002 y febrero de 2003 la producción petrolera se desplomó desde los 3,2 millones de barriles diarios hasta registrar niveles cercanos a los 25.000 barriles por día[53].

El corte súbito del flujo de caja de Pdvsa afectó de manera importante la disponibilidad de divisas del país, obligando al Gobierno a colocar un control de cambios en febrero de 2003 para minimizar el riesgo de que se produjera una crisis de balanza de pagos. Para implementarlo, se creó la conocida Comisión de Administración de Divisas (Cadivi), que evocaba al Recadi de Lusinchi. Se estima que desde el comienzo del paro petrolero y hasta el 2004, cuando Pdvsa comenzó a recuperar sus niveles de producción, la estatal había dejado de percibir aproximadamente USD 12.000 millones por la disminución de sus ventas y perdió USD 700 millones por compras de gasolina en el exterior para poder cumplir con sus obligaciones. Las importaciones totales

---

52 Párraga, 2010.
53 Párraga, 2010.

de la economía venezolana para los años 2002, 2003 y 2004 fueron de USD 13.300, 10.500 y 17.000 millones respectivamente[54].

El paro petrolero de 2002 causó en Chávez el mismo efecto que en su día la huelga petrolera del 36 en López Contreras: la paralización del motor de la economía nacional le reveló su poder. Chávez resolvió expulsar de la industria petrolera a más de 20.000 empleados, sacrificando así la mayor ganancia que la nacionalización le había dejado al país, el talento venezolano con alta calidad técnica para operar la industria. La pérdida significó un lastre para la capacidad operativa de Pdvsa que aún hoy no logra solventar[55]. De allí en adelante, con Rafael Ramírez a cargo de Pdvsa y el Menpet en paralelo, veríamos el nacimiento de la Pdvsa "roja rojita".

Hacia finales del 2004 se decidió implementar la LOH (Ley Orgánica de Hidrocarburos Líquidos), promulgada en 2001, y en abril de 2005 el Menpet ordenó la migración de los convenios operativos, acuerdos de ganancias compartidas y asociaciones estratégicas al formato de empresas mixtas.

El *modus operandi* utilizado para la negociación fue declarar desde la Asamblea Nacional que los convenios operativos vigentes eran ilegales por no haber contado en su momento con la aprobación del Congreso Nacional, y que, de no negociar, las compañías enfrentaban amenazas de expropiación[56].

El 25 de mayo de 2006 se publicaron en Gaceta Oficial los 21 contratos de constitución de empresas mixtas para migrar los 32 convenios operativos firmados durante la apertura petrolera entre el Estado y las empresas privadas. La migración se hizo para el desarrollo de 25 campos; los otros siete fueron devueltos a manos de Pdvsa.

Aunque la LOH establecía que el Estado debía retener por lo menos el 50% de las acciones, la ejecución fue más ambiciosa.

---

54 Importaciones de bienes FOB según sectores y destinos económicos de origen (BCV, 2015).
55 Ver Párraga, 2010, y Urbaneja, 2013.
56 Párraga, 2010.

Las empresas mixtas cuentan con capital compartido (al estilo *joint venture*) entre Pdvsa y las empresas privadas, nacionales y extranjeras, en una proporción promedio de 60/40. Estas empresas estarían sometidas a un complejo marco fiscal derivado de la aplicación simultánea de la Ley de Impuesto Sobre la Renta, la LOH y las ventajas especiales previstas en los acuerdos de la Asamblea Nacional. Posteriormente, se emitirán cuatro instrumentos legales para incrementar la contribución de la industria petrolera al Estado.

En febrero de 2007, fue dictado el decreto con rango, valor y fuerza de ley de Migración de las Asociaciones Estratégicas en la Faja del Orinoco, y para el 26 de octubre de ese mismo año todos los proyectos de la Faja, Petrozuata, Cerro Negro, Sincor, Hamaca (Ameriven) y Sinovensa (previamente Bitor), serían migrados a empresas mixtas, así como los contratos de exploración a riesgo y ganancias compartidas, también bajo un esquema accionario 60/40 a favor de Pdvsa.

La metodología aplicada fue prácticamente la misma que con los convenios operativos. Sin embargo, las asociaciones estratégicas sí contaban con la aprobación de la Asamblea Nacional. Además, sus acuerdos constitutivos establecían que la resolución de conflictos podía tener lugar en cortes de arbitraje internacional. ExxonMobil y ConocoPhillips no llegaron a acuerdos con las autoridades, por lo que enfrentaron la expropiación de la totalidad de sus activos en las asociaciones estratégicas y acuerdos de ganancias compartidas. Ambos casos fueron llevados al Centro Internacional de Arreglo de Disputas Relativas a Inversiones (Ciadi).

La migración de las asociaciones estratégicas de la Faja al formato de empresas mixtas representó el final de la aplicación de la nueva ley de la industria petrolera venezolana. Entre 2008 y 2010, el Menpet promovió nuevos procesos de licitación, así como la asignación directa de nuevas áreas en la Faja del Orinoco, resultando en el establecimiento de seis nuevas empresas mixtas y un bloque adicional asignado a Pdvsa para su exclusivo desarrollo (Bloque Junín 10).

Las filiales no petroleras y el Fonden[57]

Una de las características del gobierno de Chávez fue la asignación a Pdvsa de tareas no asociadas al negocio petrolero. El Ejecutivo Nacional creó siete filiales no petroleras de Pdvsa que, en última instancia, terminaron por absorber tareas correspondientes al Estado con el fin de no tener que exponerse a la contraloría pública: Pdvsa Agrícola, que absorbió empresas expropiadas como Lácteos Los Andes, al igual que varios centrales azucareros y frigoríficos; Pdvsa Industrial, constituida en 2007 con el propósito de centralizar 24 actividades relacionadas con la fabricación de equipos, materiales e insumos requeridos para el desarrollo de la industria petrolera; Pdvsa Servicios, que se encargó de tareas tradicionalmente contratadas a empresas especializadas, en sociedad con la estatal bielorrusa Belorusneft y la estatal china CNPC, además de expropiar a un total de 76 contratistas de servicios de perforación en el estado Zulia en 2009[58]; Pdvsa Ingeniería y Construcción, que ha extendido su alcance para contribuir de manera importante con obras como la Misión Vivienda Venezuela, el sistema ferroviario nacional, teleféricos, puentes, metros y metrocables, y acueductos[59]; Pdvsa Naval, distinta de Pdvsa Marina (en 2010 la Armada le traspasó a Pdvsa Naval parte de las acciones de Diques y Astilleros Nacionales, Dianca)[60]; Pdvsa Desarrollo Urbano; y Pdvsa Gas Comunal.

---

57 El Fondo de Desarrollo Nacional (Fonden, S.A.) es una entidad establecida por el Gobierno de Venezuela para invertir los ingresos que se reciben como producto de las exportaciones del petróleo.
58 Párraga, 2010.
59 Http://www.pdvsa.com/interface.sp/database/fichero/free/7364/1568.PDF.
60 Http://www.pdvsa.com/interface.sp/database/fichero/free/8982/1648.PDF.

Las filiales de Pdvsa cuentan con un acceso preferencial a divisas que escapa del control cambiario y de los intentos del BCV por hacer política monetaria. Esto es consecuencia de la reforma parcial a la Ley del BCV. Antes de esta reforma de 2005, las divisas obtenidas por concepto de exportación de hidrocarburos debían ser vendidas exclusivamente al BCV. Las importaciones de las filiales de Pdvsa entran dentro de la segunda categoría de divisas, representando quizás el mecanismo más directo de subvención de la renta petrolera a las importaciones comerciales y a las actividades del sector público que se ha visto en Venezuela.

La creación de las filiales no petroleras de Pdvsa ha debilitado las instancias tradicionales para estas tareas, además de haber desagregado los esfuerzos, dañando en términos generales el desempeño del Estado.

Los llamados aportes sociales de Pdvsa, canalizados en su mayoría a través de estas filiales, pero también por medio de sus contribuciones al Fonden, eran sostenidos por supuesto por una bonanza petrolera sin parangón. El FMI estima que el volumen de ingresos extraordinarios de Venezuela entre 2003 y 2012 por causa del *boom* de precios de materias primas en el mercado internacional fue de tres veces el tamaño de su economía antes del auge (300% de su PIB)[61]. Es decir que el gobierno de Chávez recibió más ingresos en términos reales que lo que recibió el de Pérez en los 70.

Para capturar los ingresos extraordinarios que generaba la exportación petrolera se aprobaron entre 2008 y 2013 cuatro instrumentos legales, cada uno sustituyendo al anterior: la Ley de Contribución Especial sobre Precios Extraordinarios del Mercado Internacional de Hidrocarburos (2008), el DecretoLey que crea la Contribución Especial por Precios Extraordinarios y Precios

---

61 Http://gumilla.org/biblioteca/bases/biblo/texto/SIC2013760_487491.pdf.

Exorbitantes en el Mercado Internacional de Hidrocarburos (2011) y sus dos reformas (2012 y 2013).

A pesar del enorme incremento de los ingresos fiscales, la recaudación no era suficiente para cubrir las aspiraciones del Estado. El Gobierno emprendió una política de endeudamiento agresiva para cubrir el déficit de gasto. La principal estrategia fue convertir a Pdvsa –y en menor medida a su filial estadounidense Citgo– en el vehículo financiero del Estado, con énfasis en la emisión de bonos de deuda interna y externa, pagando tasas de interés superiores a las que pagan países en guerra como Afganistán e Irak, o con episodios de *default* recientes como Argentina.

Al cierre del primer trimestre de 2014, según los datos emitidos por el Ministerio del Poder Popular de Economía, Finanzas y Banca Pública, la República acumulaba una deuda pública por USD 122.250 millones, más de cuatro veces el monto de la deuda pública de 1999. A esto hay que agregarle el endeudamiento de Pdvsa, que al cierre de 2014 acumulaba USD 42.600 millones, cifra que implica un aumento de 14 veces la deuda financiera de Pdvsa en 2006.

El aumento del consumo experimentado durante los gobiernos de Hugo Chávez fue a costa de liquidar por completo el excedente de precios recibido durante el auge de precios, y de adelantar consumo a través del endeudamiento. Esto no se tradujo en mecanismos de crecimiento económico y desarrollo sustentables, por lo que Venezuela se encuentra hoy en una situación de dependencia del precio del petróleo como nunca antes, junto con el deterioro de su capacidad financiera para servir la deuda que ha adquirido, dadas las mermadas reservas internacionales.

Los convenios de cooperación energética

La última de las herramientas del gobierno de Hugo Chávez que mencionaremos en relación con el manejo de la industria petrolera en esta sección son los convenios de cooperación energética –ej. Petrocaribe–, como mecanismo para establecer relaciones bilaterales con socios regionales, práctica conocida como "petrodiplomacia". Destacan por su esquema de suministro preferencial acordado gobierno a gobierno, bien como mecanismo de pago no monetario, en unos términos de intercambio acordados, o como pago en especies de líneas de crédito preferenciales recibidas por el Gobierno de Venezuela. Estos esquemas favorecen desproporcionalmente a algunos países de Suramérica y el Caribe, que en su gran mayoría han pagado con irrestricto apoyo o sumisión política internacional al Gobierno chavista las dádivas petroleras, las cuales a su vez han representado un alto costo para la empobrecida población venezolana.

Otro ejemplo importante de mencionar es el del Fondo Chino-Venezolano, dada la cantidad de producción que compromete, el cual es un fondo de cooperación bilateral para el financiamiento de proyectos en Venezuela. Está formado por aportes del Banco de Desarrollo Chino (CDB) y del Fonden[62] y es administrado por el Banco Nacional de Desarrollo (Bandes). Consiste en un esquema rotatorio en donde el Gobierno chino coloca aportes en efectivo y Venezuela repaga con barriles de petróleo crudo. El fondo tiene tres tramos, cada uno con condiciones distintas, sujetas a modificación de los términos de pago cuando así lo soliciten los gobiernos.

Los recursos del Fondo ChinoVenezolano podrán ser utilizados en principio para financiar los proyectos de infraestructura, desarrollo social, agricultura, minería, energía, tecnología, petroquímica e integración industrial que estén priorizados por el Ejecutivo Nacional[63]. Se estima que la cifra consolidada de compromisos asumidos con la República Popular China obliga a Venezuela a

---

62   Http://www.elmundo.com.ve/diccionario/fondochino.aspx.
63   Http://www.elmundo.com.ve/diccionario/fondochino.aspx.

enviar entre 500.000 y 600.000 barriles diarios para el pago de deuda.

La renta petrolera capturada del mercado internacional creció entre los años 2000 y 2012 en 189%, con la sola excepción del período 2008-2009, en el que se observó una caída de 62%, producto de la crisis financiera mundial. Este aumento de la renta estaba fuertemente influenciado por el mayor y más prolongado aumento de precios que se haya registrado en la historia del mercado petrolero. Entre el año 2000 y el 2012 el precio promedió los USD 70, con un mínimo de USD 33 y un máximo de USD 117.

Producción vs. precios
2000-2012

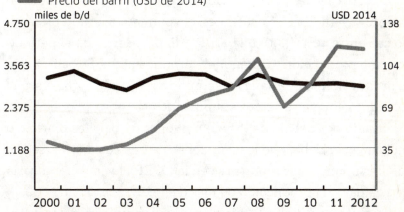

Fuente: BP, 2015; Baptista, 2008 y 2015; cálculos propios.

Renta petrolera internacional
2000-2012

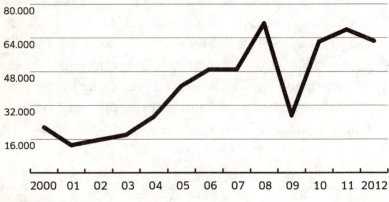

Fuente: BP, 2015; Baptista, 2008 y 2015; cálculos propios.

En este caso, es la producción la que presenta un comportamiento volátil. En tres ocasiones, el volumen de crudo producido cae entre 400 y 500 mil barriles diarios, cerrando el período con una producción 7% menor en términos netos. Se estima que la producción venezolana ha seguido decayendo y que, para el momento en que se estaba culminando este libro, puede haberse situado por debajo de los 2,15 millones de barriles diarios (o inclusive por debajo de los 2 millones de barriles diarios, según fuentes secundarias reportadas en la OPEP), lo cual significaría una caída de la producción de más de 30% desde el año 2000.

Durante los últimos 15 años Venezuela recibió ingresos superiores a los USD 1.440.000 millones[64], más que la sumatoria de los ingresos petroleros de los 85 años anteriores. Durante este mismo período Arabia Saudita logró ahorrar más de USD 770.000 millones, un monto similar al que también ahorraron los Emiratos Árabes Unidos y Catar. Venezuela no solo no ahorró nada, sino

---

64 Estados Financieros reportados de Pdvsa.

que se endeudó significativamente en más de USD 100.000 millones entre bonos de Pdvsa y bonos de la República, y adicionalmente las reservas internacionales mermaron, de un máximo reciente de USD 43.000 millones en 2008 a cerca de USD 10.000 millones en 2016.

Creemos que los venezolanos debemos asumir sin complejos nuestra condición de país petrolero y desarrollar estructuras institucionales para lidiar exitosamente con las consecuencias de extraerlo y aprovecharlo al máximo.

¿Por qué insistir en el petróleo?

Entendemos que hay desencanto sobre eso entre muchos venezolanos. La frustración es comprensible: el Estado venezolano, hoy más que nunca, es un modelo de derroche, corrupción, ineficiencia y soberbia, un gigante incapaz que quiere controlar todos los ámbitos de la sociedad. Sin embargo, debemos distinguir las consecuencias políticas de los beneficios que ha derivado la sociedad venezolana del desarrollo de la industria petrolera.

Después de un siglo de industria petrolera, Venezuela está urbanizada en su mayoría[65], tiene cobertura de servicios de agua potable[66] y luz eléctrica[67]. Cuenta con carreteras, puertos y aeropuertos que, aunque presentan dificultades importantes y se han venido deteriorando aceleradamente en los últimos años, distan significativamente del panorama de principios del siglo XX, mientras la población venezolana se multiplicó por diez al pasar de menos de 3 millones a más de 30 millones de habitantes. Más del 90% de los venezolanos hoy en día sabe leer y escribir y, entre muchos otros indicadores que podríamos citar, la esperanza de vida se elevó de 30 a más de 75 años con el pasar de un siglo. Si

---

65 INE, 2012.
66 Cepal, 2013.
67 Olade, 2012.

bien no se puede catalogar a Venezuela de país desarrollado, es innegable que la calidad de vida del venezolano hacia finales del siglo XX era superior a la de las generaciones anteriores, hasta que recientemente (en términos relativos) el deterioro ha sido exponencial.

Aunque el arranque del siglo XXI ha sido sin duda conflictivo y degenerativo, representando una involución (en vez de "revolución") para Venezuela, invitamos a hacernos la siguiente pregunta pensando tanto en los pasados 100 años como en los 100 años próximos: ¿puede ser el petróleo una palanca para el crecimiento económico de Venezuela?

Nosotros estamos convencidos de que la respuesta es sí, como lo ha sido en el pasado y como plantearemos en nuestra propuesta más adelante.

En la sección a continuación entraremos con más detalle en el desempeño reciente de Pdvsa, junto con el contexto sobre la actualidad energética en el mundo, con la finalidad de proveer los fundamentos para el planteamiento de nuestra propuesta.

Segunda parte
ENTORNO ENERGÉTICO MUNDIAL, POTENCIAL DE VENEZUELA Y DESEMPEÑO DE LA PDVSA ACTUAL

Importante es saber de dónde venimos y cómo hemos actuado en el tiempo. Ahora evaluaremos la actualidad energética en el mundo, el potencial de Venezuela como país energético y petrolero y cuál ha sido el desempeño reciente de Pdvsa en este entorno, con la finalidad de proveer el contexto y fundamentos para el planteamiento de nuestra propuesta de renovación estratégica de la nueva política energética venezolana.

Nuestro día a día está íntimamente ligado al consumo de energía. Quienes viven en ciudades[68] demandan energía desde el momento en que se levantan hasta que van a dormir: los despierta el sonido de una alarma que proviene de un artefacto electrónico y encienden la luz de un bombillo que funciona con electricidad. Se lavan la cara o se dan una ducha con agua que es traída desde algún lugar lejano a través de un sistema de bombas y tuberías. Luego, sacan del refrigerador –también energizado por la red eléctrica– algo para desayunar y se trasladan a sus centros de trabajo o estudios en vehículos alimentados con gasolina, diésel o electricidad. No se podría llevar el estilo de vida que conocemos sin el uso moderno de la energía.

Y su efecto va mucho más allá de nuestro día a día: nuestras economías dependen enteramente del consumo de energía para la producción y el comercio. Es la energía la que impulsa las má-

---

68 En 2012, 53% de la población mundial vivía en ciudades (Banco Mundial, 2013) y su proporción con respecto a la población rural continúa en ascenso. En el caso de Venezuela, de acuerdo con los datos del Instituto Nacional de Estadísticas (INE), 88,8% de la población venezolana vivía en zonas urbanas para el año 2011.

quinas en las fábricas, ilumina y acondiciona los edificios de los centros comerciales y de producción, y mueve los barcos y aviones que transportan las mercancías alrededor del mundo para que puedan ser consumidas.

Las sociedades más desarrolladas tienden a consumir más energía. El siguiente ejemplo lo ilustra de manera impactante: el consumo de energía eléctrica del estado de Nueva York, en Estados Unidos, es igual al de toda el África Subsahariana, a pesar de que el primero tiene una población de 19,5 millones de personas y la segunda 791 millones[69].

La mayoría de las organizaciones internacionales y empresas de energía[70] esperan un incremento de la demanda energética a nivel mundial para las próximas décadas.

Esta demanda estará impulsada principalmente por el crecimiento poblacional de 2 mil millones de personas (de 7 mil millones de personas en 2015 a 9 mil millones de personas aproximadamente en 2035[71]) y la mejora en los estándares de vida de la población mundial.

Los principales incrementos de población se darán en los países en vías de desarrollo (no pertenecientes a la Organización para la Cooperación y el Desarrollo Económicos, OCDE), principalmente en Asia (China e India), en África y algunos países latinoamericanos (Brasil y México). El consumo energético en los países desarrollados de la OCDE se mantendrá estable durante las próximas décadas dado su limitado crecimiento poblacional y una mayor eficiencia en el uso energético.

En la gráfica a continuación se muestra un ejemplo de estas proyecciones elaboradas por BP en su reporte "Energy Outlook 2035", publicado en 2015:

---

69 OECD/IEA (2010).
70 OPEP, International Energy Agency IEA, Energy Information Administration EIA, BP, ExxonMobil, Shell, etc.
71 United Nations Department of Economic and Social Affairs – Population Division.

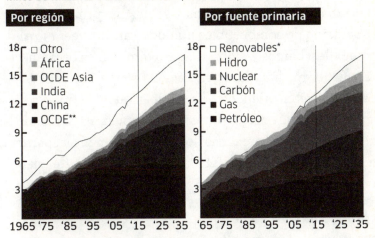

Consumo de energía primaria por región y por fuente primaria, con proyección a 2035
Miles de millones de toneladas de petróleo equivalente

* Incluye biocombustibles. **Fuente:** BP, Energy Outlook 2017.
** Organización para la Cooperación y el Desarrollo Económico.

Las proyecciones de estas asociaciones internacionales y empresas de energía también coinciden al indicar que los hidrocarburos (petróleo, gas y carbón) seguirán siendo la fuente primordial de energía durante las próximas décadas, como describiremos a continuación.

Vigencia de los hidrocarburos y el petróleo

Muchas organizaciones, entre ellas la Agencia Internacional de la Energía (AIE), la Organización de Países Exportadores de Petróleo (OPEP), el Consejo Mundial de la Energía (CME) y el Servicio de Información Energética de EEUU (EIA, por sus siglas en inglés), además de las principales compañías de energía del mundo, coinciden en sus proyecciones para las próximas dos décadas en que los hidrocarburos seguirán siendo la principal fuente primaria de energía del mundo, manteniéndose en un rango de entre el 80% y 90% de la oferta energética mundial.

Actualmente, los hidrocarburos (el petróleo, el carbón y el gas) proveen más del 90% de la energía que se consume en el mundo. El petróleo en particular representa más de un tercio del consumo mundial de energía primaria y se destina principalmente a la elaboración de combustibles líquidos para proveer movilidad (automóviles, barcos y aviones), pero también se utilizan, cada vez en menor medida, para generación termoeléctrica.

Las proyecciones tienden a coincidir en que el petróleo seguirá siendo la fuente de energía primaria que movilizará al mundo por lo menos durante las próximas dos décadas, aunque su participación ha venido siendo desplazada por otras fuentes de energía.

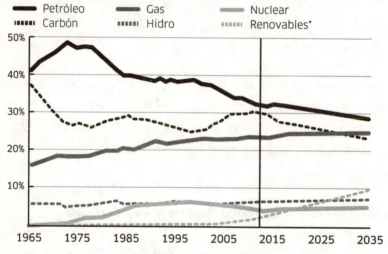

Consumo histórico de fuentes de energía primaria y proyecciones a 2035

* Incluye biocombustibles. **Fuente:** BP, Energy Outlook 2017.

No se deben subestimar los avances tecnológicos alcanzados en materia de energías alternativas a los hidrocarburos (nuclear e hidroeléctrica) y las llamadas fuentes de energía renovables (solar, viento, biocombustibles). Aunque partiendo de una pequeña base (menos del 3% del consumo total en 2015), se estima que las fuentes de energía renovables puedan representar entre un 8% y

10% del consumo energético global, sobrepasando a la energía nuclear en la década de 2020 y a la energía hidroeléctrica para el año 2035.

Los cambios de patrones de consumo de energías primarias se han dado por avances tecnológicos tanto en la oferta (fuente energética) como en la demanda (uso de la energía).

Por más de 1,5 millones de años los humanos y sus antecesores utilizaron los biocombustibles (ej. la leña) como única fuente de energía primaria. No fue hasta la Revolución Industrial en el siglo XVIII que otra fuente de energía primaria –el carbón– tomaría el protagonismo en la matriz de consumo energético.

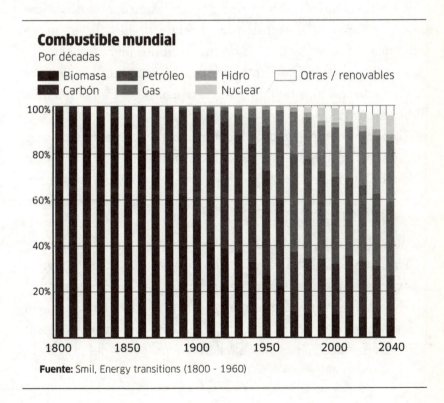

Combustible mundial
Por décadas

Fuente: Smil, Energy transitions (1800 - 1960)

Pasaron aproximadamente 100 años hasta el descubrimiento del petróleo (siglo XIX) para que comenzara a cambiar una vez más la matriz energética. En menos de 50 años se introdujo el gas natural y en menos de 20 años más comenzaron a aparecer las fuentes de energía alternativas (no hidrocarburos) como la nuclear, la hidroeléctrica y luego las renovables.

Como ha demostrado la historia, los avances tecnológicos han venido diversificando las fuentes de energía primaria, y es de resaltar que estos cambios se han venido presentando de forma más acelerada en el tiempo.

Aunque pareciera que los hidrocarburos seguirán siendo la fuente primaria energética principal por las próximas dos décadas, y en especial el petróleo en el sector de movilidad, no se debe descartar la posibilidad de revoluciones tecnológicas que los desplacen aceleradamente de forma inesperada. También podrían darse cambios de patrones de consumo entre los mismos hidrocarburos.

Tomemos como ejemplo el sector transporte (movilidad). Hoy en día el petróleo provee el 92% del consumo del sector transporte en los EEUU, mientras solo un 3% del sector transporte es suplido por gas natural[72]. Pero esto pudiese cambiar si se continúan presentando avances significativos en las tecnologías de los vehículos eléctricos, desde automóviles hasta motos y bicicletas[73].

Para finales de 2011 se calculaban unos 180.000 automóviles eléctricos e híbridos-eléctricos en funcionamiento[74] (0,02% del total de la flota a nivel mundial). En menos de dos años, hacia finales de 2014, esa cifra se multiplicó hasta un total de 665.000 automóviles eléctricos e híbridos-eléctricos (0,08% del total de la

---

[72] Agencia Internacional de la Energía (2015).
[73] Para el 2014 la Agencia Internacional de la Energía calcula existen 230 millones de bicicletas eléctricas solo en China.
[74] International Energy Agency Electric Vehicle Initiative: http://www.iea.org/evi/GlobalEVOutlook2015Update_1page.pdf.

flota de vehículos a nivel mundial), de los cuales 40% se ubicaban en EEUU, 16% en Japón, 12% en China y el resto principalmente en Europa Occidental, Canadá, India y Sudáfrica.

Aunque estas cifras parten de una base minúscula del total de vehículos a nivel mundial, no se puede desestimar su tasa de crecimiento dados los avances en el desarrollo de la infraestructura de recarga de vehículos eléctricos en los países mencionados, la reducción de los costos de las baterías (más de 50% desde el 2011 hasta el 2014) y el aumento sostenido de la eficiencia energética de las baterías.

Según proyecciones de Bloomberg (New Energy Finance), la venta de vehículos eléctricos representará el 35% del total de las ventas a nivel mundial de vehículos[75].

La fuente de energía primaria para los vehículos eléctricos proviene principalmente del gas natural y del carbón (vía generación termoeléctrica), con lo cual un incremento significativo de estos vehículos desplazaría al petróleo como fuente primaria principal para la movilidad.

Según un estudio publicado en el *Financial Times*, los vehículos eléctricos pudieran alcanzar un 25% del total de los automóviles en circulación para el 2040, lo que representaría una caída de aproximadamente 15% de la demanda de petróleo[76].

A continuación, desarrollaremos el tema de la oferta y demanda del petróleo en particular y el rol de Venezuela como productor petrolero dentro de este contexto.

---

[75] Bloomberg New Energy Finance: https://about.bnef.com/pressreleases/electricvehicles-tobe35ofglobalnewcarsalesby2040/.
[76] *Financial Times*: https://www.ft.com/content/31d68af86e0a11e69ac11055824ca907.

Oferta y demanda petrolera mundial y de Venezuela

Desde sus inicios en el siglo XIX y durante la primera mitad del siglo XX, la producción petrolera era generada por pocos países. De los aproximadamente 30 millones de barriles que se producían diariamente hacia la década de los años 60, 9 millones provenían de los Estados Unidos, 8,4 millones del Medio Oriente (de los cuales solo 2,2 millones de Arabia Saudita), 5,3 millones de la Unión Soviética, 3,5 millones de Venezuela y el resto de otros países.

Es importante resaltar que, hasta el año 1970, Venezuela era el tercer país productor de petróleo del mundo, detrás de Estados Unidos y la Unión Soviética, y el primer exportador a nivel mundial. La producción de Venezuela representaba aproximadamente un 10% de la producción mundial de petróleo. Justo en 1970 Venezuela comenzaba a ser desplazada del *ranking* de los tres primeros países petroleros cuando Arabia Saudita supera a Venezuela como país productor petrolero (3,8 millones b/d Arabia Saudita vs. 3,7 millones b/d Venezuela). 1970 también fue un año emblemático para Venezuela ya que fue el año en que logró su producción máxima histórica de 3,7 millones b/d.

Ya para 1980 Venezuela, produciendo 2,2 millones b/d (1,5 millones menos que en 1970), había sido desplazada y era ahora el quinto país productor, detrás de la Unión Soviética, Estados Unidos, Arabia Saudita e Irak. En 1990, con un nivel de producción similar al de los 80, Venezuela fue sobrepasada por Irán,

México y China. Durante la década de los 90 Venezuela, con la apertura petrolera, logra recuperar terreno perdido y, con una producción en recuperación, por encima de los 3 millones de b/d, regresa a ser el quinto país productor petrolero del mundo, detrás de Arabia Saudita (9,5 millones b/d), Estados Unidos (9,1 millones b/d), Rusia (6,7 millones b/d) e Irán (3,8 millones b/d).

Durante lo que va del siglo XXI, Venezuela ha tenido un desempeño que deja mucho que desear respecto a su producción petrolera comparada con el resto de los países productores mundiales, habiendo sido desplazada del puesto 5 en el año 2000 al puesto 11 en el año 2014. Para ese año la producción mundial era aproximadamente 90 millones b/d y Venezuela producía cerca de 2,7 millones de b/d según cifras oficiales, lo que representaba para ese entonces menos del 3% de la producción mundial (en comparación con un 10% de contribución hacia la década de los 70). (Ver cuadro página siguiente).

Luego de estas cifras y análisis es fundamental preguntarse entonces qué sucedió con el rol protagónico de Venezuela como país petrolero.

¿Por qué si Venezuela era el tercer productor y primer exportador de petróleo mundial durante más de la mitad del siglo XX, hoy en el siglo XXI pasó a ser el 11° productor de petróleo?

Como veremos a continuación, no será por falta de reservas petroleras ya que Venezuela cuenta con las reservas más grandes del planeta.

Ranking de producción petrolera de Venezuela vs. principales productores mundiales

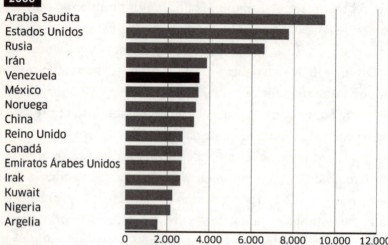

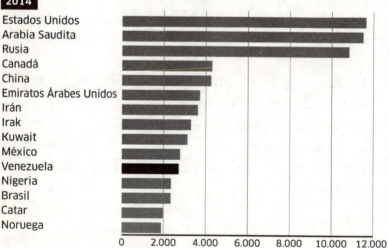

Fuente: Elaboración propia, data de BP Statistical Review, 2016.

Reservas mundiales de petróleo y su vigencia. "Peak oil" vs. "peak demand"

Las reservas totales de petróleo probadas al cierre de 2015 se estiman en unos 1,5 billones de barriles a nivel mundial[77].

Venezuela cuenta con unas reservas petroleras probadas de 300 mil millones de barriles[78], lo cual representa aproximadamente un 20% de las reservas totales del planeta.

Con esta cantidad de reservas, Venezuela es reconocida actualmente como el país con más reservas petroleras del mundo, seguido por Arabia Saudita y luego Canadá, como se muestra en el gráfico a continuación.

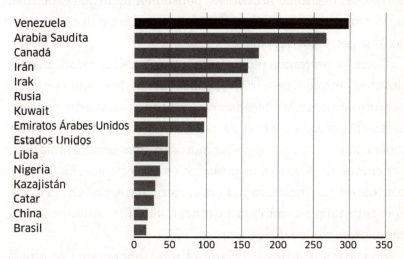

Reservas de petróleo probadas a nivel mundial[79]
Miles de millones de barriles

Fuente: Elaboración propia, data de BP Statistical Review, 2016, OPEP 2016.

---

77 OPEC 2016 report: http://www.opec.org/opec_web/static_files_project/media/downloads/publications/ASD2016.pdf.
78 OPEC 2016 report.
79 BP Statistical Review, 2015.

Otro hecho relevante es que, dado el coeficiente entre las reservas de Venezuela (300 mil millones de barriles) vs. los niveles de producción actual del país, a Venezuela le quedarían más de 300 años de producción petrolera.

Durante las décadas de los 60 y parte de los 80 se tenía la percepción de que el petróleo era un recurso limitado en Venezuela, inclusive mucho del diseño de políticas y pensamiento petrolero tomaba esta premisa como cierta y se argumentaba que, dado que el petróleo se le estaba "acabando" a Venezuela, que era "transitorio", el Estado debía disponer de su total extracción, lo que llevó a la estatización en 1976.

Ahora bien, tomando en cuenta que actualmente se conoce que Venezuela tiene más de 300 años de petróleo, es de suma importancia cuestionar el obsoleto pensamiento de que el petróleo en Venezuela es un recurso limitado y rediseñar la estrategia y política petrolera del país.

Como se ha venido planteando, aunque los hidrocarburos (incluido el petróleo) seguirán siendo la fuente de energía principal durante las próximas décadas, hay que tomar en cuenta el avance de las energías renovables y alternativas. Hoy en día no se puede saber con exactitud cuándo los hidrocarburos serán desplazados por completo, pero lo más probable es que esto suceda antes de 300 años y que inclusive ya para el cierre del siglo XXI la matriz energética haya cambiado significativamente, minimizando el papel protagónico de los hidrocarburos.

En la década de los 50, Marion King Hubbert, un geólogo de la Shell, desarrolló un modelo estadístico que predecía que la producción de los Estados Unidos llegaría a su máximo (pico) en la década de los 70, lo cual acertó "momentáneamente", ya que la producción de Estados Unidos comenzó a declinar a partir de 1970. Esta predicción de Hubbert fue fundamental para el planteamiento de la teoría del "peak oil", suponiendo que, como en el caso de los Estados Unidos, a la mayoría de los países productores les llegaría su "peak" (o pico) y que las reservas y la producción de petróleo mundiales se verían minimizadas en el corto o mediano plazo. Durante el resto del siglo XX se asumía como premisa fundamental la "escasez de los recursos" de hidrocarburos, lo que condujo a políticas proteccionistas y defensa de los precios, como fue comprobado con el comportamiento de la OPEP durante ese período.

Lo que no pudo predecir Hubbert en su modelo fue el impacto de una "revolución tecnológica" como fue la del aprovechamiento en Estados Unidos de las reservas de crudos livianos y gas natural contenidos en el subsuelo en vetas de lutitas, conocidos como *shale oil* y *shale gas*[80], extraídos con el proceso de fracturación hidráulica conocido como "fracking"[81], por lo que hoy Estados Unidos no solo recuperó sus niveles de producción de los años 70, sino que los superó[82].

En la segunda década del siglo XXI se habla más bien del "peak demand"[83] en vez del "peak oil", asumiendo que existe ahora "abundancia de recursos", dados los avances tecnológicos para el desarrollo de las reservas petroleras no convencionales y que sobrarán los hidrocarburos para cubrir la demanda durante las próximas décadas. Se estima que lo más probable es que los hidrocarburos serán relevados de su rol protagónico por energías alternativas y renovables en el transcurso de este siglo.

Considerando lo anterior, argumentamos que en términos prácticos y para cualquier tipo de diseño de estrategia y política energética se debe asumir que Venezuela cuenta con reservas de petróleo "ilimitadas" o "infinitas", ya que fuentes de energía

---

80 *Shale oil*: https://en.wikipedia.org/wiki/Tight_oil.
81 *Fracking*: http://www.bbc.com/mundo/noticias/2013/10/131017_ciencia_especial_fracking_abc_am; https://en.wikipedia.org/wiki/Hydraulic_fracturing.
82 US Energy Information Administration: https://www.eia.gov/dnav/pet/hist/LeafHandler.ashx?n=PET&s=MCRFPU32&f=A.
83 "The Future of Oil", *The Economist*: http://www.economist.com/news/leaders/21582510worldsthirstoilcouldbenearingpeakbadnewsproducersexcellent.

distintas desplazarán al petróleo antes de que las reservas venezolanas sean extraídas totalmente. Más bien, lo más probable es que gran parte de las reservas se queden en el subsuelo venezolano. Como dijo el ex ministro de Energía saudí Ahmed Zaki Yamani: "La Edad de Piedra no se acabó por falta de piedras, y lo más seguro es que la Edad del Petróleo tampoco se acabe por falta de petróleo".

Venezuela cuenta con reservas "infinitas" de petróleo, pero tienen fecha de vencimiento y lo más probable es que sea en los próximos 100 años.

Como veremos luego en la sección de la demanda petrolera mundial, existe una ventana de oportunidad durante las próximas décadas para incrementar significativamente los niveles de producción. El incremento de la demanda será aprovechado por los países petroleros que estén más dispuestos y preparados para tomar ventaja de esta oportunidad.

No debe ser por casualidad que Arabia Saudita cuente con aproximadamente 60 años de reservas de petróleo adicionales si mantiene su nivel de producción actual. El diseño de la estrategia saudí toma en cuenta que ya para finales de este siglo el petróleo haya perdido gran parte de su valor; por lo tanto, es de trascendental importancia extraerlo al máximo y utilizar sus recursos generados en otros sectores con miras a la diversificación de su economía[84].

No solo Arabia Saudita, sino todos los principales países petroleros a nivel mundial mantienen niveles cercanos a 100 años adicionales de reservas[85]. Por lo que consideramos pertinente cuestionarnos:

---

[84] Saudi Deputy Crown Prince interview in Bloomberg: http://www.bloomberg.com/news/articles/20160401/saudiarabiaplans2trillionmegafundtodwarfallitsrivals.
[85] Excepción de Libia, que, dados los conflictos actuales ve su producción disminuida al cierre de 2014 a aproximadamente 500 mil b/d, cuando, históricamente, preconflicto, su producción se ha mantenido cercana a los 1,5 millones b/d. En caso de volver a este nivel de producción, Libia contaría con aproximadamente 90 años de reservas petroleras remanentes.

¿Qué sentido tiene que Venezuela cuente con el triple de años de reservas de petróleo vs. sus principales competidores cuando lo más probable es que la "Edad del Petróleo" comience a extinguirse durante este siglo?

¿Qué hará Venezuela con 300 años de reservas adicionales de petróleo no extraídas de su subsuelo ya que perderían su valor económico?

¿Cuánto es el valor de la oportunidad que Venezuela está perdiendo por no incrementar y maximizar sus niveles de producción?

Es incongruente que Venezuela, contando con cerca de 20% de las reservas del planeta, hoy en día contribuya con solo cerca del 2% del total de la producción petrolera mundial.

Arabia Saudita cuenta con un poco más del 18% de las reservas petroleras, pero produce el 12% del petróleo total a nivel mundial.

Es claro que existe una desproporción entre las reservas de Venezuela y su porcentaje de contribución a la producción mundial. Pero este no ha sido siempre el caso, como veremos a continuación.

Producción de Venezuela y de la OPEP

La falta de estrategia petrolera de largo plazo clara y consistente, la ausencia de un acuerdo nacional y la desconexión casi absoluta del tema petrolero en la sociedad venezolana han sido elementos fundamentales para el deficiente desempeño de la industria petrolera venezolana.

Venezuela es el único país de la OPEP que no ha incrementado su producción desde 1970. Mientras, la producción total de la OPEP se multiplicó por cuatro en los últimos 55 años y en 2015 se encuentra en récord histórico; países como Angola, Ecuador y Nigeria tuvieron importantes crecimientos en su producción; ha sido Arabia Saudita la que ha provisto aproximadamente el 40%

del incremento de la producción total del bloque. Venezuela, en cambio, se ha mantenido diluyendo su relevancia como oferente con el pasar de las décadas, lo que no pareciera ser reflejo de un respeto a las cuotas asignadas a cada país, sino a su incapacidad para levantar la producción más allá de los 3,7 millones de barriles diarios (ver tabla).

Producción diaria promedio de países OPEP por décadas
Miles de b/d

País	1960	1970	1980	1990	2000	2015
Argelia	181	1.029	1.020	784	796	1.203
Angola	1	84	150	474	736	1.701
Ecuador	8	4	204	286	392	526
Indonesia	410	854	1.576	1.299	1.272	690
Irán	1.068	3.829	1.467	3.135	3.661	3.151
Irak	972	1.549	2.646	2.113	2.810	3.504
Kuwait	1.692	2.990	1.664	859	1.996	2.859
Libia	0	3.318	1.832	1.389	1.347	404
Nigeria	17	1.083	2.058	1.727	2.054	1.748
Catar	175	362	471	406	648	656
Arabia Saudita	1.314	3.799	9.901	6.413	8.095	10.192
EAU	0	780	1.702	1.763	2.175	2.989
Venezuela	2.846	3.708	2.165	2.135	2.891	2.654
OPEP	**8.683**	**23.388**	**26.856**	**22.781**	**28.873**	**32.315**

Fuente: (OPEP, 2016)

La realidad es que Venezuela ha perdido su rol original protagónico en la OPEP. De ser el 1° país productor de la OPEP al momento de su fundación, Venezuela es hoy en día el sexto, y es considerada dentro de esta organización como un país que se coloca siempre del lado defensivo de los precios dada su limitada capacidad instalada de producción y en consecuencia su incapacidad de aumentar su producción a discreción o cuando la organización así lo precise en defensa de sus objetivos.

Hoy en día Arabia Saudita se encuentra en una clara defensa de la colocación de su producción en los mercados internacionales, en protección de su cuota de mercado o "market share", al incrementar sus niveles de producción inclusive luego de la caída de los precios del petróleo que se viene registrando desde el 2014.

Arabia Saudita tiene la posibilidad de defender sus intereses nacionales y probablemente de la mayoría de los países de la OPEP, ya que cuenta con capacidad de producción de petróleo adicional que le permite reaccionar a la caída de los precios del petróleo en el mediano plazo, compensando parcialmente su ingreso fiscal petrolero aumentando la producción.

Es notorio el cambio de estrategia de Arabia Saudita, que en el año 2015, en vez de recortar su producción para defender los altos precios del petróleo, como venía siendo práctica usual de la OPEP durante las últimas décadas, ha optado por incrementar su producción en reacción al significativo aumento de la producción de los Estados Unidos. Con esto Arabia Saudita está buscando principalmente dos objetivos fundamentales: 1. recuperar su "market share" perdido por los crudos livianos adicionales de Estados Unidos, y 2. alargar la "Edad del Petróleo" unas décadas adicionales[86]. Durante 2016 y 2017 Arabia Saudita ha aceptado ciertos recortes acordados con la OPEP, pero estos no han sido suficientes para incrementar significativamente el precio del petróleo.

El exceso de oferta de crudo hace que el precio del petróleo baje y que predominen los productores más eficientes o de bajo costo como Arabia Saudita. Adicionalmente, al bajar los precios del petróleo, las nuevas energías renovables se hacen menos competitivas económicamente, lo que pudiese dilatar el desarrollo de su máximo potencial y uso.

Aprovechamos esta línea de argumentación para hacernos la siguiente pregunta: ¿por qué hasta el año 1970 Venezuela produ-

---

[86] Saudi Arabia's Plan to Extend the Age of Oil: http://www.bloomberg.com/news/articles/20150412/saudiarabiasplantoextendtheageofoil.

cía más que Arabia Saudita y hoy en día la producción de Arabia Saudita triplica a la de Venezuela?

Como se observa en la gráfica a continuación, Arabia Saudita logró introducir al mercado más de 6 millones de b/d en una sola década, entre 1970 y 1980, pasando de poco menos de 4 millones b/d a más de 10 millones b/d.

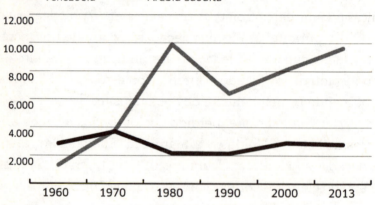

Comparación histórica de producción de Venezuela vs. Arabia Saudita[87]

Fuente: Elaboración propia, Fuente: Pdvsa, BP Statistical Review - 2016.

Arabia Saudita parece tener clara su estrategia de ser el mayor productor y exportador de crudo del mundo ya que cuenta con la capacidad instalada de producción necesaria para cumplir con este objetivo.

Hace un par de décadas se podía argumentar que el crudo de Arabia Saudita, siendo crudo liviano, era más fácil de extraer que el venezolano, considerado crudo pesado, tesis que invitaremos a debatir a continuación.

---

[87] Elaboración propia, Fuente: Pdvsa, BP Statistical Review 2016.

Comparación de Venezuela con otros países productores

Es relevante detenernos a analizar este argumento descomponiéndolo por partes:

1. Venezuela cuenta con 40 mil millones de barriles de reservas probadas de crudos convencionales (medianos, livianos y pesados); es decir, cifra comparable a casi todas las reservas de los Estados Unidos (55 mil millones de barriles), más de dos veces las reservas totales de Brasil (16 mil millones de barriles), casi 4 veces las reservas de México (11 mil millones de barriles) y casi veinte veces las de Colombia (cerca de 2 mil millones de barriles)[88].
2. Es cierto que la mayor parte de las reservas venezolanas son de crudos extrapesados, contando con 260 mil millones de barriles de estos (para un total de 300 mil millones de barriles; 40 mil millones de livianos-medianos-pesados y 260 mil millones de extrapesados).

Respecto al primer elemento, las cantidades de crudos convencionales de Venezuela son de magnitudes cuantiosas que permitirían un aumento significativo de producción en sí mismas como está sucediendo actualmente en Estados Unidos, produciendo sus reservas de crudos livianos y gas natural contenidos en el subsuelo en vetas de lutitas y conocidos como "shale".

La producción petrolera y de gas de los Estados Unidos venía declinando desde la década de los 70 y logró revertir esta tendencia, logrando no solo recuperar su producción significativamente a partir del año 2009, sino que logró hace poco producir a su máximo histórico de casi 12 millones de barriles equivalentes por día de petróleo y gas. En menos de cinco años, Estados Unidos logró

---

[88] BP Statistical Review, 2016.

incrementar su producción en más de 4 millones de barriles por día, teniendo reservas de crudos livianos en el mismo orden que las reservas medianas-livianas de Venezuela, para las cuales no es necesario aplicar procesos como el *fracking* (fracturación hidráulica), sino simplemente métodos convencionales de extracción.

Los métodos convencionales de extracción aplicables de crudos convencionales hacen que los costos de producción de estos crudos en Venezuela sean relativamente bajos si se eliminan las distorsiones contables por tipo de cambio, lo que brinda una ventaja competitiva en comparación con los crudos del "shale" de los Estados Unidos.

Respecto al segundo argumento sobre los crudos extrapesados, ya desde la década de los 90 se desarrollaron estas reservas con proyectos sumamente rentables, dadas sus economías de escala y bajos costos de producción. Los proyectos desarrollados en la Faja Petrolífera del Orinoco recuperaron sus inversiones en menos de 5 años y hasta la fecha se mantienen con alta rentabilidad.

Para ejemplificar este punto podemos realizar una comparación con Canadá. Las reservas probadas de arenas bituminosas y crudos extrapesados de Canadá están actualmente en el orden de los 170 mil millones de barriles[89], comparadas con los 260 mil millones de reservas de crudos extrapesados de Venezuela.

Es importante hacer una aclaratoria, y es que los crudos extrapesados venezolanos en la Faja del Orinoco fluyen en condiciones naturales sin tener que ser asistidos con métodos de recuperación secundaria. En el caso de las arenas bituminosas y crudos extrapesados canadienses, estos tienen que ser asistidos con métodos como la inyección de vapor de agua para poder extraerlos, dadas las bajas temperaturas en la provincia de Alberta, en donde se ubican estos yacimientos. Aun así, teniendo que utilizar métodos de recuperación secundaria como la inyección de vapor de agua, los

---

89   BP Statistical Review, 2016.

cuales incrementan los costos de producción ya que son intensivos en su uso de energía y agua, la producción canadiense ha venido aumentando progresivamente desde la década de los 80.

A partir de 2007, la producción canadiense no solo supera la de Venezuela, sino que comienza a acelerar su tasa incremental de producción, logrando introducir 1 millón de b/d de crudos adicionales a los mercados hoy en día, mientras que la producción venezolana ha venido cayendo durante el mismo período, teniendo Canadá dos tercios de las reservas de crudos extrapesados que las que tiene Venezuela.

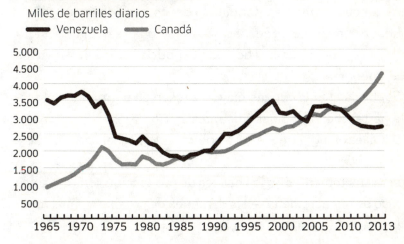

Comparación histórica de producción de Canadá vs. Venezuela[90]

Fuente: Elaboración propia. Fuente: Pdvsa; BP Statistical Review, 2016.

Por lo tanto, consideramos que Venezuela tiene potencial para incrementar significativamente su capacidad de producción muy por encima de los niveles actuales con la finalidad de recuperar el lugar que le corresponde tanto en la OPEP como a nivel mundial, tanto en crudos convencionales como en extrapesados. De

---

90   Elaboración propia. Fuente: Pdvsa; BP Statistical Review, 2016.

no ser Venezuela la que añada producción adicional, otros países lo harán, aprovechando el crecimiento de la demanda proyectada, como se explicará en la próxima sección.

Según la Energy Information Administration de los EEUU, este país continuará incrementando su producción hasta el año 2020, mientras que países como Arabia Saudita, Rusia, Canadá, Brasil y China podrían continuar incrementando su producción hasta el año 2040.

Ahora bien, hagamos una pausa para preguntarnos:

¿En qué liga quiere estar Venezuela en el futuro de los países productores?

¿En las "grandes" ligas como Arabia Saudita, Estados Unidos y Rusia, en la liga de los "medianos" como Canadá, Brasil y China, o en las ligas "menores", por debajo de los 3 millones de b/d?

Recordemos que Venezuela perteneció la mayoría del siglo XX a las "grandes" ligas y hoy en día podría considerarse en las ligas "menores".

¿Debería el país con las mayores reservas petroleras del planeta pertenecer a las ligas "menores"?

¿Cuál es el lugar que le corresponde a Venezuela hoy en día y en las próximas décadas?

Estos incrementos en los niveles de producción serían viables en caso de un incremento en la demanda de petróleo a nivel mundial, como se verá a continuación.

Demanda mundial de petróleo

Como se mencionó al inicio de esta sección, se espera un incremento de la demanda energética durante las próximas décadas, impulsada principalmente por el crecimiento poblacional a nivel mundial.

El petróleo es la principal fuente de energía para consumo del sector transporte. Es decir que, aparte de continuar suministrando combustible para el movimiento de los actuales 7 mil millones de habitantes, el petróleo deberá satisfacer la mayoría de las necesidades de movilidad para 2 mil millones de personas adicionales en el planeta durante las próximas décadas.

Antes de continuar ampliando el tema de la demanda de petróleo, es relevante introducir el término de tasa natural de declinación de yacimientos petroleros.

A lo largo de la explotación de un yacimiento petrolero, la tasa de declinación natural tiende a aumentar, lo que puede ser luego compensado parcialmente con mecanismos de recuperación como inyección de gas o agua, extracción asistida por bombas electrosumergibles, inyección de polímeros, etc. No es correcto asumir que los yacimientos producen a una tasa constante por tiempo indeterminado sin intervenciones.

Aunque las tasas de declinación son diversas por yacimiento ya que no todos se comportan de la misma forma y las condiciones varían, la Energy Information Administration de los Estados Unidos, en un documento publicado a mediados de 2011, estimó que la tasa de declinación interanual promedio de los yacimientos a nivel mundial sería cercana al 4,5%, con base en información de los 800 campos petroleros en producción más importantes del planeta.

Tomando en cuenta la tasa de declinación de yacimientos mencionada, para la fecha en que fue publicado el documento se desconocían o no se tenía suficiente información de proyectos con la capacidad de satisfacer la demanda de petróleo a largo plazo (hacia el año 2030) de más de 40 millones de barriles por día adicionales necesarios (o lo que es equivalente a poco menos de cuatro veces lo que produce Arabia Saudita actualmente) para cerrar la brecha entre la oferta y la demanda.

A la misma conclusión ha llegado recientemente la reconocida firma de consultoría energética IHS, que estima la tasa de declinación promedio de los yacimientos a nivel mundial en un 3% promedio interanual, e indica que aun con los avances en Estados

Unidos en el "shale" o "tight oil", harán falta unos 38 millones de barriles por día de petróleo provenientes de nuevos proyectos para cubrir la brecha de la demanda como se muestra en la gráfica a continuación:

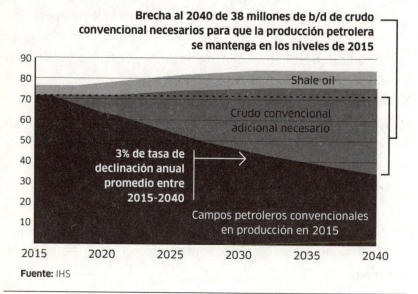

Brecha entre demanda vs. oferta de petróleo al 2040, por IHS
Millones de barriles diarios

Fuente: IHS

Probablemente con más información esta brecha estimada pueda variar en magnitud. Lo que parece una conclusión determinante es que, si no se continúa invirtiendo en nuevos proyectos con capacidad de producción adicional, se presentaría un escenario complejo, lo que podría generar un ajuste de precios (*shock*) al alza, como ha venido siendo el comportamiento típico de los ciclos históricos de inversión y precios del petróleo, como se muestra en el gráfico a continuación:

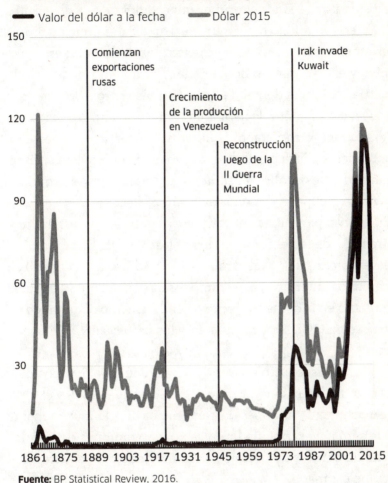

Fuente: BP Statistical Review, 2016.

Por ende la pregunta que planteamos en la sección anterior sobre la oferta de petróleo: ¿qué países deberían y se están preparando para satisfacer los aproximadamente 40 millones de barriles diarios de demanda adicional durante las próximas décadas?

---

91 BP Statistical Review (Oil): http://www.bp.com/content/dam/bp/pdf/energyeconomics/statisticalreview2016/bpstatisticalreviewofworldenergy2016oil.pdf

China se convirtió durante el 2013 en el país que más petróleo importa en el mundo[92], desplazando a Estados Unidos, que había sido por décadas el primer importador de petróleo. Estas realidades son reflejo de cambios estructurales en los factores determinantes del mercado energético global: el crecimiento económico y el crecimiento poblacional. Por un lado, el desarrollo industrial de China demanda cada día más energía, lo que hace que sus 1.300 millones de habitantes obtengan ingresos cada vez mayores; por el otro, Estados Unidos está viviendo un proceso de reindustrialización a partir de una revolución energética en casa, a manos del desarrollo del *shale*, usando recursos energéticos propios para depender menos de las importaciones.

En el caso particular del carbón y el petróleo, se espera una contracción de la demanda en los países OCDE, brindando señales tempranas del "peak demand" del petróleo mencionado en los capítulos anteriores, pero compensado a nivel mundial por el incremento en la demanda tanto de carbón como de petróleo en los países no-OCDE, principalmente los países asiáticos (China e India).

Aun en el escenario en donde los vehículos eléctricos desplacen un 15% de la demanda de petróleo entre el 2035 y el 2040 (digamos unos 15 millones de barriles por día), lo más probable es que será necesario añadir entre 30 y 40 millones de barriles por día de barriles de petróleo en el mercado para satisfacer el consumo estimado.

Es por esta razón que consideramos que existe una ventana de oportunidad durante las próximas dos décadas para un incremento considerable de la producción petrolera de Venezuela. Esta será considerada como una premisa fundamental al momento de plantear nuestra propuesta.

---

92   BBC (2013).

Desempeño de la actual Pdvsa (Petróleos de Venezuela S.A.)

Para describir la situación actual de Pdvsa tomaremos como base los resultados desde el año 2005, ya que fue a partir de este año que la actual administración de Pdvsa inició la implementación del modelo de gestión de la industria petrolera establecido en la Ley Orgánica de Hidrocarburos vigente, la cual contempla el modelo de las empresas mixtas.

Producción petrolera

Durante el período 2005-2017, luego que se instauró el actual modelo de la industria, la producción petrolera de Venezuela cayó más de un millón de barriles por día (b/d), lo que es equivalente a desaparecer un país petrolero como Colombia. La producción del país pasó de 3,27 millones de b/d en 2005 a aproximadamente 2,15 millones b/d a mediados de 2017, según cifras oficiales publicadas en la Memoria y Cuenta de Pdvsa y suministradas por el Ministerio de Energía a la OPEP, como se muestra en la próxima gráfica.

Para el momento en que se estaba culminando este libro, en 2017, la producción ya había caído por debajo de los 2 millones de b/d, lo que implica una pérdida de por lo menos 1,3 millones de barriles bajo la actual administración de Pdvsa.

Si analizamos la producción por regiones, se cuenta con los crudos convencionales (livianos y medianos) producidos en el occidente y el oriente del país, y los crudos extrapesados produ-

Producción de petróleo de Venezuela (Pdvsa + empresas mixtas) de 2005 a 2017[93]

Millones de barriles diarios

Fuente: Memoria y Cuenta de Pdvsa y la Opep.

cidos en la Faja Petrolífera del Orinoco. Aunque la producción de la Faja se ha mantenido relativamente estable alrededor de los 1,2 millones b/d, es importante resaltar que se han perdido más de un millón de barriles de crudos livianos y medianos de las áreas convencionales de producción del occidente y el oriente del país, como se refleja en la próxima gráfica.

La falta de inversión, inadecuada gestión de yacimientos en campos de crudo convencionales y la ineficiencia y corrupción en los procesos administrativos y de procura, ha venido agravando considerablemente esta situación.

En Oriente, preocupa de manera especial el caso de El Furrial, el cual es uno de los campos más prolíferos y rentables de Venezuela (crudo liviano tipo Mesa 30), cuya producción ha venido declinando considerablemente. El Furrial produjo 200 mil b/d en 2015 mientras que en 2008 producía más de 400 mil b/d (cifras PODE). Es decir, solo en El Furrial se perdieron más de 200 mil b/d entre

---

93 Memoria y Cuenta de Pdvsa.

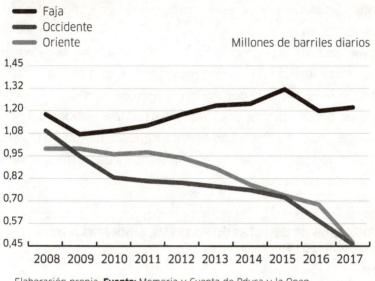

Producción de petróleo de Venezuela por regiones de 2008 a 2017[95]

Elaboración propia. **Fuente:** Memoria y Cuenta de Pdvsa y la Opep.

2008 y 2015, aunque todavía cuenta con reservas probadas de aproximadamente 1.000 millones de barriles[94].

Esto ha llevado a la actual administración de Pdvsa al extremo de tener que importar crudos livianos[96] para poder transportar y comercializar los crudos pesados producidos en la Faja del Orinoco, ya que no se han realizado las inversiones necesarias para el mejoramiento de estos crudos.

Es paradójico que el país con las reservas petroleras más abundantes del planeta tenga que importar crudos en la actualidad, y en algunos casos de otros países con reservas mucho menores a las venezolanas. No es la falta de reservas de crudos livianos

---

94 "El Furrial: el espectacular declive de un gigante petrolero", por Carlos Bellorín: http://prodavinci.com/ blogs/elfurrialelespectaculardeclivedeungigantepetroleroporcarlosbellorin/.
95 No se incluyen los años de 2005 a 2007 ya que la clasificación por regiones fue modificada por el Ministerio de Energía desde el PODE 2007/2008.
96 "¿Por qué Venezuela ahora importa petróleo?": http://www.bbc.com/mundo/noticias/2014/10/141020_venezuela_importa_petroleo_dp.

o medianos una limitante que lleve a esta situación en particular, ya que, como hemos expuesto, Venezuela cuenta con 40 mil millones de barriles de reservas probadas de este tipo de crudos convencionales.

Si analizamos la evolución de la producción propia de Pdvsa versus la producción de las empresas mixtas (donde Pdvsa tiene socios), vemos que la producción gestionada solo por Pdvsa ha caído más de 1,2 millones de barriles diarios desde 2006, compensada parcialmente por un incremento de 120 mil barriles diarios de produccion gestionada por las empresas mixtas, principalmente en la Faja del Orinoco.

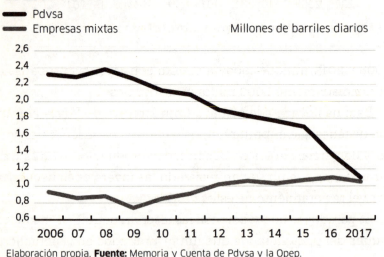

Producción de petróleo de Pdvsa vs. empresas mixtas de 2006 a 2017

Elaboración propia. **Fuente:** Memoria y Cuenta de Pdvsa y la Opep.

Es también pertinente resaltar que, de mantenerse la tendencia actual, la producción de gestión propia de Pdvsa pasará a ser menor que la gestionada por las empresas mixtas.

Esto demuestra la poca capacidad que tiene Pdvsa para mantener sus niveles de producción actualmente.

Planes y metas de producción de Pdvsa

La actual administración de Pdvsa ha venido haciendo público año tras año, desde el 2005, el llamado "Plan Siembra Petrolera", en el cual ha anunciado metas de producción, todas ellas incumplidas hasta el momento.

De acuerdo con el Plan Siembra Petrolera de 2006, Venezuela debió haber estado produciendo aproximadamente 6,0 millones b/d para el año 2012 (casi el triple de lo que se produce actualmente).

Constantemente estas metas de producción han venido siendo desplazadas.

A continuación se presenta un gráfico que ilustra este incumplimiento. Vemos cómo la curva de la producción real declina sostenidamente mientras que las líneas ascendentes son los aumentos de producción anunciados por Pdvsa año por año.

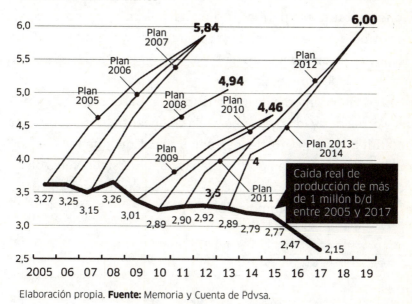

Metas de producción anunciadas por Pdvsa y producción
Millones de barriles diarios

Elaboración propia. **Fuente:** Memoria y Cuenta de Pdvsa.

Las razones por las cuales se han incumplido estas metas son muchas, entre las cuales están la falta de capacidad operativa y financiera de Pdvsa, la rampante corrupción e ineficiencia y la falta de confianza de las empresas socias tanto nacionales como internacionales, dados los incumplimientos de acuerdos y la falta de incentivos para aportar las inversiones necesarias. Pdvsa, a su vez, habiendo cumplido sus obligaciones con el fisco nacional, se ha visto exigida a financiar gasto gubernamental no relacionado a la industria, en detrimento de sus propias inversiones necesarias para mantener su infraestructura e incrementar su producción petrolera.

Exportaciones, consumo interno y convenios preferenciales

Según cifras oficiales[97], Venezuela exportó 2,19 millones de b/d en el 2016, comparado con 2,89 millones de b/d en 2006, lo que representa una disminución de cerca de 700 mil b/d en exportaciones durante ese período. Adicional a la caída de producción de petróleo presentada en la sección anterior, durante la última década se ha observado un incremento significativo en el consumo interno de combustibles.

El consumo interno de combustibles (ej. gasolina, gasóleo, diésel y otros derivados) en Venezuela se encontraba cercano a los 500 mil b/d[98] en 2016, de los cuales se estima que más de 100 mil barriles se pierden por contrabando[99]. El Estado venezolano deja de percibir más de 15.000 millones de dólares por año dado el subsidio de estos combustibles[100].

---

97 Pdvsa, resultados financieros 2016.
98 Pdvsa, resultados financieros 2016.
99 Http://www.eluniversal.com/economia/140805/ramirezlaideaesobtenerunpreciorazonable-delagasolina.
100 Http://prodavinci.com/2014/08/02/actualidad/venezuelatienesentidoelsubsidioalagasolina-porasdrubaloliverosgabrielvillamizarylesnercastillo/.

Pdvsa ha venido despachando aproximadamente otros 700 mil b/d de sus exportaciones vía convenios preferenciales con otros países, lo que representa más del 30% del total exportado durante el 2015, como se puede observar en la gráfica a continuación:

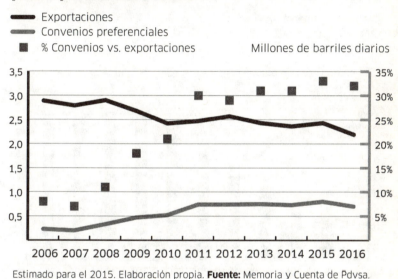

Exportaciones de petróleo y productos derivados, convenios preferenciales y porcentaje de convenios preferenciales vs. exportaciones totales para el período 2006 a 2016[101]

Estimado para el 2015. Elaboración propia. **Fuente:** Memoria y Cuenta de Pdvsa.

Esto implica que más de 1,3 millones de b/d (40% de la producción del país) están siendo subsidiados, contrabandeados o entregados en condiciones "preferenciales" a otros países, causando una pérdida al patrimonio nacional que podría rondar entre los 15.000-20.000 millones de dólares al año, dependiendo del precio del petróleo; este último monto equivalente al total de importaciones de Venezuela de todo el año 2016[102].

---

101 Estimado para el 2016.
102 Http://prodavinci.com/2016/07/13/actualidad/laemergenciaeconomicalabrechaexternayel-mitodelpetroleopormiguelangelsantossebastianbustosygustavobaquero/.

Deuda e inversiones de Pdvsa

Mientras que la producción petrolera de Venezuela cayó más de un millón de barriles por día (b/d) entre 2005 y 2017, la deuda financiera de Pdvsa se ha incrementado de 3 mil millones de dólares a más de 40 mil millones de dólares, lo que representa un aumento de más de 1.500%.

Deuda financiera, inversiones en exploración y producción (EyP), producción petrolera [103]

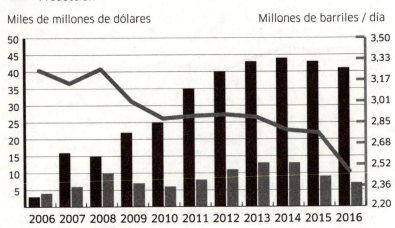

Elaboracion propia. **Fuente:** Memoria y Cuenta de Pdvsa, PODE.

Este aumento de la deuda no se vio reflejado en los montos de inversiones en las actividades de exploración y producción de la petrolera estatal. Estas inversiones han sido insuficientes para aumentar o sostener los niveles de producción de Pdvsa.

La pregunta de rigor entonces es: ¿a qué se han destinado los montos adquiridos vía deuda si no ha sido primordialmente para incrementar los niveles de inversión de la estatal?

---

[103] Memoria y Cuenta de Pdvsa, PODE.

Adicional a la deuda financiera de Pdvsa, según cifras oficiales al cierre de 2016, la deuda con proveedores de servicios petroleros se incrementó a cerca de USD 20 mil millones; la deuda por dividendos no pagados a socios privados de las empresas mixtas se estima cercana a los USD 10 mil millones[104].

Añadiendo la deuda al BCV y otras obligaciones, los pasivos totales de Pdvsa se aproximan a los USD 140 mil millones para finales de 2016, mientras que los ingresos totales de la compañía durante ese año fueron de USD 48 mil millones.

Costos operativos, número de empleados y productividad

Según los estados financieros consolidados y auditados de Pdvsa, los costos operativos de la empresa estatal se incrementaron significativamente en una década, pasando de 12.300 millones de dólares en 2005 a aproximadamente 17.000 millones de USD reportados al cierre de 2015[105]. La próxima gráfica ilustra estos costos tanto en valores absolutos como en dólares por barril.

La negativa combinación de la caída de producción y el incremento de los costos operativos de Pdvsa ha hecho que el costo por barril se haya incrementado de aproximadamente 11 dólares por barril en 2005 a más de 20 dólares por barril en 2015.

Distintas razones han causado el incremento de los costos operativos, pero una de las causas que llama particularmente la atención ha sido el incremento de la nómina de Pdvsa, la cual se triplicó, pasando de contar con aproximadamente 50.000 empleados en 2005 a superar los 150.000 empleados en 2015, de los

---

104 Resultados Pdvsa 2016.
105 No se colocaron cifras de 2016, dados los ajustes cambiarios en los estados financieros que generan distorsión en el entendimiento de la data sobre los costos operativos de Pdvsa.

Costos operativos de Pdvsa
Absolutos y dólares por barril

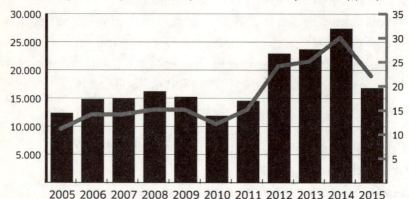

Fuente: Memoria y Cuenta de Pdvsa, PODE.

Producción vs. empleados de Pdvsa

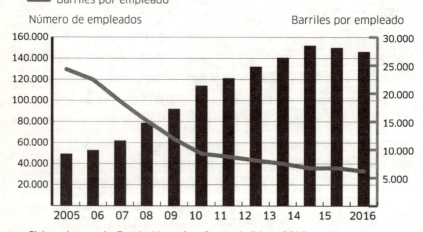

Elaboracion propia. **Fuente:** Memoria y Cuenta de Pdvsa, PODE.

cuales Pdvsa reconoce que más de 30.000 no están relacionados con labores de la industria[106].

Mientras la nómina se incrementa, la empresa produce menos barriles por empleado, pasando de haber tenido una productividad de más de 24.000 barriles por empleado a cerca de 6.000 barriles por empleado. En otras palabras, la productividad por empleado cayó aproximadamente un 75% entre 2005 y 2016.

Seguridad industrial

La gestión de seguridad industrial de Pdvsa durante la última década ha sido nefasta.

Las cifras oficiales de accidentes son de difícil acceso y verificación en los informes y publicaciones de Pdvsa, por lo que existen dudas sobre la confiabilidad de las estadísticas y obliga a investigar información de diversas fuentes.

Los accidentes laborales se han venido incrementando de manera significativa. De acuerdo con datos suministrados por el Centro de Orientación en Energía (Coener)[107], solo entre 2003 y 2012 se contabilizaron 380 siniestros e incidentes en la industria y más de 120 personas fallecidas.

Especialmente trágica fue la explosión en la refinería de Amuay[108] ocurrida el 25 de agosto de 2012 en la península de Paraguaná, en el estado Falcón, que dejó más de 55 personas fallecidas y más de 150 heridos[109].

---

106 Resultados Pdvsa 2015.
107 Http://coener2010.blogspot.com.br/2013/04/siniestralidaddepdvsaencifras.html#udssearchresults; http://www.elmundo.com.ve/noticias/petroleo/pdvsa/pdvsasuperaindiceinternacionaldeaccidentesde.aspx; http://www.laverdad.com/economia/35283altoriesgoenpdvsa.html.
108 Https://es.wikipedia.org/wiki/Explosi%C3%B3n_en_la_refiner%C3%ADa_de_Amuay#/media/File:Tanque_ de_ refiner%C3%ADa_Amuay_en_llamas.jpg.
109 Https://es.wikipedia.org/wiki/Explosi%C3%B3n_en_la_refiner%C3%ADa_de_Amuay

Según la asociación internacional IOGP (International Oil and Gas Producers Association)[110] en sus estudios de indicadores de seguridad, los índices de severidad (IS) y los índices de frecuencia neta (IFN) relativos a accidentes de Pdvsa superan con creces los de empresas como Pemex, Petrobras, Ecopetrol y la misma Citgo, como se muestra en la tabla a continuación.

Índice de severidad (IS)

	2007	2008	2008	2008	2008	2008
Pdvsa	238	396	491	433	450	489
Citgo	26	159	24	35	16	24
Ecopetrol	35	27	93	350	75	13
Pemex	35	35	26	25	29	32

Fuente: Coener y OGP

Índice de frecuencia neta de accidentes (IFN)

	2007	2008	2009	2010	2011	2012
Pdvsa	4.6	4.0	5.1	6.0	6.0	6.2
Citgo	1.0	0.4	0.2	0.6	0.6	0.2
Ecopetrol	1.8	1.2	1.2	1.6	1.0	0.8
Pemex	0.6	0.5	0.4	0.4	0.5	0.5
Petrobras	0.3	0.4	0.4	0.5	0.6	0.7

Fuente: Coener, OGP y Petrobras.

Los accidentes contabilizados en estos índices incluyen colisiones de buques cargueros y navíos de servicios lacustres, explosiones en pozos y de taladros de perforación, incendios en sistemas de refinación, terminales de exportación, patiotanques, plantas de fertilizantes, etc.

---

109 Http://www.iogp.org/#*.

Ambiente

La gestión ambiental de Pdvsa en los últimos años también ha dejado mucho que desear.

Según las escasas cifras oficiales, cada año se reportan aproximadamente 4.000 derrames de hidrocarburos u otro tipo de sustancia química, de los cuales más del 70% generan afectaciones en algún cuerpo de agua y el restante 30% aproximado en los suelos[111]. Los volúmenes derramados se aproximan a los 150.000 barriles por año.

Uno de los accidentes ambientales de mayor impacto se produjo el 4 de febrero de 2012 en el río Gaurapiche. Este río es de los más importantes del estado Monagas. Alimenta la represa El Guamo, localizada en el municipio Acosta. Además, el Guarapiche surte de agua a gran parte de Maturín, gracias a una planta potabilizadora localizada en esa ciudad.

Una explosión en un oleoducto en el campo Jusepín (estado Monagas) generó un derrame de petróleo, afectando un área total de suelo de 10,6 hectáreas y que alcanzó el cuerpo del cauce del río Guarapiche, contaminando no solo el agua del río, sino que también afectó el área de caños y manglares en la desembocadura. Adicionalmente, el incidente ocasionó escasez de agua potable en Maturín por más de un mes. Se estima que se derramaron más de 80.000 barriles al río Guarapiche en 20 horas por este accidente[112].

El 9 de febrero de 2012 el alcalde de Maturín, José Maicavares, dijo que "Maturín vive la catástrofe más grande de toda su historia"[113].

Se han presentado más derrames de severidad en el lago de Maracaibo, dada la falta de mantenimiento del sistema de oleoductos, afectando especialmente a los pescadores, así como en

---

111 Http://www.pdvsa.com/interface.sp/database/fichero/free/8012/1627.PDF.
112 Http://es.panampost.com/elisavasquez/2015/03/27/fiscaliavenezolanainvestigaapdvsaporpresuntoderramepetrolero/.
113 Https://es.wikipedia.org/wiki/R%C3%ADo_Guarapiche.

otros cuerpos de agua en otras regiones como en el río Guanipa en Anzoátegui, en áreas como Anaco, El Tigre y San Tomé, en la bahía de Amuay, y el más reciente derrame del oleoducto de Cabrutica en el estado Anzoátegui[114].

Otro caso preocupante de impacto ambiental es la acumulación de coque procesado en los mejoradores de crudos pesados ubicados en el estado Anzoátegui. Esta acumulación (o montañas de coque como ya se le reconoce localmente) se ha venido incrementando, superando más de 500 millones de toneladas métricas[115].

Solo para el año 2010 se registró la asistencia de 238 pacientes con enfermedades respiratorias y pulmonares al Centro de Atención Hospitalaria de Puerto Píritu a causa de la producción y acumulación de coque[116].

La negligente gestión de seguridad industrial y ambiental durante la última década por parte de la administración de Pdvsa ha representado una terrible realidad, tanto para las personas que han perdido sus vidas como para sus familias. El profundo impacto negativo que han causado al medio ambiente a lo largo del territorio nacional es lo que dejan como herencia a nuestras actuales y futuras generaciones.

Si bien es cierto que la administración de Pdvsa de la última década ha sido negativa, no solamente desde el punto operacional y financiero sino también sobre las condiciones de sus trabajadores e impacto al medio ambiente, también hay que resaltar que todavía la empresa cuenta con talento humano comprometido y con competencias para lograr una buena gestión. Lo que es fun-

---

114 Http://www.ultimasnoticias.com.ve/noticias/actualidad/regiones/fotospdvsaconfirmaderramedepetroleoenlaba.aspx.
115 Http://www.elmundo.com.ve/noticias/petroleo/industria/500millonesdetoneladasdecoques eacumulanen.aspx.
116 Http://gerenciayliderazgoresponsable.blogspot.com.br/2012/08/elimpactoambientaldelaindustria.html

damental es realizar un cambio de estrategia, de las políticas y gerencia de la empresa estatal.

Como se mencionó al inicio de esta sección, las condiciones de mercado presentan una ventana de oportunidad para incrementar significativamente la producción de Venezuela durante las próximas dos décadas.

Para aprovechar esta oportunidad es fundamental renovar la gestión y estrategia de toda la industria energética y petrolera venezolana, para lo cual plantearemos una propuesta en nuestra próxima sección con el propósito de invitar al debate de los venezolanos sobre un tema tan transcendental para el futuro de la nación.

**Tercera parte
LA PROPUESTA**

El pensamiento petrolero que predomina en Venezuela debe renovarse. Es necesario dejar atrás paradigmas que se asentaron cuando la realidad de Venezuela era otra y se pensaba que el petróleo se acabaría en el corto plazo, pues no se conocía el potencial de recursos como se conoce hoy ni existía la tecnología para extraerlos[117]. El petróleo tiene que ser visto como una bendición, si se desarrolla este recurso correctamente para el bienestar y el progreso de los venezolanos. Somos el país con las mayores reservas de petróleo del mundo y esto puede transformarse en una gran ventaja si sabemos aprovecharlas de manera responsable para las generaciones futuras.

Para hacerlo hay que dejar atrás las prácticas que se basan en ideologías retrógradas, que sacrifican el bienestar de todos los venezolanos al negarnos a las decisiones estratégicas que demanda la industria más importante del país. Nadie puede decir que nuestra industria petrolera tiene hoy una estrategia exitosa, con 20% de las reservas del mundo pero con solo cerca del 2% de su producción.

También debemos actualizar nuestra percepción del petróleo venezolano ante el contexto energético internacional, porque ahí es donde le sacaremos provecho. Tenemos que entender que no somos ricos por el simple hecho de haber nacido en Venezuela: el petróleo es una riqueza potencial que solo puede ser materializada si se produce y se vende. Debemos buscar sustitutos a frases como "sembrar el petróleo", "el excremento del diablo", "la

---

[117] Como era el caso de los crudos extrapesados de la Faja del Orinoco.

maldición del petróleo", etc., porque no ayudan a desarrollar al máximo el potencial energético de Venezuela ni a darle un destino consensuado a la renta que eso produciría.

Esto debe hacerse con respeto por quienes han contribuido a construir el pensamiento petrolero nacional y por quienes han dedicado su vida al desarrollo de la industria petrolera en Venezuela; con humildad, podemos aprender de ellos lo que ha funcionado y lo que no. Partimos de la premisa de que cada uno de esos hombres y mujeres que han participado en la operación y regulación de la industria petrolera venezolana durante el siglo XX lo hicieron con su mejor intención. Ese es el gran valor que puede derivar un pueblo de su historia, sobre todo cuando son lecciones aprendidas en casa.

Con esto en mente, presentamos una propuesta de cambio de estrategia para la industria petrolera venezolana, con la intención de invitar a un debate para lograr un gran acuerdo nacional en torno a la nueva estrategia energética de Venezuela.

Queremos presentar para el debate una propuesta con la finalidad de lograr un gran acuerdo nacional de los venezolanos sobre la política energética de nuestro país. Un acuerdo nacional con una visión que concibe el petróleo y el gas natural como una bendición que tenemos. Una visión que es profundamente patriótica y soberana pero muy atenta al carácter global del negocio petrolero.

Para hablar de una mejor Venezuela es importante comprender el asunto petrolero a fondo. Nuestro país ya tiene más de 100 años de historia petrolera y hemos hablado por años de "sembrar el petróleo". Estamos convencidos de que es hora de renovar el paradigma: por un lado, apalancar el bienestar de millones de venezolanos, brindándoles oportunidades reales de superar la pobreza, y, por el otro, traer el progreso mediante la generación de empleos productivos en una economía diversificada, priorizando un desarrollo estable.

Una manera de entender lo que motiva las distintas alternativas de política petrolera, que, por supuesto, tienen diversas implicaciones, es comprendiendo los beneficios directos que recibe el Estado de cada esquema, los cuales se calculan mediante una fórmula sencilla: IFP=VxPxT, en donde el ingreso fiscal petrolero (IFP) es igual al volumen producido (V), multiplicado por el precio (P) y por la tasa impositiva (T). Así veremos cuál ha sido la prioridad de cada política petrolera.

Como vimos anteriormente, en la primera parte del siglo XX la prioridad estuvo alrededor del volumen (V). Se suscribió la estrategia bajo el esquema de concesiones, en el que eran las compañías internacionales las que decidían cuánto crecía la producción. Como esta se mantuvo ascendente, el Estado recibía ingresos incrementales según el aumento del volumen exportado.

Después vino el enfoque en el que se inscriben los pensamientos de Betancourt y de Pérez Alfonzo, dominante hasta nuestros días (con la excepción del período de apertura en la década de los 90). Consiste en no explotar una tasa demasiado elevada del volumen del petróleo y asumir una política que persigue aumentos del precio (P), sobre todo a partir de 1970. Al tener altos niveles de precios, el volumen no era lo más importante. Al principio coincidió el tiempo de la nacionalización con el momento de más producción, pero luego hubo pérdidas en la capacidad productora, lo que condujo a una franca caída de los ingresos fiscales hacia el final del siglo.

El gobierno actual ha buscado darle prioridad al precio (P) y venderles a los venezolanos la idea de que gracias a su política el precio ha alcanzado altos niveles. No fue así: el aumento estuvo relacionado con el empuje de la demanda mundial de energía, que hizo que los precios crecieran en la última década y, por tanto, que el ingreso fiscal del gobierno de Chávez fuese el más alto que ha tenido ninguna administración en Venezuela. Las inadecuadas políticas del chavismo y de la actual gestión del madurismo han creado más que nunca una hiperdependencia de Venezuela de los precios del petróleo.

Ahora, con los precios por debajo de la mitad de lo que fueron hace unos pocos años, el único componente de la ecuación del ingreso petrolero nacional que sigue estando bajo el control de los venezolanos es el nivel de producción, el volumen (V). El precio depende de una serie compleja de factores externos, y actualmente, con solo cerca del 2% de la producción mundial, Venezuela tiene una capacidad limitada de influir en él, razón por la cual proponemos que uno de los pilares de la estrategia se base en un aumento de la capacidad productiva al máximo, como lo han venido haciendo países de la OPEP como Arabia Saudita, Irán, Irak, etc., para limitar la vulnerabilidad a los precios.

Venezuela no debería ser un país de entre 2 y 3 millones de barriles por día. Debe más bien ser un país realmente comprometido a maximizar su capacidad de producción.

Además de maximizar la producción, proponemos otros tres pilares estratégicos, con los que emerge una política que no solo es energética, sino también con alcance hacia un desarrollo integral de la economía y el país.

Los cuatro pilares de nuestra propuesta hacia un Acuerdo Nacional sobre la Política Energética son:

1. Maximizar la producción petrolera y gasífera.
2. Democratizar el petróleo.
3. Diversificar la economía a partir del petróleo.
4. Desarrollo sustentable y equilibrio ambiental.

A continuación, desarrollamos cada uno de los cuatro pilares de nuestra propuesta, pero antes procederemos a explicar tres principios que consideramos elementales para guiarnos durante la implementación de una nueva estrategia: confianza, productividad y transparencia.

Tres principios: confianza, productividad y transparencia

Confianza
Es fundamental recuperar la confianza de los socios e inversionistas de la industria que, aunque muchos todavía se mantienen presentes en Venezuela, no han tenido garantías ni condiciones para apoyar un aumento de producción significativo. También es necesario recuperar la confianza de los trabajadores de la industria, a quienes se les han dificultado mejoras en sus contratos colectivos, o a quienes se les han negado beneficios que aparecen en ellos y se les ha expuesto a condiciones de seguridad industrial

inaceptables. Actualmente no hay confianza, para ninguno de los actores, en que el Estado jugará su parte como está establecido en los acuerdos, y eso debe ser corregido. El giro que proponemos es, dadas las condiciones de estabilidad y de mercado, modernizar los marcos regulatorios. El énfasis deberá estar en el cumplimiento de los términos y condiciones contractuales, que no se limita a las decisiones operativas sino al modelo de negocios completo y al cumplimiento de los acuerdos de Pdvsa y el Estado con los proveedores, socios y empleados de la industria petrolera.

Este tema lo desarrollaremos más adelante, cuando esbocemos nuestra propuesta de marco institucional para aumentar la producción y mejorar la transparencia en la industria petrolera venezolana. Otro ámbito en donde debe generarse confianza es en la elaboración de la política energética. Deben garantizarse mecanismos de participación para las cámaras y empresarios de la industria, al igual que para los gobiernos locales de las áreas petroleras y para el ciudadano en general. Dado que la premisa básica es que el petróleo es un bien común de la nación, todos los actores deben sentir que pueden participar en la elaboración de la política energética nacional y de los mecanismos de asignación de renta, independientemente del gobierno de turno. No generar este tipo de confianza pondría en riesgo la sostenibilidad de un gran acuerdo nacional de los venezolanos sobre el petróleo.

La confianza también deberá verse reflejada en una utilización responsable de la deuda de Pdvsa, que ha crecido 15 veces mientras la producción caía en 1 millón de barriles diarios. Esto ha empeorado la percepción sobre el riesgo de prestarle a una empresa que pide fondos para aumentar su producción, pero luego los destina a otras cosas, y que parece estar comprometiendo cada vez más su capacidad de pago pues sus ingresos no crecen y ahora debe repagar la deuda que adquirió. Esto hace que los prestamistas requieran tasas de interés cada vez mayores a cambio de nuevos préstamos, lo cual significa que cada vez que

Pdvsa se quiere endeudar debe pagar una deuda más cara que la anterior. Pero, además, dado que casi 100% de las divisas que adquiere Venezuela provienen de las ventas de Pdvsa, los inversionistas que le prestan a la república hacen el mismo análisis, así que el uso ineficiente de la deuda de la petrolera ha significado también un deterioro de la capacidad de financiamiento del país, que también se ha endeudado enormemente en los últimos años. El Banco Interamericano de Desarrollo estima que la deuda pública consolidada de Venezuela (república más empresas estatales) ascendió de USD 29.476 millones a USD 104.262 millones[119] entre 2006 y 2013. Esto hace que Venezuela pague la deuda externa más costosa de la región latinoamericana, incluso más que la de Argentina[120].

Esta desconfianza que ha generado el gobierno actual de Venezuela en los mercados internacionales es particularmente nociva para las inversiones en la industria petrolera, que deben realizarse con tasas de interés por encima del riesgo-país. Mejorar el sentimiento de confianza en los mercados financieros facilitaría el flujo de capitales a la industria petrolera venezolana, al igual que a otros sectores económicos.

Es por estas razones que consideramos fundamental recuperar la confianza en todo el sector petrolero. Primero la confianza de los venezolanos en su industria, luego la de los inversionistas nacionales e internacionales todavía presentes en Venezuela para que reactiven sus proyectos, y en tercer lugar atraer nuevas fuentes de capitales de inversión adicionales para apuntalar el renacimiento de la industria petrolera de nuestro país.

---

119 Http://www10.iadb.org/intal/intalcdi/PE/2014/14588en.pdf.
120 Más de 800 puntos básicos por encima del EMBI Global, cuando el promedio de América Latina ronda los 400 puntos básicos (datos de junio 2014): http://www10.iadb.org/intal/intalcdi/PE/2014/14588en.pdf.

Productividad

La productividad es una consecuencia del ingenio y, por lo tanto, del talento. El aumento de la producción petrolera solo puede ocurrir cuando se elevan las competencias de los trabajadores de la industria, empezando por su liderazgo, así como mejorando sus condiciones laborales, aparte de una fuerte inversión en tecnología e investigación y desarrollo.

Dadas las condiciones actuales, es primordial revertir la relación de prioridades, de lealtad política sobre calidad profesional, tanto en el Ministerio de Energía como en Pdvsa y sus filiales. Este proceso de despartidización debe llegar a las operaciones diarias dentro de la industria, incluyendo los procesos de contratación de procura, de comercialización y de manejo de funciones no asociadas a la producción de hidrocarburos.

Consideramos fundamental aumentar la capacidad organizacional de Pdvsa y la de toda la industria nacional. Es innegable que luego del despido masivo de los trabajadores de Pdvsa en 2002-2003 la producción no ha podido recuperarse. Hay que recordar de nuevo que la industria petrolera es un negocio sofisticado que requiere capacidades técnicas especializadas, tecnología de punta y de un modelo de gestión capaz de atraer y mantener al mejor talento posible.

Como se mencionó en la sección anterior, mientras la nómina de Pdvsa crecía hasta más de 150.000 empleados para el cierre de 2015, la empresa ha ido produciendo menos barriles por trabajador, pasando de más de 24.000 a cerca de 7.000 barriles por empleado, con lo que la productividad por trabajador ha caído en un 70% entre 2005 y 2015.

Mejorar la productividad por empleado debe comenzar por las reivindicaciones de los convenios colectivos, vulnerados constantemente durante los últimos años, así como por las condiciones de seguridad industrial, para lo cual es esencial el restablecimiento de la cultura de manejo de riesgo y seguridad de procesos.

Es importante iniciar la transferencia gradual de las organizaciones y funciones no asociadas a la industria que se encuentran actualmente dentro de Pdvsa, así como de los puestos de trabajo correspondientes.

Aumentar la productividad de la industria petrolera es algo que va más allá de las dimensiones de Pdvsa. Debe fomentarse la creación de un complejo industrial privado de industrias conexas a su actividad, con empresas nacionales e internacionales que provean servicios petroleros, de ingeniería, de logística, o de fabricación de infraestructura y equipos.

Pdvsa y el sector petrolero nacional deben adecuarse a la responsabilidad social que implica ser la industria más importante del país. Pero esto hay que hacerlo sin afectar los derechos y beneficios de sus trabajadores, ni la contribución del petróleo y el gas a la economía y a la sociedad venezolanas.

Transparencia

Es imprescindible fomentar la comprensión de los venezolanos sobre cómo se desempeña su principal industria y su participación en el esfuerzo porque sea siempre productiva. Hay que estimular ampliamente el debate sobre el petróleo en Venezuela, que hasta ahora ha sido principalmente asunto de las élites que gobiernan y algunos pocos "expertos". Mientras el conocimiento de este tema sea monopolio de pocos, la manipulación de la industria y de la renta seguirá ocurriendo.

Desde que se inició la explotación petrolera en Venezuela, el lema "el petróleo es de todos" ha sido más retórica que realidad. El petróleo ha estado en manos de un Poder Ejecutivo que, de manera inaceptablemente discrecional, decide cómo canaliza esos ingresos hacia la sociedad o más bien hacia sus allegados. Creemos que para que el petróleo sea una verdadera palanca de progreso para Venezuela debe hacerse realidad el conocimiento de la sociedad sobre la industria. Las grandes decisiones sobre nuestro petróleo no pueden seguir siendo tomadas únicamente por el Ejecutivo a puertas cerradas. Debe haber una discusión pública constante, al igual que mecanismos de transparencia y rendición de cuentas por parte del ministerio con competencias en materia de hidrocarburos y de las empresas que participan en la actividad petrolera.

Para ello habrá que hacer uso de mecanismos que conecten la actividad petrolera con los beneficios nacionales. Hay ejemplos en el mundo que nos pueden inspirar para nuestras propias soluciones. El sitio web del Fondo de Pensiones del Gobierno de Noruega tiene en su página de inicio un contador en tiempo real de los recursos que va acumulando dicho fondo[121]; dado que los noruegos saben que su pensión de retiro depende de los intereses que el fondo genere, el debate sobre su manejo es intenso y sus operaciones están muy fiscalizadas por la opinión pública[122].

Un ejemplo aplicable en Venezuela puede ser que se empiece por la emisión de acciones de las empresas mixtas petroleras en bolsas de valores públicas, que obligarían a que el emisor publicara periódicamente sus estados financieros, estrategia, planes de inversión, producción y demás datos relevantes para el inversionista. Asimismo, la publicación de estadísticas de la industria permite elaborar estudios de inteligencia de negocios y promueve la investigación especializada.

También debe empoderarse a la Comisión Permanente de Energía y Petróleo de la Asamblea Nacional y a los alcaldes de los municipios donde se desarrolla la actividad petrolera, que deben contar con conocimiento técnico para que puedan ejercer un rol activo en el control de la renta petrolera. Específicamente, porque estos impuestos que van al Fisco Nacional o a las rentas municipales deben ser auditados y canalizados hacia los programas

---

[121] Https://www.nbim.no/.
[122] Para una evaluación extensiva de cómo aplicar este mecanismo a Venezuela, véase Rodríguez y Rodríguez, 2012.

sociales que establece la ley. Cuando los ingresos petroleros son desviados hacia fondos parafiscales como el Fonden o el Chino-Venezolano[123], los diputados pierden competencias para hacer contraloría sobre su uso, pues esos fondos no tienen mecanismos establecidos de transparencia y quedan en manos del Poder Ejecutivo, bajo la sombra de la opacidad extrapresupuestaria.

En la Ley de Presupuesto de 2014 el Poder Ejecutivo distribuye más del 70% del gasto del Gobierno consolidado[124], además de disponer por completo de lo que se encuentra en los fondos extrapresupuestarios.

Consideramos que hay que desconcentrar la toma de decisiones de cómo se utiliza la renta petrolera y formalizar el destino de los fondos transparentes y auditables hacia actividades específicas, a través de un fondo que explicaremos más adelante en otro pilar de nuestra propuesta, "Democratizar el petróleo". De lo contrario, el Ejecutivo seguirá teniendo el incentivo de usar los ingresos del petróleo como fuente de lealtades políticas, lo que va en contra del principio tan citado de que "el petróleo es de todos".

En cualquier caso, no podemos esperar transparencia sin atacar frontalmente la corrupción. Además de la ineficiencia en procura y procesos contractuales, el cáncer de la corrupción se encuentra hoy incrustado en gran parte de Pdvsa y sus sectores conexos. Para aumentar tanto la productividad como la transparencia es primordial exterminar los focos de corrupción. Procesos como los de Brasil (operación "Lava Jato")[125] y China (CNPC, Cnooc,

---

[123] Al cierre de 2014 Venezuela maneja una serie fondos extrapresupuestarios como el Fondo para el Desarrollo Nacional (Fonden), Fondo Nacional de Ciencia, Tecnología e Innovación (Fonacit), Fondo Nacional Antidrogas (FONA), Fondo Nacional para el Desarrollo del Deporte, el Fondo Chino, el Fondo Gran Volumen Miranda, el Fondo Miranda, el Fondo Independencia, el Fondo Renot y el Fondo Gran Volumen, de los cuales se desconocen las cifras oficiales (Transparencia Venezuela, 2014).

[124] Http://transparencia.org.ve/wpcontent/uploads/2012/10/Presentaci%C3%B3nNuestroPresupuesto2014final.pdf.

[125] "Operación 'Lava Jato'": http://www.reuters.com/article/2015/07/24/brazilpetrobrasi-dUSL1N10125S20150724.

Sinopec)[126] son ejemplos para la limpieza que hace falta en la estatal venezolana.

Una vez planteados estos tres principios, procederemos a exponer los cuatro pilares de nuestra propuesta.

---

[126] "China shakes up leadership at 3 state oil groups", http://www.ft.com/intl/cms/s/0/e03be02a-f23711e4892a00144feab7de.html.

I. Maximizar la producción petrolera y gasífera[127]

El primer objetivo estratégico es volver a convertir a Venezuela en un líder del mercado energético mundial. Nuestra propuesta plantea metas ambiciosas de producción, tanto de petróleo como de gas natural, dando prioridad al volumen sobre el precio para aprovechar la ventana de oportunidad de crecimiento de la demanda y declinación de yacimientos explicada en la sección anterior, lo cual permitiría introducir al mercado entre 30 y 40 millones adicionales de barriles diarios durante las próximas dos décadas, con miras al año 2035.

Con un ambicioso incremento de la producción, Venezuela podría multiplicar los ingresos petroleros y generar una reactivación, un crecimiento y una diversificación de la economía nunca antes vistos.

Los incrementos significativos de producción petrolera de Venezuela podrían tener impacto en el precio a largo plazo, pero si Venezuela no aumenta su producción, otros países lo harán para cubrir la demanda. Adicionalmente, Venezuela cuenta con la ventaja de tener costos de producción relativamente bajos (excluyendo las distorsiones cambiarias actuales), dadas la abundancia y la concentración de los recursos en los yacimientos vene-

---

[127] En esta propuesta nos enfocamos en el segmento de exploración y producción. Nos encontramos en proceso de complementar nuestra propuesta para incorporar los no menos importantes segmentos de refinación, comercio y suministro, distribución y petroquímica. Esperamos poder publicar nuestras propuestas para estos sectores clave, pero no queríamos esperar para plantear nuestra propuesta inicial e invitar al debate de la sociedad.

zolanos, lo cual nos haría competitivos en escenarios de precios bajos, como lo es hoy Arabia Saudita con su estrategia de limitar sus recortes de producción.

Más adelante en este capítulo, daremos detalles de los lineamientos y metas que proponemos para alcanzar un incremento de producción significativo.

Venezuela: tres países petroleros en uno

Con nuestro nivel de reservas, tenemos el potencial de incrementar la producción petrolera significativamente. Actualmente contamos con un total de 300.000 millones de barriles de reservas, de los cuales cerca de 40.000 millones son solo en crudos convencionales y más de 260.000 millones de crudo extrapesado en la Faja del Orinoco. Si bien hace apenas 20 años estos últimos no eran comercialmente viables, hoy con los avances tecnológicos esas reservas son tan fungibles en el mercado como cualquier otro yacimiento. Además, hay que decir que Venezuela cuenta con más de 1.300 millones de barriles de petróleo original en sitio (POES)[128], de las mayores cuencas de hidrocarburos conocidos en un solo país, que aun cuando no pueden ser recuperados técnica y comercialmente en la actualidad, podrían eventualmente extraerse con nuevas tecnologías. Todavía quedan muchos recursos catalogados como posibles, probables y por explorar, que requieren de trabajos de perforación para comprobar su potencial productivo.

Adicionalmente, Venezuela cuenta con la octava reserva de gas natural del planeta y la primera de América del Sur, actualmente con cerca de 200 billones de pies cúbicos (BPC) certificados[129]. Muy dilatado ha sido su desarrollo; solo un par de proyectos costa

---

[128] Http://www.pdvsa.com/index.php?tpl=interface.sp/design/readmenu.tpl.html&newsid_obj_id=544&newsid_temas=96#.
[129] PODE 2012.

afuera se están ejecutando en este momento. Es irónico que, con este nivel de reservas de gas, Venezuela hasta hace poco haya sido un importador neto de este recurso desde Colombia. Debemos desarrollar al máximo el potencial de este recurso que tiene amplios beneficios ambientales por sus menores emisiones de dióxido de carbono. Primero satisfacer la demanda interna y luego convertirnos en exportadores de gas natural.

Debemos regresar a estar entre los principales productores y exportadores del mundo. Mucha gente dirá que no es posible, que se requiere mucha inversión y que si lo hacemos desbalanceamos el mercado de precios y a la OPEP. Ante estas consideraciones, válidas a ser debatidas todas, pensamos que el capital para invertir pudiera estar disponible ante un plan serio que entusiasme y genere confianza dentro y fuera del país, atrayendo el financiamiento necesario. Esto no es imposible; muchas de las empresas con las competencias necesarias y los países con recursos financieros siguen interesados en Venezuela; muchos siguen aquí y solo están esperando que se den las condiciones adecuadas para acompañarnos a alcanzar estas ambiciosas metas, en una relación de respeto mutuo.

Para diseñar estrategias y modernos marcos regulatorios exitosos es necesario conocer la naturaleza de los hidrocarburos; solo así crearemos modelos de negocio a la medida, pues las condiciones de yacimiento, propiedades físico-químicas, procesos de extracción, producción, refinación y comercialización varían ampliamente. Porque, como nos gusta decir, Venezuela no es solo un país petrolero, sino tres países petroleros en uno:

1. Un país de crudos convencionales.
2. Un país de crudos extrapesados.
3. Un país gasífero.

El objetivo general es maximizar la capacidad de producción de los tres países petroleros para convertir a Venezuela, nuevamente, en un líder del mercado mundial de la energía hacia el año 2035. A continuación, nuestra propuesta sobre cómo desarrollar cada uno de estos tres países petroleros de Venezuela.

El país de los crudos convencionales

Los crudos convencionales son un compendio de hidrocarburos que abarca los crudos livianos, medianos y algunos pesados[130] y los líquidos de gas, conocidos así porque se extraen con métodos tradicionales. Sus yacimientos son reservorios de hidrocarburos (petróleo y gas) atrapados entre roca madre[131] y una roca sello que evita que el crudo suba hacia la superficie. De allí se pueden extraer hidrocarburos líquidos y gaseosos aprovechando la presión natural del yacimiento, o reinyectándole el gas natural extraído para mantener su presión, de modo que el petróleo líquido fluya hacia arriba.

Venezuela lleva más de cien años produciendo crudos de esta naturaleza. Las cuencas donde se concentran están en el área del lago de Maracaibo y en el norte del estado Monagas. Los métodos de perforación y producción de estos crudos son sencillos y de bajo costo con la tecnología de hoy.

---

130 El petróleo se clasifica por medio de dos características: su grado de gravedad API y su contenido de azufre. Los grados de gravedad API (por American Petroleum Institute) comparan la densidad del petróleo con respecto al agua; a mayor grado, más ligero. El agua tiene 10° API, de forma que los crudos que tienen más de 10° API flotan sobre el agua al ser menos densos. Se dice que los crudos por encima de 30° a 40° API son ligeros, entre 22° y 29,9° API son medianos, entre 10° y 21,9° son pesados y por debajo de los 10° API son crudos extrapesados. La otra característica que se mide es el contenido de azufre, que divide a los crudos en "dulces" y "agrios". Los crudos dulces tienen bajo contenido de azufre (menos de 0,5%) y los agrios tienen alto contenido de azufre (más de 0,5%); el adjetivo viene de que en los primeros días de la industria se probaba el crudo para saber si era dulce o agrio.

131 La roca sedimentaria que concentra el depósito original de hidrocarburos. Esta roca, expuesta al calor del centro de la Tierra por millones de años, emana hidrocarburos líquidos y gaseosos.

Reservas probadas de crudos convencionales al cierre del año 2012

Cuenca	Reservas (millones de barriles)
Maracaibo-Falcón	20.111
Barinas-Apure	1.195
Oriental	17.801
Carúpano	343
Total crudos convencionales	**39.450**

Fuente: PODE, 2012 e Informe de Gestión de PDVSA 2015.

No obstante, en el país de los crudos convencionales de Oriente y Occidente, la realidad actual es lamentable. Durante los últimos años, la producción de estos campos ha venido cayendo drásticamente, en su mayoría por falta de trabajos de recuperación y cierre de pozos maduros que aún tienen recursos hidrocarburíferos recuperables pero que Pdvsa no tiene la capacidad de atender, ya que es una red muy atomizada, con muchos pozos de relativamente baja producción individual.

En la actualidad, la mitad de los más de 34.000 pozos capaces de producir en Venezuela se encuentran cerrados. Solamente en el área de la cuenca de Maracaibo existen cerca de 10.000 pozos cerrados reactivables[132]. Es por ello que sostenemos que existe un alto potencial de recuperación y aumento de producción de estos pozos, más el de nuevas perforaciones en estos mismos yacimientos, porque con las tecnologías de exploración hoy disponibles se podría descubrir más crudo del que se piensa que existe.

Es en este país de los crudos convencionales donde nosotros vemos la mayor participación activa del talento, capital y protagonismo de los inversionistas nacionales, de empresas gerenciadas y capitalizadas por venezolanos, que produzcan y que se dediquen a optimizar el potencial de esos yacimientos asignados.

---

[132] PODE, 2007/2008.

Aquí vislumbramos la vinculación directa con los mercados de capitales, el nacional principalmente. También, que una parte de estas empresas vaya a los mercados de valores con la intención de abrir la oportunidad de ahorro y participación de los particulares, así como el impulso de la tan necesaria transparencia en el manejo del negocio petrolero.

Actualmente, la producción de estos crudos convencionales es menor de 1,5 millones de barriles por día, la cual probablemente seguirá declinando significativamente hasta que haya un cambio de las políticas energéticas en Venezuela y la administración de Pdvsa.

La tendencia de declinación se puede revertir reincorporando los pozos cerrados recuperables y los campos inactivos, ejecutando los planes exploratorios detenidos o ejecutados ineficientemente y asignando nuevos proyectos. Para ello hay que comenzar donde ya hay acuerdos, contratos firmados, planes de inversión, disponibilidad de capital de inversión y capacidad de ejecución. Eso es en las empresas mixtas, que cuentan con socios nacionales e internacionales. En la mayoría de los casos, los planes de inversión no se están logrando porque Pdvsa y el Estado no cumplen con su parte del acuerdo; ej. el pago de facturas de crudo y de dividendos a los socios o la asignación de divisas para repatriación de capitales, entre otras cosas.

Pdvsa no se da abasto para realizar todas las inversiones y gestionar exitosamente la operación y comercialización de todos estos campos. Sus recursos humanos y financieros son hasta cierto punto limitados, por lo que Pdvsa pudiera aprovechar los recursos de terceros para catalizar el desarrollo de los campos menos estratégicos que todavía guardan potencial comercial.

Por ello, es posible recuperar los campos existentes, licitar los campos no desarrollados y establecer nuevas empresas con socios que cuenten con recursos propios. En el caso de los crudos convencionales que, como se dijo, son un mercado atomizado, hay un gran potencial para promover la participación de empresas venezolanas de capital privado que sí pueden encontrar interés en desarrollarlos.

Si se licitaran los más de 10.000 pozos recuperables a empresas venezolanas pequeñas y medianas que manejen tres o cuatro pozos cada una, estaríamos ante la potencial creación de más de 4.000 empresas, solo para la explotación de estos pozos.

Se estima que el promedio de producción de los pozos de petróleo convencionales en Venezuela pudiese estar entre 200 y 300 barriles por día. Si una empresa se dedica a producir y vender 1.000 barriles por día, desde tres o cuatro pozos, podría estar percibiendo ingresos en el orden de los USD 50.000 (a USD 50 por barril) al día. Esto a su vez promovería el desarrollo de un complejo industrial nacional privado en el sector petrolero.

Digamos que durante un par de décadas se reactivan 10.000 pozos (de los más de 17.000 pozos cerrados recuperables). A una tasa de 200 barriles por día por pozo, estaríamos hablando de un incremento de 2 millones de barriles por día de producción venezolana solo recuperando pozos ya perforados.

Venezuela cuenta con cerca de 40.000 millones de barriles en reserva de este tipo de crudo (como se mostró en la tabla anterior). Colombia, con aproximadamente 2.000 millones de barriles, logró duplicar su producción, de 500.000 barriles por día a 1 millón de barriles por día, en menos de una década.

Si se aplican las políticas adecuadas y se brindan incentivos correctos, el potencial de Venezuela para incrementar su producción solo en este tipo de crudos convencionales es formidable. Hoy está siendo desaprovechado.

Un aumento significativo de la producción de crudos convencionales requerirá un Ministerio de Petróleo y Minería y una autoridad recaudadora de impuestos con las capacidades técnicas para regular y fiscalizar la entrada de muchos actores pequeños al mercado. Adicionalmente habría que evaluar la posibilidad de crear una agencia reguladora para coordinar los procesos de licitación y hacer seguimiento al cumplimiento de las regulaciones. Ejemplos cercanos de estas agencias se pueden ver en Brasil (Agência Nacional do Petróleo, ANP) y Colombia (Agencia Nacional de Hidrocarburos, ANH).

Gran parte de la infraestructura de las instalaciones petroleras venezolanas tiene ya muchos años y necesita ser modernizada (oleoductos, terminales, tanques, etc.). Para poder llevar a cabo la estrategia integral planteada es necesario que la infraestructura involucrada esté en condiciones para soportar un aumento de producción sin amenazar al entorno ambiental ni a los trabajadores.

Dado que Venezuela tiene tantos recursos convencionales en sus campos maduros, tiene además una gran oportunidad para fomentar el desarrollo de centros de investigación que apliquen tecnología local e importada a la recuperación de este tipo de hidrocarburos.

Elevar la producción de estos campos requiere de una serie de servicios y materiales que pueden ser provistos por empresas nacionales. Desde tuberías y válvulas hasta servicios de ingeniería o equipos de buzos, abre grandes posibilidades de creación de empleos directos e indirectos.

Un caso de estudio reciente de la industria petrolera estadounidense publicado por el World Economic Forum demuestra que el sector tiene una capacidad de crear entre tres y cuatro empleos indirectos por cada empleado directo que contrata[133]; como es de esperarse, el número crece a medida que los desarrollos son más complejos o remotos. Si siguiéramos con el ejemplo antes mencionado de licitar los pozos maduros a 4.000 empresas venezolanas, y supusiéramos que cada una de esas empresas tiene 20 empleados, estaríamos hablando de 80.000 empleos directos

---

133 Http://www3.weforum.org/docs/WEF_EN_EnergyEconomicGrowth_IndustryAgenda_2012.pdf.

y entre 240.000 y 320.000 empleos indirectos. En total un potencial de 400.000 nuevos puestos de trabajo para los venezolanos.

El fomento de las actividades industriales asociadas a la industria petrolera es probablemente la mayor fuente potencial de creación de empleos con la que cuenta Venezuela en la actualidad.

El país de los crudos extrapesados

La mayor concentración de hidrocarburos del mundo se encuentra en las cuencas al norte del río Orinoco, en la Faja del Orinoco: una reserva probada de 260.503 millones de barriles, de los cuales 4.545 millones de barriles son de crudo pesado y 255.958 millones de barriles de crudo extrapesado[134].

Esta acumulación ya era conocida desde hace décadas, pero no fue sino hasta la década de 1990 cuando su producción comercial se pudo llevar a cabo, de la mano de las asociaciones estratégicas de la apertura petrolera. La razón: su desarrollo es más complejo que el de los crudos convencionales. Requiere tecnología sofisticada e inversiones que pocas empresas en el mundo pueden proveer. Para tener una idea, actualmente la inversión necesaria para desarrollar un solo proyecto de producción y mejoramiento de crudos extrapesados en Venezuela puede estar en el orden de los USD 15.000 millones. Ahora bien, una vez estos proyectos se ponen en producción son altamente rentables, entre otras cosas por las economías de escala, ya que cada proyecto tiene el potencial de alcanzar niveles de 200.000 a 400.000 barriles por día y de sostenerlos por largo plazo, dada la abundancia de recursos por cada bloque.

Como prueba están las asociaciones estratégicas de la Faja desarrolladas durante la apertura de los años 90. Las inversiones en estos proyectos, estimadas en USD 8.000 millones[135], se pagaron

---

[134] PODE, 2012.
[135] Pdvsa.

en algunos casos en menos de cuatro años, y aún estas empresas son la base de producción fundamental de la Faja del Orinoco, ya que su infraestructura de procesamiento y transporte es la que permite el funcionamiento de estas áreas actualmente.

Nosotros consideramos que no se ha aprovechado debidamente el potencial de la Faja del Orinoco. Los nuevos proyectos anunciados y firmados por Pdvsa y sus socios tienen un retraso significativo. Ninguno de ellos ha concretado los planes de desarrollo. Se ha iniciado la producción en algunos de estos bloques, pero es insignificante cuando se compara con sus metas. La sumatoria de las metas anunciadas superaba los 2,7 millones de barriles por día. La mayoría de los contratos para la constitución de empresas mixtas de estos proyectos se firmaron entre 2009 y 2010; desde entonces la administración de Pdvsa ha venido anunciando metas de incrementos de producción que no se han cumplido, como se mencionó anteriormente. Para 2015 la producción de la Faja del Orinoco debió haber superado los 2 millones de barriles por día, contando con una contribución de los nuevos proyectos de más de un millón de barriles por día incrementales. La realidad es que la producción de todos estos proyectos no superó los 100.000 barriles en 2016, es decir menos de 10% de las metas establecidas.

El desarrollo de la Faja del Orinoco no consiste solamente en erigir las instalaciones de producción de los campos. Requiere simultáneamente servicios públicos, vías, agua potable y saneamiento, electrificación y alumbrado público, así como viviendas para los trabajadores. Lo cual brinda una oportunidad adicional para desarrollar las poblaciones donde se ejecuten estos proyectos. Aunque las empresas nacionales de pequeño y mediano tamaño no puedan asumir los intensos desarrollos de la Faja, sí pueden verse beneficiadas de prestar servicios a estos grandes proyectos y ser punta de lanza en la creación de un complejo industrial petrolero nacional de inversionistas privados.

Los socios estratégicos también deberían tener acceso a la mejor tecnología posible para desarrollar campos de petróleo extrapesado, y el talento humano para esa tarea. Primero hay que asegurar que los socios de Pdvsa tengan las capacidades de ejecución para proyectos de esta complejidad y combinar con actores que puedan invertir lo correspondiente a su porcentaje de participación en estos proyectos. A Venezuela le conviene que los socios de Pdvsa destinen tanto capital como sea posible a estos desarrollos para maximizar la inversión. Pdvsa no debería ser el principal financista, sino más bien el agente catalizador de recursos financieros, lo cual va en contradicción con su actual participación de 60% en todos los emprendimientos.

La mayoría del crudo de la Faja es extrapesado y con alto contenido de azufre, así que requiere instalaciones que lo hagan más ligero y con menos azufre antes de convertirse en productos de venta final. La tecnología existe y ya hay muchas refinerías, especialmente en el golfo de México, que han realizado las inversiones para procesarlos. También pueden ser mezclados con otros crudos más ligeros y ser vendidos como crudo diluido.

Es necesario que corrijamos nuestro rezago con prontitud. Hasta ahora, los proyectos de la Faja no han logrado los factores de recobro[136] de 20% contemplados en el Proyecto Magna Reserva[137]. Por los momentos se consiguen factores de recuperación cercanos al 10%, lo que significa que 92% de este petróleo se está quedando en el subsuelo.

Debemos producir a un ritmo suficientemente acelerado como para que las vastas reservas de la Faja no pierdan valor en el tiempo. Hay que tomar muy en serio la competencia de crudos pesados sintéticos y diluidos, sobre todo de Canadá, hoy en día el competi-

---

[136] El factor de recobro es la relación expresada en porcentaje que existe entre la cantidad de hidrocarburo que puede ser recuperado comercialmente de un yacimiento y el hidrocarburo original existente en el sitio.

[137] El cálculo de los 250.329 millones de barriles de reservas probadas asume que se puede extraer el 20% del petróleo original en sitio (POES) que hay en la Faja.

dor más importante de Venezuela en los mercados internacionales de crudos pesados. Estos crudos canadienses apuntan al sistema de refinación del golfo de México, desplazando el *market share* de los crudos venezolanos sistemáticamente.

Según la US Energy Information Administration, las importaciones petroleras de Estados Unidos desde Venezuela han pasado de aproximadamente 1,8 millones de barriles por día en 1997 a cerca de 800.000 barriles por día en 2015[138], mientras que Canadá duplicó sus exportaciones a ese país, de 1,5 millones de barriles diarios en 1997 a 2,9 millones en 2015[139]. Es decir, si se toma en cuenta que los crudos pesados de Canadá y Venezuela son similares luego de ser procesados o mezclados, los canadienses han desplazado por lo menos del mercado estadounidense a un millón de barriles venezolanos, que antes eran colocados en los sistemas de refinación del golfo de México. Tal y como los productores canadienses consiguieron rutas hacia el golfo de México, ahora también están buscando los mercados asiáticos, donde también son competencia de los crudos venezolanos.

Las metas canadienses son ambiciosas, como superar los 6 millones de barriles por día en crudos pesados para 2020[140]. Canadá ha venido promoviendo por años proyectos como el del oleoducto Keystone XL, desde la provincia canadiense de Alberta hasta las refinerías del golfo de México, el cual fue aprobado recientemente por la nueva administración estadounidense.

Una Pdvsa revitalizada, conducida de una manera muy distinta a la actual y con el apoyo de los socios adecuados, puede cumplir con las metas planteadas, mediante la ejecución exitosa de los proyectos ya establecidos, incrementando significativamente la producción venezolana de este tipo de crudos durante las próximas dos décadas. Cuando estos proyectos estén produciendo ca-

---

137 Http://www.eia.gov/dnav/pet/hist/LeafHandler.ashx?n=PET&s=MTTIMUSVE1&f=M.
138 Http://www.eia.gov/dnav/pet/hist/LeafHandler.ashx?n=pet&s=mttimusca1&f=a.
139 Http://www.energy.alberta.ca/oilsands/791.asp.

balmente y las condiciones tanto en Venezuela como en el mercado internacional estén dadas, se procedería a iniciar proyectos adicionales para buscar incrementar la capacidad adicional de producción en la Faja del Orinoco.

Para lograr estos ambiciosos objetivos que estamos planteando es fundamental fomentar la investigación en tecnologías patentables que permitan aumentar el factor de recuperación de los crudos extrapesados y minimizar la emisión de gases invernadero como el dióxido de carbono.

Que la Faja del Orinoco sea el área con las reservas de petróleo más grande del planeta es una bendición para los venezolanos, pero tiene fecha de vencimiento, sobre todo considerando el avance de las nuevas tecnologías de energías renovables. Es responsabilidad de nuestra generación aprovechar al máximo esta oportunidad. Todavía contamos con muchos excelentes y comprometidos trabajadores en Pdvsa y socios que continúan presentes en Venezuela con la disposición de arrancar de una vez con este desarrollo industrial, probablemente uno de los de mayor envergadura en el planeta.

El país gasífero

Venezuela cuenta con 197 billones[141] de pies cúbicos (BPC) de reservas probadas de gas natural[142], el hidrocarburo con menos emisiones de dióxido de carbono y de mayor crecimiento durante las próximas décadas. Esto representa un 3% de las reservas gasíferas del planeta. Somos el octavo país con mayores reservas de gas en el mundo y el primero de Latinoamérica.

Aproximadamente 85% de dichas reservas probadas están en tierra y son de gas asociado, lo que quiere decir que se producen

---

141 Un billón equivale a un millón de millones. En el mundo anglosajón, 1BPC = 1TCF (*trillion cubic feet*).
142 PODE, 2012.

al extraerse junto con el petróleo. Dicho gas asociado es utilizado para satisfacer parcialmente la demanda de reinyección (para maximizar la extracción de petróleo), de generación de electricidad y de los sectores industrial (incluyendo las refinerías y petroquímicas), comercial y residencial. Vale resaltar que un volumen significativo de gas asociado es quemado por la falta de infraestructura para transportarlo a centros de demanda. Esa es un área que también va a requerir planes de inversión serios para utilizar mejor dicho recurso.

Sin embargo, en los últimos 40 años se han descubierto importantes reservas de gas no asociado en aguas rasas en la costa afuera venezolana; por ejemplo, el proyecto Mariscal Sucre (compuesto por los campos Río Caribe, Patao, Mejillones y Dragón) al norte de la península de Paria, más recientemente el campo de Perla al oeste de la península de Paraguaná y el campo Loran, que es compartido entre Trinidad y Venezuela. Cada uno de estos descubrimientos cuenta con más de 14, 10 y 7 BPC, respectivamente, en reservas probadas, aparte de decenas de millones de barriles de condensados. La relevancia del gas libre, o no asociado, es que su perfil de producción puede planearse y gestionarse para así corresponder con el perfil de la demanda de gas. El gas asociado no posee esta virtud ya que su perfil de producción depende del perfil de producción del petróleo. Este aspecto del gas libre es fundamental cuando se requiere de suministro constante y por eso abre un gran número de posibilidades de integración vertical aguas abajo como la generación eléctrica y petroquímica.

Estos descubrimientos de gas libre sugieren que existe el potencial exploratorio de descubrir 80 BPC adicionales en aguas rasas, con el mayor potencial concentrado en las cuencas del golfo de Venezuela (20 BPC esperados) y en la Plataforma Deltana (45 BPC esperados), las cuales colindan con Colombia y Trinidad, respectivamente. Es importante resaltar que la ubicación del potencial gasífero venezolano crea la opción de exportación por gasoducto, lo cual contribuye con la diversificación y ampliación de las fuentes de divisas, y en el caso de las cuencas orientales, por ser próximas a la Faja del Orinoco, permiten que el gas juegue un rol de palanca de reimpulso para la producción y mejoramiento de crudo extrapesado de la Faja. Adicionalmente, en aguas profundas venezolanas existe el potencial inexplorado de recursos gasíferos estimado en unos 75 BPC adicionales, de los cuales 80% se concentra en aguas profundas del golfo de Venezuela y la Plataforma Deltana del Orinoco. Aguas profundas se perfila como la siguiente etapa de la Venezuela gasífera. Todo el potencial exploratorio costa afuera podría casi doblar las reservas probadas actuales, pero lo más importante es que la expectativa es que ese potencial exploratorio sea de gas libre no asociado.

Este potencial en costa afuera también puede servir como palanca para desarrollar la industria naval del país, ya que serán necesarios astilleros, cientos de embarcaciones de apoyo logístico, perforación, tendido de ductos y plataformas para desarrollar dicho potencial.

Desde la Ley de Hidrocarburos de 1943 el Gobierno venezolano ha promovido que el gas asociado a la explotación de los yacimientos de crudo sea principalmente utilizado para reinyectarlo en los pozos y mejorar su factor de recobro.

Los proyectos de desarrollo de nuestros yacimientos gasíferos costa afuera llevan más de tres décadas de retraso, lo cual tiene muy poco sentido. Trinidad y Tobago logró desarrollar su primer tren para exportación de gas natural en menos de 4 años.

Actualmente se han licitado varios bloques en Oriente (Patao, Dragón, Mejillones y Plataforma Deltana) y en Occidente (Urumaco, Castillete, Cardón y Moruy) para ser desarrollados bajo el modelo de empresas mixtas. Allí se están construyendo las primeras plataformas de producción costa afuera de Venezuela. El campo Perla, en Cardón IV, en la costa oeste de Paraguaná, desarrollado por las empresas ENI y Repsol, fue el primero en iniciar producción, en 2015.

Gran proporción del gas que no se logra reinyectar en los yacimientos es venteado o quemado. Urge modificar esta práctica. Las tendencias en las medidas internacionales de sostenibilidad están creando tratados para la reducción de las emisiones de dióxido de carbono a la atmósfera, promoviendo cada vez más la utilización de fuentes limpias; el gas natural puede contribuir mucho en este sentido si se utiliza para sustituir el consumo de, por ejemplo, el carbón como combustible para generación termoeléctrica.

De hecho, la sustitución de combustibles fósiles de alto contenido de carbono por gas natural puede tener un efecto mucho más grande e inmediato en la reducción de emisiones globales de emisiones de dióxido de carbono, ya que quemar carbón para generar electricidad genera 70% más emisiones de dióxido de carbono comparado con el gas natural, y requeriría una inversión relativamente baja para la adaptación a la infraestructura existente de generación eléctrica[143]. Esta es una de las principales razones por las que se espera que la demanda de gas crezca durante las próximas décadas, especialmente en los países industrializados con alto consumo de carbón.

En los últimos años Venezuela pareciera que va a contracorriente con esta lógica ambiental de sustituir por gas natural la generación eléctrica, ya que las inversiones de Corpoelec se han concentrado en la instalación de centrales termoeléctricas a diésel (como las Termozulia I, II y III en el Zulia, Planta Centro en Carabobo e India Urquía en los Valles del Tuy). En la actualidad, casi la mitad de los combustibles que se consumen dentro del país se están destinando a la generación de electricidad termoeléctrica.

Al maximizar el uso del gas natural para la generación termoeléctrica en Venezuela, no solo se lograría reducir las emisio-

---

[143] Http://www.unep.org/climatechange/mitigation/Introduction/tabid/29397/Default.aspx#.

nes de dióxido de carbono locales, sino que se podría sustituir el consumo de derivados del petróleo, como lo es el diésel, en las plantas generadoras de electricidad, pudiendo entonces vender esos productos en el mercado internacional. En la sección sobre el pilar de desarrollo sustentable y equilibrio con el medio ambiente profundizamos al respecto.

Venezuela tiene suficientes reservas de gas natural, no solo para sustituir los derivados de petróleo utilizados para la generación eléctrica en el país, sino además para convertirse en un importante exportador de gas natural.

Lo primero que proponemos para aprovechar este potencial es, como en el caso de nuestro petróleo, ejecutar eficientemente los proyectos ya planificados, desarrollar la infraestructura necesaria para suplir la demanda de gas doméstica desplazando el uso de combustibles líquidos para generación termoeléctrica, estimular la petroquímica para apalancar la diversificación de la industria energética, y luego convertir a Venezuela en el primer exportador de gas natural de la región.

Solo con cumplir los planes existentes se podría aumentar el volumen de producción de gas natural en 12.000 millones de pies cúbicos de gas por día (PCD). Durante el 2015 la producción bruta de gas natural de Venezuela fue de 7.750 millones PCD, de los cuales se reinyectaron unos 2.460 millones, por lo que la producción neta de 2015 fue de aproximadamente 5.300 millones PCD, el equivalente a 900.000 barriles de petróleo al día.

Actualmente se estima que las necesidades no cubiertas de gas natural en Venezuela están entre 2.000 y 3.000 millones de PCD, con lo que un incremento como el propuesto de 12.000 millones de PCD sería suficiente para cubrir el déficit interno y reemplazar los productos de petróleo refinados en la generación eléctrica.

Para lograr este incremento en la producción de gas natural debemos definir una estrategia actual de monetización y comercialización. Los precios del gas natural no han escapado a la dinámica del subsidio de los combustibles líquidos en Venezuela, pero a diferencia del negocio petrolero, cuyos costos hundidos originales fueron asumidos por las empresas transnacionales, la permanencia de las tarifas reguladas ha hecho que las inversiones en el desarrollo gasífero no tengan sentido económico. El esquema de comercialización no garantiza retornos razonables.

Para satisfacer la demanda doméstica y convertir a Venezuela en un exportador de gas natural existen proyectos en distintas etapas de ejecución que deben llevarse de manera más eficiente. Los tres principales en el gas costa afuera son Rafael Urdaneta, al norte de Falcón, Mariscal Sucre, al norte de Nueva Esparta, y Plataforma Deltana, al norte del Delta Amacuro. La mayoría, al igual que los de la Faja, ya han sido licitados para desarrollarse con socios internacionales, pero no han sido ejecutados de acuerdo a los plazos planteados originalmente. Las razones de los retrasos son diversas, pero aparte de la limitada capacidad de ejecución actual de Pdvsa está la falta de acuerdos con los socios sobre cuáles serán los precios a los cuales se comercializará el gas, tanto en el mercado interno como para la exportación.

Como ya dijimos acerca de las cuencas de crudos convencionales, las áreas con potencialidad de contener yacimientos adicionales de gas natural en el territorio venezolano no han sido exploradas completamente, lo que deja abierta la posibilidad de incrementar las reservas probadas. Razón por la cual consideramos importante promover nuevas rondas licitatorias de exploración.

Otra opción que consideramos importante evaluar es la cooperación con Trinidad y Tobago. Por décadas el país vecino ha sido un exportador de gas, por lo que cuenta con la infraestructura necesaria para procesarlo (licuarlo para ser comercializado internacionalmente), y por el otro lado tenemos una Venezuela con reservas de gas abundantes, que se beneficiaría de no tener que hacer la inversión en infraestructura adicional si llega a un acuerdo mutuamente beneficioso con Trinidad y Tobago para usar sus instalaciones de procesamiento.

El desarrollo aguas abajo de la industria petrolera ha ocurrido parcialmente en Venezuela, ya que se ha desarrollado una industria de refinación y petroquímica pese a su bajo nivel de eficiencia operativa actual. Sin embargo, seguimos teniendo deficiencias básicas como cuellos de botella en infraestructura que limitan la capacidad de transporte e interconexión de gas a través de un solo gran sistema nacional.

El desarrollo del gas natural tiene un potencial comparable o mayor al del petróleo como base para el desarrollo industrial aguas abajo. Adicionalmente, la única posibilidad que tiene la industria eléctrica nacional hoy para satisfacer la demanda sin depender del clima es utilizando gas natural; por lo tanto, sin gas tenemos certeza de que el déficit eléctrico continuará, y con él los apagones. Venezuela cuenta con un parque de plantas de generación a gas instaladas que no operan simplemente porque no les llega el gas. Reactivar la generación eléctrica a gas diversificaría y fortalecería la matriz energética y es fundamental para impulsar la economía nacional, ya que cualquier reactivación del aparato industrial dependerá de la capacidad de generación eléctrica. Una vez satisfecha la demanda eléctrica interna, se abre la opción de exportar, ya que, así como el gas, la electricidad puede ser exportada a países vecinos a precios definidos por las dinámicas propias de los mercados eléctricos regionales.

El gas natural también es insumo fundamental para la industria petroquímica, por ejemplo, en las cadenas de producción de fertilizantes, plásticos y metanol. El gas natural es utilizado para producir amoniaco y urea, que a su vez son la base para la producción de fertilizantes; olefinas ligeras (etileno, propileno y butenos) y aromáticos, que son la base de la industria del plástico; y por último para la producción de metanol, que es un alcohol utilizado como anticongelante, solvente, combustible e insumo en la producción de biocombustibles. Asimismo, el gas natural tiene potenciales inexplorados por ahora en Venezuela como lo son el gas natural licuado (GNL) y el gas a líquido (GAL). Esta última tecnología, en la que Catar es pionero, consiste en convertir el gas natural en combustibles líquidos de alta calidad y pureza como por ejemplo gasolina y diésel. El desarrollo de la industria de GNL y GAL trae consigo inversiones de capital multimillonarias en infraestructura, tecnología y mano de obra.

El gas tiene una versatilidad como ninguna otra fuente de energía primaria. Por ejemplo, en un mercado desarrollado como el de los Estados Unidos, cerca del 90% del petróleo se utiliza como combustible para transporte, mientras que aproximadamente 1/3 del gas se destina para uso industrial, otro 1/3 para uso residencial y comercial y el último 1/3 para generación eléctrica. Y estas proporciones todavía no reflejan un futuro en el que el sector transporte podría ser dominado por vehículos eléctricos en vez de a gasolina o diésel. Todas estas razones explican por qué el potencial aguas abajo del gas natural es gigante y desarrollarlo debe ser una prioridad estratégica para el país.

Aumentar la produccion para competir internacionalmente

En este momento, grandes países productores como Irak, Irán, Rusia, Estados Unidos, etc., están incrementando sus niveles de producción de crudo. En Latinoamérica, la mayoría de los países petroleros, bien sea a través de modificaciones en su marco regulatorio y/o a través de sus compañías nacionales, recientemente han comenzado a renovar sus estrategias[144].

México llevó a cabo una reforma energética en 2014 que –entre otras cosas– puso fin a más de 70 años de monopolio estatal de

---

[144] Http://prodavinci.com/2015/07/15/actualidad/americalatinayarenovosusestrategiaspetrolerasquepasaconvenezuelaporarmandoiflores/.

Pemex. Lanzó la Ronda 1 de licitaciones en diciembre de 2014. Ya para esa época los precios del crudo habían caído abruptamente, haciendo sus proyectos poco atractivos a la inversión privada, lo que hacía riesgosa la reforma a los ojos de la opinión pública. La respuesta fue rápida: la Secretaría de Energía (Sener) publicó ajustes a las condiciones en marzo y mayo de 2015, flexibilizando los contratos y ofreciendo incentivos fiscales para aumentar la rentabilidad. México planea hacer este tipo de ajustes anualmente, tal como lo indica su último Plan Quinquenal 2015-2019, y la Sener acudirá a la industria y los gobiernos regionales para evaluar el plan y hacerlo "responder a las condiciones del mercado". En el plan, reconocen la importancia de una "visión compartida e integral y de largo plazo para el éxito".

En Colombia, la nueva estrategia de Ecopetrol busca la eficiencia operativa y la competitividad. Ante la caída de los precios y el poco éxito exploratorio (a las tasas de producción actual, a Colombia le quedan menos de siete años de reservas), Ecopetrol se reinventa apuntando a reducir su costo por barril en más de 17% y aumentar su factor de recobro de 18% a 23% para el 2020. Entre sus metas está lograr ahorros estructurales de unos USD 1.000 millones anuales a partir de 2018, alcanzar un 100% de reposición de reservas y conseguir un aumento modesto pero sostenido (y viable) de la producción, pasando de 770.000 a 870.000 barriles diarios en cinco años. Por otro lado, en el marco de la política de atracción de capital privado en la industria petrolera de Colombia, la Agencia Nacional de Hidrocarburos (ANH) también ha sido rápida en responder. En marzo de 2015 fue aprobada una serie de incentivos fiscales y operacionales para las empresas con operaciones de exploración y producción, que han sido bien recibidos por los operadores, incluyendo Ecopetrol.

En Brasil, Petrobras, la compañía de exploración y producción más apalancada del mundo, publicó su nuevo plan estratégico 2015-2019. Petrobras busca reducir su apalancamiento neto de

52% a menos de 40%, a través de cortes en la inversión de casi 40%, suspensión de dividendos, venta de activos no estratégicos y reducción de costos. Además, habrá más incentivos para el desarrollo de los campos en aguas profundas del Presal porque estas medidas vienen acompañadas de un sinceramiento en su meta de producción: de apuntar a producir 4,2 millones de barriles diarios para 2020, ahora solo planea producir 2,8 millones de barriles diarios, con mayor foco en los campos profundos del Presal. Paralelamente y en parte motivado por el gran escándalo de corrupción investigado bajo la operación "Lava Jato" iniciada en 2014 (que investiga un desfalco que se estima inicialmente entre los USD 3.000 millones y los USD 7.000 millones), desde el Senado de Brasil se ha propuesto una reforma de la Ley del Presal que haga más viable el desarrollo de proyectos en ese yacimiento. La reforma busca eliminar tanto la presencia obligatoria de Petrobras como operador de los campos como la necesidad de que la empresa tenga al menos 30% de participación.

Argentina fue el país en la región que adoptó los cambios más dramáticos y de manera más rápida para mitigar la baja de los precios del petróleo y su impacto en la inversión privada. Casi anticipándose a la abrupta caída de los precios y en paralelo con una campaña importante para promover su enorme yacimiento de hidrocarburos no convencionales de Vaca Muerta, Argentina aprobó una reforma sustancial a su Ley de Hidrocarburos en octubre de 2014. Con ella buscaba adaptarse a las particularidades de la explotación de hidrocarburos no convencionales, así como también incluir incentivos para todo tipo de áreas y restarles control e influencia a las provincias. Simultáneamente, también aprobó una ley de promoción de inversiones a la industria de hidrocarburos. Estos cambios, y otros como la reducción al impuesto de exportación, han hecho que importantes empresas estén mirando con gran interés invertir en ese país, a pesar de un pasado reciente de drásticos cambios de ley, tensas relaciones con empresas productoras y expropiaciones como la del 51% de las acciones de Repsol YPF en 2012.

Observando la renovación de las estrategias petroleras de los países de nuestra región, nos preguntamos: ¿y Venezuela cómo está reaccionando?

Nuestra historia nos muestra que Venezuela ha tenido dos períodos importantes en los que ha logrado incrementar su producción significativamente. El primero se dio entre 1943 y 1970, cuando se alcanzó el máximo histórico de producción de 3,7 millones de barriles diarios, y el segundo durante la apertura petrolera en la década de los 90, logrando otro pico de más de 3 millones de barriles diarios como se muestra en la gráfica a continuación:

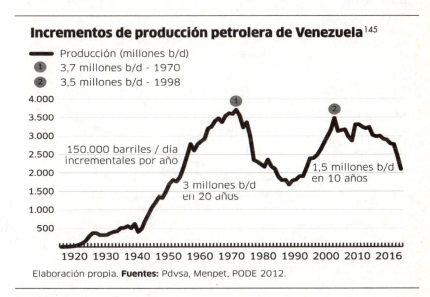

Elaboración propia. **Fuentes:** Pdvsa, Menpet, PODE 2012.

Con la finalidad de facilitar el debate y la discusión referente a cuál debería ser la magnitud del aumento de producción de Venezuela, hemos elaborado tres escenarios que consideramos son técnica y comercialmente viables:

---

145 Elaboración propia. Fuentes: Pdvsa, Menpet, PODE 2012.

1. Restauración. Escenario aspiracional: Venezuela regresa como líder mundial energético.
2. Renovación. Escenario intermedio: sostenido incremento de la producción.
3. Resignación. Escenario negativo: estancamiento prolongado y declive.

Esta sería la proyección de producción de petróleo de Venezuela hacia el 2035 para los tres escenarios:

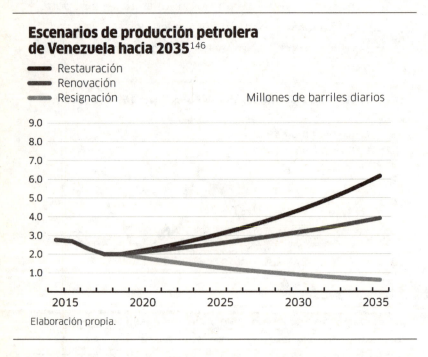

Escenarios de producción petrolera de Venezuela hacia 2035[146]

Elaboración propia.

Asumimos que, durante los próximos años, mientras no se dé un cambio significativo de política energética, se mantendrá la declinación de la producción petrolera nacional. Una vez se generen los cambios políticos necesarios, entonces se podría ejecutar una estrategia renovada, tomando en cuenta los principios

---
146 Elaboración propia.

de confianza, productividad y transparencia tanto en Pdvsa como en toda la industria energética del país.

El escenario aspiracional de restauración, que implica lograr niveles de producción por encima de los 6 millones de barriles diarios para el 2035, podría ser catalogado como de baja probabilidad, pero hay que recordar los incrementos históricos como los de Arabia Saudita, que remontó su producción en 6 millones de barriles diarios en 10 años, entre 1970 y 1980. Este escenario aspiracional implica una tasa de incremento interanual de producción promedio del 7% a partir del año 2020, así como una reforma profunda del marco regulatorio, atracción excepcional de capital e inversión privada comprometida con la nueva agenda energética de Venezuela. Este escenario requeriría de nuevas rondas licitatorias de frecuencia anual en los proyectos de gas natural, crudos convencionales y crudos pesados y extrapesados.

El segundo escenario, de renovación, tendría como objetivo lograr niveles de producción cercanos a los 4 millones de barriles diarios para el 2035. Esto se lograría con una tasa interanual de incremento de producción promedio de 4% a partir de 2020. Bajo este escenario los incrementos interanuales de producción de los primeros años estarían entre los 100.000 y los 150.000 barriles diarios por año. Estos niveles de incrementos interanuales ya se han logrado en Venezuela. Hay que tomar en cuenta los avances tecnológicos que se han dado en los 30 años que han pasado desde la apertura de los 90. En este escenario sería preciso, también, nuevas rondas de licitación de alta frecuencia, junto a reformas en el marco regulatorio y la recuperación de la confianza hacia el sector privado nacional e internacional.

El tercer escenario, resignación, es básicamente hacer poco, mantener las políticas y prácticas actuales. Hasta contempla la posibilidad de reducir la producción hacia 2035, pero este escenario no lo estamos considerando por los momentos, aunque podría darse si no se concretan cambios de dirección en Pdvsa y la industria en el corto o mediano plazo.

Nuestra propuesta apunta a un rango de producción entre los escenarios de restauración y renovación, proponiendo llevar la producción total venezolana en torno a los 5 millones de barriles por día hacia el 2035, con incrementos significativos en los "tres países petroleros", es decir, tanto en crudos convencionales como en los de la Faja del Orinoco, y adicionalmente buscando lograr el máximo desarrollo del potencial gasífero de Venezuela para convertirnos lo antes posible en un país exportador de gas natural.

Proponemos, con una visión optimista, recuperar nuestro puesto entre las "grandes ligas", junto con los principales productores petroleros a nivel mundial. En pocas palabras, volver a asumir el lugar de liderazgo en el mercado energético que Venezuela ostentó durante la mayor parte del siglo XX.

Continuar por el trayecto de una estrategia petrolera timorata, sin claridad, sin fomentar otras actividades económicas, es peligroso. Insistimos en que, aunque lo más probable es que durante las próximas décadas todavía los hidrocarburos sean una fuente primaria de energía importante, más allá del 2050 no se puede asegurar lo mismo. Para entonces, si los hidrocarburos dejan de ser demandados y Venezuela no ha producido parte de sus enormes reservas, las mismas perderán valor, dejando al país sin mucho más que ofrecer en el comercio internacional en caso de que no se haya diversificado la economía.

Según las proyecciones del Instituto Nacional de Estadísticas (INE), la población de Venezuela llegará a los 40 millones de personas para 2050, es decir, 10 millones de habitantes adicionales de los que tenemos en la actualidad. Esto implica un reto gigantesco para el liderazgo de nuestro país y requiere una estrategia clara para evitar el continuo empobrecimiento de la población. Podemos aprovechar la ventana de oportunidad que brinda el mercado de energía por lo menos en las próximas dos décadas.

Teniendo como horizonte estratégico el 2035, para ese año, según el INE, la población debería superar los 37 millones de personas. Si como ejemplo utilizamos para el análisis la meta de producción de 5 millones de barriles por día para ese año, lograríamos pasar a producir 50 barriles diarios por habitante, pero ni así obtendríamos los niveles de productividad de los años 60, cuando alcanzamos 140 barriles por día por habitante.

En armonía con un aumento significativo de la actividad petrolera, hay que diversificar la economía hacia sectores donde la Venezuela de hoy podría tener ventajas comparativas. Porque creemos que no existe un divorcio entre el aumento de la actividad petrolera y la diversificación económica del país. Más bien consideramos que son complementarias si se llevan a cabo las políticas y acciones necesarias, como explicaremos en uno de los pilares de nuestra propuesta más adelante.

Propuestas sobre el marco institucional y regulatorio de los hidrocarburos

Como hemos mencionado, una vez consolidadas las condiciones de confianza para la atracción de inversión, se procedería a proponer cambios en los marcos regulatorios para adaptarlos a las condiciones del mercado energético mundial. El modelo actual de las empresas mixtas presenta serias limitaciones para alcanzar aumentos significativos de la producción de petróleo y gas natural. Aparte del hecho de que Pdvsa tiene que aportar la mayor proporción financiera de todos los proyectos en el país, también tiene que cargar con todas las responsabilidades operacionales y administrativas.

Nuestra recomendación durante la etapa inicial de la aplicación de una nueva estrategia energética en Venezuela sería:

1. La recuperación de Pdvsa con base en los principios que hemos mencionado: confianza, productividad y transparencia,
2. Reforzar la capacidad y competencias del Ministerio de Energía y Petróleo (Menpet) como ente responsable de la política y estrategia petrolera, así como principal regulador,
3. Robustecer a la Corporación Venezolana de Petróleo (CVP), restituyéndole sus funciones como ente principal para trabajar con socios y terceros, y
4. Evaluar la creación de una agencia independiente, la Agencia Venezolana de Hidrocarburos (AVH), cuyo rol sería el control técnico de la industria, fungiendo como reguladora y asesora del Gobierno en materia técnica, así como llevar la responsabilidad de nuevos procesos de licitación de campos como los de los crudos convencionales. Ejemplos de esta agencia los podemos ver en Brasil con la ANP, en Colombia con la ANH y en Noruega con el Directorio Noruego del Petróleo.

En el caso de los proyectos en la Faja del Orinoco, de gas natural y en campos de crudos convencionales claves, Pdvsa debe seguir jugando un rol estratégico, pero habría que reevaluar la manera de hacerlo.

Para elaborar nuestras propuestas de cómo debe ser el marco constitucional, legal, regulatorio y fiscal de la Venezuela que queremos, partimos de la premisa de que el mundo petrolero está en un estado de cambios constantes. Como ya discutimos anteriormente, cada cierto tiempo la industria petrolera, cíclica en su naturaleza, pasa por cambios estructurales que obligan a todos sus participantes a adaptarse. Estos cambios son cada vez más frecuentes, radicales y disruptivos, impulsados por el desarrollo de nuevas tecnologías que hacen que las operaciones petroleras sean más eficientes desde todo punto de vista. Por ejemplo, la tecnología en exploración y prospección es hoy por hoy de más calidad que hace algunos pocos años, lo que reduce el riesgo exploratorio. Las tecnologías de perforación y extracción son cada día más avanzadas y accesibles, abriendo nuevas áreas de producción. Por ejemplo, toda la inmensa industria de gas y crudos no convencionales en los Estados Unidos se ha desarrollado a su nivel actual en poco más de una década, con base en el perfeccionamiento y abaratamiento de las técnicas de perforación horizontal y *fracking*. Todo esto hace que aumenten las reservas a nivel global, exista exceso de suministro y bajen los precios.

Como también abordamos anteriormente, las nuevas tecnologías están cambiando nuestros patrones de consumo, lo que está haciendo que el mundo dependa menos de los hidrocarburos y en especial de los derivados del petróleo. Una parte importante del mercado petrolero está siendo capturada por el gas natural y las energías alternativas.

Venezuela no se ha adaptado a estos cambios, incluyendo nuestro actual marco jurídico de los hidrocarburos líquidos (petróleo), que fue pensado para una industria y un país que no cambia, anclándonos en la historia y restándonos dinamismo. La tecnología y la creatividad humana no respetan dogmas y los sobrepasan con facilidad. El reto es diseñar un marco jurídico de los hidrocarburos lo suficientemente flexible y progresivo que permita a nuestra industria adaptarse a los cambios con facilidad y rapidez.

A continuación, exponemos unos lineamientos para adaptar nuestro marco institucional y regulatorio a la modernidad global del sector de los hidrocarburos.

Claridad

Una de las primeras acciones que hay que tomar es darles claridad a las normas constitucionales que regulan la industria petrolera. Estos cambios son necesarios ya que estas normas son la base fundamental de la estructura de nuestra industria y el asiento en donde se sostendrán los demás cambios que proponemos.

La primera mención al petróleo en la Constitución actual está hecha en su "Exposición de motivos"[147]. Esta primera mención también es el principal motivo de confusión sobre el alcance de la constitucionalización de la nacionalización petrolera de 1975.

Se le otorga rango constitucional a la nacionalización petrolera, pero al mismo tiempo establece la posibilidad de continuar en convenios de asociación con el sector privado, siempre y cuando sean de interés para el país, y *no desnaturalicen el espíritu, propósito y razón de la nacionalización petrolera*.

Este tema ha sido debatido con anterioridad. Algunos han concluido que lo que efectivamente se constitucionalizó fueron los "principios" de la nacionalización (no la ley), incluyendo la organización del sector, el marco administrativo y las modalidades bajo las cuales el "sector privado" puede participar en el negocio petrolero. Sin embargo, esto es solo una interpretación.

El gran problema con la constitucionalización de la nacionalización reside en que interfiere, nubla y obstaculiza la interpretación del alcance de la "reserva" de la actividad petrolera estatal establecida en el artículo 302 de la Constitución. Hipotéticamente, una posible enmienda al artículo 22 de la Ley Orgánica de Hidrocarburos (LOH), que implementa dicha reserva, con el propósito de darle la opción al Estado de participar o no en empresas mixtas, se vería comprometida por interpretaciones sobre los límites que impone la constitucionalización de la nacionalización. Esto es un punto gris en nuestra Constitución y sería una preocupación significativa para cualquier inversionista.

Paradójicamente, el sector más importante de nuestra economía sigue dominado por un acontecimiento histórico que ocu-

---

[147] Título VI, "Del sistema socioeconómico", Capítulo I: "Del régimen socioeconómico y de la función del Estado en la economía".

rrió hace 42 años. Es decir, la construcción jurídica fundamental de nuestra industria petrolera sigue basada en un evento que tuvo lugar en 1975, reciclada en forma de dogma dentro de la Constitución de 1999.

Reconocemos que la nacionalización fue muy importante para Venezuela y una de las decisiones más trascendentales tomada en el siglo XX en nuestro país. Sin embargo, consideramos que fue un exceso intentar congelarla en el tiempo y anclar a las futuras generaciones a sus postulados, más aún cuando los cambios de la industria petrolera son tan rápidos e inesperados que obligan a nuestros tomadores de decisiones a moverse con agilidad, sin lastre y con decisión.

Necesitamos aclarar confusas referencias a la nacionalización petrolera de 1975 en la Constitución. El artículo 302 de la Constitución ya establece la "reserva mediante ley orgánica respectiva" de la actividad petrolera en favor del Estado. Este artículo es claro sobre la reserva de las "actividades primarias"[148]. Ahora bien, también debemos excluir la reserva de las "actividades petroleras conexas" establecidas por el mismo artículo, incluyendo las actividades de servicios petroleros. Esta última "reserva" fue innecesaria y abrió las puertas para la estatización de estas actividades en 2009, que tuvo un efecto catastrófico sobre la producción petrolera[148].

¿Qué proponemos?

La actual Ley Orgánica de Hidrocarburos (LOH) necesita ser adaptada y alineada con una política más flexible para que Pdvsa y nuestra industria en general sea más eficiente, transparente

---

[148] De acuerdo a la LOH, estas actividades primarias son: exploración, explotación, recolección, transporte y almacenamiento inicial de hidrocarburos.
[149] Para contextualizar este punto, recomendamos la lectura del siguiente artículo: "El Furrial: el espectacular declive de un gigante petrolero". Prodavinci: http://prodavinci.com/blogs/elfurrialelespectaculardeclivedeungigantepetroleroporcarlosbellorin/.

y resiliente a cambios cíclicos y estructurales de la industria global.

Tenemos dos vías para adaptar la LOH. Podemos hacerlo mediante una reforma legal, haciendo cambios puntuales a la misma o aprobar una nueva ley que derogue la actual LOH. Nosotros nos decantamos por la segunda opción, aprobar una nueva LOH que esté precedida de un debate nacional. Tenemos dos razones fundamentales para creer esto. La primera razón es que la actual LOH es una ley mal redactada, confusa y poco clara. Somos de la idea de que una ley tan importante para el país tiene que ser la mejor desde el punto de vista de técnica legislativa y que establezca condiciones claras para todos. La ley debe ser clara no solo para Pdvsa y potenciales socios sino también para que cualquier ciudadano pueda exigir que la industria sea manejada bajo los estándares más altos. En fin, y con esto estamos de acuerdo, la exposición de motivos de la LOH actual establece que "(...) se puede considerar que la legislación sobre hidrocarburos es una de las más importantes del país, después de la Constitución, ya que debe regular, de forma clara y precisa, una de las bases de la economía y de la sociedad venezolana".

La segunda razón, y tal vez la de mayor peso para adaptar la LOH, es que esta fue aprobada a través de un decreto-ley por el Presidente de la República por los poderes concedidos por la Ley Habilitante de 2001. Es decir, la LOH actual no fue discutida y aprobada por la Asamblea Nacional, no se sometió a debate interno alguno en las comisiones correspondientes ni a un debate nacional en donde todos los venezolanos pudiesen haber opinado. Esto es inaceptable. Un hecho anecdótico y aleccionador es el debate nacional que tuvo la Ley sobre Hidrocarburos de 1943. Sobre esto relata Luis Vallenilla[150]: "Tan pronto como se tuvo conocimiento público del texto del Proyecto de Ley sobre Hidrocarburos

---

150 Vallenilla, Luis, *Petróleo venezolano. Auge, declinación y porvenir*. Monteávila Editores (1975).

de 1943, los sectores que defendían la reforma propuesta y los que la adversaban comenzaron a exponer sus opiniones sobre esta materia. La Presidencia de la República (...) organizó un ciclo de charlas radiales a cargo de los principales miembros de la comisión que había efectuado la revisión del proyecto". En este ciclo de charlas participaron los expertos legales y técnicos petroleros respetados en la materia, incluyendo a Rafael Pizani, Luis Herrera Figueredo, Edmundo Luongo Cabello, Ángel Demetrio Aguerrevere, Carlos Pérez de la Cova y Luis Loreto. El resultado de este debate dio forma al cuerpo legal sobre hidrocarburos mejor concebido y estructurado en el país[151], o, en palabras del doctor José Giacopini Zárraga, "...la Ley de Hidrocarburos de 1943 no solamente es una buena pieza desde el punto de vista legal, sino una pieza de buen castellano".

La nueva LOH debe concentrarse en:

Darle más flexibilidad a Pdvsa para que sea libre de invertir en los proyectos en los que realmente quiera participar, tomando en cuenta su capacidad financiera, técnica y operacional. Bajo la LOH actual, Pdvsa (o cualquier empresa del Estado) tiene la obligación de participar en todas las "empresas mixtas", siempre con más del 50% del capital accionario. Esta política no ha resultado. Durante casi los 18 años del actual régimen, Pdvsa y sus socios no han desarrollado ningún proyecto de envergadura, incluyendo los "nuevos" proyectos de la Faja del Orinoco que según el primer plan de Pdvsa de este régimen eran los proyectos claves para impulsar a la industria. Todos estos proyectos cuentan con socios extranjeros. Estas compañías no ponen a los proyectos de la Faja dentro de sus prioridades. Es decir, a la hora de hacer decisiones de inversión no los toman en cuenta. Esta es una realidad que Pdvsa ha intentado ocultar por mucho tiempo. Sin embargo, cree-

---

151 *Idem supra.*

mos que estos proyectos se podrían llevar a cabo con un marco legal y contractual apropiado. Paradójicamente, nuestra industria es más dependiente hoy de los socios extranjeros y nacionales privados que nunca desde la nacionalización de 1975. Cada vez más cerca, la mitad de la producción de petróleo en Venezuela provendrá de las empresas mixtas, que son compañías formadas entre Pdvsa y socios extranjeros y nacionales. Este gobierno se ha hecho más que nunca cautivo del capital privado para mantener a la industria petrolera a flote y lo ha puesto en una posición de minusvalía al momento de negociar con las grandes compañías. Esto lo demuestra la transferencia, bajo un precio de mercado, de acciones en empresas mixtas a favor del socio extranjero y la hipoteca de Citgo (nuestro sistema de refinación en los Estados Unidos) para poder garantizar préstamos y emisión de deuda.

Establecer regímenes fiscales y contractuales especiales para operaciones de esfuerzo propio. Los proyectos manejados por Pdvsa exclusivamente, sin participación de socios, son conocidos como operaciones bajo "esfuerzo propio". Como ya dijimos anteriormente, la producción bajo esta modalidad ha colapsado a menos de la mitad comparada con los niveles alcanzados a finales de los noventa.

Gran parte del problema es la falta de transparencia sobre cómo se llevan a cabo estos proyectos. Algunos de los campos petroleros más prolíficos de Venezuela se explotan bajo este tipo de caja negra de "esfuerzo propio". Por ejemplo, no hay un "título" que permita llevar a cabo operaciones en áreas como El Furrial, Jusepín o Tía Juana. El Estado personificado por Pdvsa explota el recurso porque es el dueño de él. Pdvsa eventualmente obtiene una "autorización" del Ministerio de Petróleo para ciertas operaciones, pero esto no tiene un peso real. Ahora bien, creemos que las operaciones de "esfuerzo propio" deben tener un marco legal transparente, único y auditable.

En este aspecto, la región está muy por delante de nosotros: Brasil, México y Colombia tienen regímenes especiales y claros para las operaciones de "esfuerzo propio" de sus compañías nacionales de petróleo. Se necesita un cambio administrativo para definir los contratos por área y hacerlos públicos. Con este cambio no solo se facilitaría la supervisión de las actividades de "esfuerzo propio" por parte de la agencia reguladora, sino que también agregaría transparencia en la ejecución de los mismos.

Más aún, las legislaciones de estos países establecen todos los tipos de contratos con sus respectivos marcos legales. En caso de estar interesadas, las compañías nacionales petroleras podrían obtener una determinada área bajo cualquier tipo de estos contratos, pero deberían hacerlo a través de licitación y competir con otras empresas nacionales y extranjeras bajo los mismos términos. Esto es un acercamiento bastante flexible, el cual debemos explorar.

Establecer un régimen fiscal y contractual flexible y progresivo. Debemos crear un régimen fiscal y contractual flexible y progresivo en donde se tome en cuenta la complejidad de las operaciones y el monto de la inversión de cada proyecto. Este debe tomar en cuenta el carácter cíclico de la industria y emparejar los mecanismos fiscales de captura de renta con los precios del petróleo para que puedan responder con la menor fricción posible a diferentes niveles de precios sin que afecte decisiones de inversión. Es decir, que un movimiento abrupto de precios no impida a la empresa que esté desarrollando el proyecto, incluyendo a Pdvsa, retrasar su desarrollo. Debemos estar abiertos también a incluir "cláusulas de rebalance económico" en los contratos, en las que ambas partes puedan acordar ciertos ajustes que no puedan ser absorbidos por los mecanismos fiscales de los contratos. Esto es práctica internacional y ha resultado exitosa en muchos países.

Existe en el país la suficiente capacidad y experiencia para crear un sistema fiscal y contractual de clase mundial, que dicho sea de paso nuestro país siempre ha estado a la vanguardia. Solo por citar un ejemplo, tanto las políticas del "fifty-fifty" de 1943 y el "impuesto adicional" de 1948 fueron creaciones venezolanas para hacer más equitativa la distribución de la renta entre el Estado y las concesionarias. Pronto estas ideas fueron copiadas por otros grandes productores, incluyendo Irán en 1949, Arabia Saudita en 1951, y Bahréin e Irak en 1952[152].

Debemos hacer hincapié en que nuestro sistema fiscal y contractual no solo pueda adaptarse a los precios del petróleo sino al ciclo de inversión petrolero. Una característica importante de la industria petrolera es el largo período de tiempo entre que los participantes del proyecto firman el contrato, toman la "decisión final de inversión" y comienza la producción comercial. Esta característica es única entre todas las industrias del mundo, lo que hace más complejo no solo invertir sino atraer inversión. Vale decir que el actual régimen de "empresas mixtas" ha fallado en este aspecto. A raíz de los cambios estructurales de la industria, hoy en día y por el futuro previsible la industria petrolera internacional estará enfocada en proyectos con un ciclo de inversión más corto.

Estamos convencidos de que los proyectos de la Faja del Orinoco pueden ser desarrollados bajo un esquema fiscal, contractual y operacional bien estructurado. Sabemos que el ciclo de precios y de inversión y la volatilidad de los precios pueden ser vencidos con una estrategia correcta.

Recuperación de la producción de los campos de crudos convencionales y volver a la excelencia: dos metas que van de la mano. Ya a partir de la década de 1970 nuestras principales cuencas productoras de crudos convencionales, Maracaibo y Oriente, eran

---

152 Tugwell, Frank, *The Politics of Oil in Venezuela*. Stanford University Press (1975).

consideradas maduras. Esto quiere decir que hemos producido una parte importante de las reservas en estas áreas mediante métodos de recuperación primaria y que se deben implementar métodos de exploración secundaria (inyección de gas a alta presión o agua, por ejemplo) para mantener la vida útil de los yacimientos. La mayoría de los descubrimientos de crudos convencionales son de tipo liviano y mediano. Esta variedad de crudos son las que se cotizan mejor en el mercado y las que se usan para mezclar con nuestros crudos pesados y extrapesados para hacerlos comerciales.

En este sentido, nos parece de suma importancia aprobar un marco fiscal y contractual especialmente diseñado para promover la exploración y producción en áreas consideradas maduras, en el que se promueva e incentive el uso de nuevas tecnologías de prospección y de producción. El actual modelo de "empresa mixta" de la LOH, que se debe aplicar indiscriminadamente a todas las actividades de exploración y producción en el país, es poco eficiente y atractivo para emplearlo en actividades de exploración. Este sistema no se adapta al balance de riesgo/recompensa implícito en actividades petroleras de exploración.

Además de adaptar el marco fiscal y contractual a yacimientos más complicados, debemos volver a profesionalizar y devolver el orgullo de los trabajadores de Pdvsa de servir a la industria más importante del país. Nos alienta que muchos de estos trabajadores de Pdvsa hoy en día nos han comunicado que están con nosotros y con nuestra propuesta, dispuestos a levantar a la empresa al lugar que merece.

Una de las historias que más admiramos de la industria petrolera nacional es la del descubrimiento de El Furrial, en el estado Monagas. Este campo es el más importante hoy en día en materia de producción y calidad de crudo producido. Después de la nacionalización de 1975, los trabajadores petroleros venezolanos tenían el mayúsculo reto de mantener y hacer crecer la industria petrolera estatizada. Debían demostrarle al país y al mundo que la enorme decisión de no contar más con las concesionarias extranjeras no impactaría a la mayor fuente de ingresos del país. Uno de los grandes retos era explorar para encontrar más petróleo ya que las reservas estaban disminuyendo dramáticamente. Hay que recordar que esto fue mucho antes de que la Faja Petrolífera del Orinoco tuviese viabilidad comercial. Es decir, en ese momento la Faja era una oportunidad con la que no se contaba, la tecnología para explotarla estaba en sus primeras fases y por consiguiente no entraba en los planes de producción inmediatos. Bajo esta situación, los jóvenes geólogos e ingenieros petroleros de la recién nacionalizada Pdvsa diseñaron un agresivo plan de exploración para la ya madura cuenca de Oriente, concentrándose en los campos del norte de Monagas y en especial en el área de El Furrial, muy cercana a los grandes campos de Quiriquire, Jusepín y Santa Bárbara. Tres años después, en 1978, pusieron en marcha un programa dirigido a explorar los objetivos más profundos en el flanco norte de la Cuenca del Oriente. Después de siete años de intensa actividad exploratoria con el uso de tecnología de punta fue descubierto El Furrial, que en ese momento representó el mayor descubrimiento de crudo liviano y mediano en 25 años en nuestro continente.

Esta historia demuestra el reto y el orgullo que era trabajar en Pdvsa. Todos los trabajadores, independientemente de su posición e inclinación política, daban lo mejor de sí, día a día, para que la empresa fuera la mejor del mundo. Esa fue la meta.

Sabemos que hay muchos otros "Furriales" por ser descubiertos en nuestro país para cubrir el déficit de crudos livianos y medianos que tiene nuestra industria. Pero hay que explorar con intensidad e inteligencia. Las tecnologías actuales nos ayudarían a descubrirlos, pero esto no es suficiente. También necesitamos un esquema fiscal y contractual que pueda canalizar las inversiones necesarias para estos proyectos y trabajadores petroleros motivados, orgullosos y bien remunerados.

Transparencia total y política de cero tolerancia contra la corrupción. Una de las características fundamentales de la industria petrolera son sus altos costos, sobre todo en la etapa de exploración y desarrollo de proyectos, incluyendo, por ejemplo, la construcción de instalaciones de producción o implementación de técnicas de recuperación secundaria. Esto significa una enorme inversión de fondos públicos y privados que deben ser manejados de manera eficiente y transparente.

No es secreto para nadie que una de las grandes razones del pobre estado moral, operacional y financiero que se traduce en menos producción y más accidentes ha sido la corrupción desmedida durante los últimos 18 años. La Pdvsa actual no tiene un sistema de controles adecuados para otorgar contratos y monitorear cómo se invierte el dinero. Este desgobierno de la industria en donde Pdvsa y oficiales del Gobierno otorgan a dedo millonarios contratos fue creado intencionalmente para que un grupo pequeño de ejecutivos de Pdvsa y contratistas petroleras hicieran fortunas inimaginables para cualquier persona en detrimento del resto de los demás venezolanos.

Esto tiene que cambiar.

En este sentido tenemos que aprobar una "ley de corrupción en la industria petrolera y actividades conexas". Tener una ley especial nos ayudaría en primer lugar a tomar el control de la industria y canalizar mejor las inversiones que se tengan que hacer para empezar a recuperarla. La ley implica un monitoreo periódico de los contratos por un equipo especializado que puede estar en la estructura del ministerio del ramo o de la Agencia Venezolana de Hidrocarburos (AVH), que se ocupe de la implementación y vigilancia de todos los contratos de la industria. Esta ley debe ser acompañada por una "ley de transparencia total" en la que todos los contratos se hagan públicos y que exista la obligación de Pdvsa y las compañías privadas de publicar trimestralmente una relación de la ejecución de sus proyectos, inversiones, costos y la renta generada y pagada al Estado. Se deben ofrecer cursos de capacitación a todos los venezolanos para que manejen conceptos básicos de la industria y crear una cultura de exigencia y transparencia. La AVH, además de ser responsable de hacer esta información pública y comprensible, debe recorrer el país para presentar los estados anuales de los proyectos en Venezuela y el estado general de la industria a los principales socios: los venezolanos.

Como ya lo dijimos anteriormente, la creación de un contrato de "esfuerzo propio" para cada área de operación de Pdvsa simplificaría el monitoreo, control y transparencia de los mismos por parte de la AVH y todos los venezolanos en general.

Medio ambiente y eficiencia en las operaciones petroleras. Hoy en día no solo el impacto ambiental derivado de las operaciones petroleras es un asunto que ha sido descuidado sino también el manejo eficiente de las operaciones y la salud y seguridad industrial. Aparte del obvio y gravísimo impacto humano y ambiental que produce la falta de un correcto manejo de las operaciones, esto produce una pérdida cuantiosa de producción, lo que se traduce en dinero malgastado. En los últimos 18 años no se ha aprobado ningún instrumento jurídico al respecto. No es casualidad que durante el previo y actual gobierno han ocurrido los desastres más grandes en nuestra industria, incluyendo la explosión de la refinería de Amuay en 2012 (en donde 55 venezolanos murieron y más de 150 quedaron heridos), el hundimiento de la plataforma Aban Pearl en las costas de Sucre en 2010 y el enorme derrame petrolero del río Guarapiche en Monagas en 2012. Estos son solo tres de los desastres más recientes y de los que todavía no tenemos reportes oficiales de lo acontecido ni mucho menos responsables. También hay que mencionar el pobrísimo estado de las operaciones en el lago de Maracaibo y en la zona de la Faja Petrolífera del Orinoco, incluyendo años de mal manejo de la producción de sólidos (coque y azufre) de sus mejoradores.

De hecho, en los últimos 18 años ha habido 15 veces más accidentes y casi 25 veces más accidentes mayores relacionados con la industria petrolera que en todos los años después de la nacionalización de la industria petrolera en 1975 hasta 1999. De 1999 hasta 2017 se han perdido más de dos años equivalentes de producción total por mala gestión operacional. Los daños ecológicos y patrimoniales son incuantificables. Y lo peor es que nada se está haciendo para remediar esta situación.

En casi todos los países petroleros del mundo se ha producido un gran desarrollo legal y regulatorio en materia de eficiencia del manejo de operaciones, salud y seguridad en proyectos petroleros, en especial después del desastre del Deepwater Horizon[153] en las aguas del golfo de México norteamericano. La mayoría de los países productores del mundo tomaron medidas urgentes y adaptaron su marco de eficiencia y seguridad de operaciones casi al unísono. Estados Unidos, Noruega y Canadá lo hicieron, pero también nuestros vecinos de la región, incluyendo Brasil, Colombia, México y Trinidad & Tobago. Absolutamente todos estos países tienen un marco moderno y han creado instituciones especiales para su implementación. Las leyes y regulaciones son públicas y revisadas periódicamente, incluyendo sus manuales y procedimientos en caso de accidentes petroleros. En Venezuela esto no pasa, no hay leyes ni reglamentos especiales y los manuales de procedimiento están desfasados en el tiempo. Nada es público.

El venteo y quema de gas es un gran problema actual en Venezuela. Hace algunos años la NASA llevó a cabo un proyecto llamado "La Tierra de noche"[154], que consiste en captar imá-

---

[153] El desastre de la plataforma de perforación semisumergible Deepwater Horizon ocurrió durante la perforación del pozo exploratorio Macondo el 20 de abril de 2010. Una explosión causada por el mal manejo de las operaciones ocasionó la muerte de 11 trabajadores y el derrame de 4,9 millones de barriles de petróleo.
[154] NASA, "Earth at Night": https://www.nasa.gov/mission_pages/NPP/news/earthatnight.html.

genes satelitales de la Tierra de noche y hacerlas públicas. Estas imágenes ayudan a los científicos a medir con más exactitud cosas como la tendencia de crecimiento poblacional y emisiones de dióxido de carbono. Viendo las imágenes uno se puede dar cuenta de que los grandes centros poblados son los más luminosos dentro de un determinado país o región. Río de Janeiro y Sao Paulo en Brasil, Londres y Birmingham en el Reino Unido, todas las ciudades que se encuentran en el valle y delta del río Nilo en África y así en el resto del mundo, con excepción de Venezuela. En nuestro país es la poco poblada región del norte de Monagas, en el municipio Maturín, la que emite más intensidad de luminosidad en todo el país y Latinoamérica. La razón de esto es que en esta zona se encuentran los campos petroleros más prolíficos y valiosos de Venezuela, incluyendo El Furrial y Jusepín, que además de producir petróleo crudo producen gas asociado que, en vez de aprovecharse reinyectándolo o poniéndolo en un sistema de distribución, se quema o ventea indiscriminadamente. De noche, cuando la actividad de los "mechurrios" es más aparente, se puede observar la intensidad de esta mala práctica operacional. Para poner las cosas en contexto, la luminosidad emitida por los campos del norte de Monagas es más intensa que la emitida por el campo Ghawar en la provincia de Al-Sharqiyyah en Arabia Saudita. Con la diferencia de que Ghawar es el campo productor más grande del mundo, con 5 millones de barriles diarios y 2 mil millones de pies cúbicos de gas, contrastado con la producción de "apenas" alrededor de 350 mil barriles diarios de todos los campos del norte de Monagas. Cada día la mala gestión operacional de los campos del norte de Monagas produce un enorme daño ecológico, en materia de salud pública y patrimonial al país sin que se haga nada al respecto. No en vano un estudio[155] de la Universidad de Columbia

---

[155] "A Policy Framework to Approach the Use of Associated Petroleum Gas". Centro de Desarrollo Sustantable de la Universidad de Columbia (2016) http://ccsi.columbia.edu/files/2014/06/

de 2016 sobre el uso de gas asociado a la producción de petróleo pone a Venezuela en el octavo puesto entre los países que más queman gas durante operaciones petroleras. El país que le sigue en el noveno puesto es Arabia Saudita y otra vez la comparación es inevitable. Es insólito que Venezuela, con una producción estimada de alrededor de 2 millones de barriles diarios de petróleo, queme más gas en operaciones que Arabia Saudita, que produce 5 veces más, con 10 millones de barriles diarios.

Paradójicamente, nuestro país fue pionero en materia de eficiencia de operaciones petroleras desde principios del siglo pasado. Solo por citar un ejemplo, en 1928 se promulgó la Ley de Vigilancia para Impedir la Contaminación de las Aguas por el Petróleo, una de las primeras de su tipo en el mundo y la primera en Latinoamérica. Esto es además mucho antes de que la mayoría de los grandes productores actuales siquiera soñara con tener una industria petrolera. Por ejemplo, el primer descubrimiento petrolero en Arabia Saudita se produciría 10 años después, en 1938.

De acuerdo al geólogo Hugo Velarde, considerado uno de los "padres" de la Faja Petrolífera del Orinoco y con una trayectoria única dentro de la industria petrolera venezolana, el período de considerable desperdicio de los hidrocarburos fue relativamente corto, de 1917 a 1946. A partir de 1946, comenzaron a aplicarse en Venezuela las nuevas teorías y sistemas de explotación del petróleo[156]. Después de 1999, y en especial después de 2002, estos temas quedaron en mucho menos que un segundo plano.

Nuestra propuesta debe ser entonces retomar esa visión de excelencia y conservación de Velarde y muchos otros profesionales de la industria. Sabemos de profesionales trabajando actualmente

---

ApolicyframeworkfortheuseofAPGJuly2016CCSI.pdf?utm_source=CCSI+Mailing+List&utm_campaign=200cda0b59Oct_newsletter_2016&utm_medium=email&utm_term=0_a61bf-1d34a200cda0b5062805213

[156] Velarde, Hugo. "La explotación unificada de yacimientos de petróleo y gas en Venezuela y su práctica en Latinoamérica". Asuntos CIED, año 6, No. 11, mayo 2002, Pdvsa CIED.

en Pdvsa y los ministerios del ramo que se preocupan por esto y que liderarían y apoyarían un cambio de rumbo. Contamos con ellos. La implementación de las políticas es clave, pero también lo es tener un marco institucional y regulatorio apropiado. Debemos aprobar con carácter de urgencia leyes y reglamentos especiales sobre operaciones petroleras para cada región productora en específico, incluyendo para operaciones aguas afuera, en donde se encuentran la mayoría de nuestras reservas de gas natural no asociado. Debemos crear agencias especiales y preparar a sus funcionarios bajo los más estrictos estándares. Debemos limitar la quema y venteo de gas y dar incentivos para aprovecharlo. La seguridad de operaciones en nuestras refinerías debe ser también un tema de regulación especial.

No podemos pasar a desarrollar esta gran oportunidad dejando a un lado al medio ambiente, la salud de los venezolanos y la excelencia en operaciones.

El tema de las reformas del marco institucional y regulatorio lo continuaremos desarrollando a detalle en futuros trabajos y publicaciones; por los momentos nuestra intención es abrir el debate sobre la maximización de la producción petrolera y gasífera de Venezuela y cómo lograrlo. Esperamos tomar las consideraciones y recomendaciones de los distintos actores de la sociedad venezolana para ser incluidas en las propuestas de estos marcos y legislaciones.

II. Diversificar la economía a partir del petróleo[157]

El desempeño de la economía no petrolera venezolana ha sido pobre. El producto per cápita no petrolero alcanzó un máximo en 1978 y hasta 1998 había caído entre un 18% y un 24%[158] Si bien a partir de ese año el *boom* petrolero permitió cierto crecimiento del sector no asociado al hidrocarburo, el PIB no petrolero per cápita solo creció 1% entre 1998 y 2015.

Como reflejo de esta realidad, el sector exportador en Venezuela ofrece una cartera de productos restringida. Las exportaciones de un país pueden estar concentradas en algunos productos o pueden presentar altos niveles de diversificación al exportar una gran variedad de bienes y servicios. Entre 1980 y 2013 las exportaciones de Venezuela estuvieron concentradas en una sola categoría: el petróleo y sus derivados. Al comparar otros países productores de petróleo en América Latina o del

---

[157] Para iniciar, queremos indicar que este capítulo está basado en distintos trabajos sobre el tema, entre los cuales se encuentran: Hernandez, I y Osmel Manzano, 2016, "Diversification in Latin American Oil Exporters: Was No Intervention a Better Policy Option?", en Mahroum, Sami y Yasser AlSalehl, Editors, 2016, *Economic Diversification Policies in Natural Resource Rich Economies, Routledge Explorations in Environmental Economics*, Taylor & Francis Group, LLC, New York; Manzano, Osmel , 2005, "El rol de los recursos naturales en el desarrollo de América Latina", trabajo presentado como parte de los requisitos para ascender en el escalafón a profesor agregado, Universidad Católica Andrés Bello, Caracas, Venezuela; y Tordo Silvana, Michael Warner, Osmel Manzano y Yahya Anouti, 2013, *Local Content in the Oil and Gas Sector, World Bank Study*, World Bank.
[158] Rodríguez y Hausmann (2014).

mundo, Venezuela es el único país que tiene este comportamiento (gráfica siguiente página).

El resto de países petroleros han logrado que sus exportaciones sean menos concentradas, es decir que ofrecen una variedad de productos a los mercados internacionales y como resultado de ello sus economías se han diversificado. Hoy en día todos los países de América Latina, con la excepción de Trinidad y Tobago, son más diversificados que Venezuela; para ellos, las tasas de crecimiento de las exportaciones no petroleras superaron el 7% (incluyendo Trinidad y Tobago). Así que el fenómeno venezolano no es producto del petróleo en sí mismo, ni de la geografía regional: es producto de factores internos.

Uno de los principales desafíos de la economía venezolana ha sido el desarrollar un sector no petrolero diversificado y sostenible. Por tanto, corresponde preguntarnos cuál debe ser la estrategia de diversificación de Venezuela y el rol del sector petrolero en ella.

Petróleo y desarrollo[159]

El papel de los recursos naturales en el desarrollo de una nación ha generado una amplia discusión. Hay quienes los presentan como una "maldición" y, por el contrario, quienes los ven como una piedra angular para un proceso de desarrollo. Dado su carácter ambiguo, no es sencillo para un hacedor de políticas públicas decidir si se debe o no intervenir en la economía de los recursos naturales, y aún más complicada es la definición de cómo debe ser dicha intervención.

En 1950, el economista argentino Raúl Prebisch planteó la abundancia de recursos naturales como perjudicial para el desarrollo de los países. Argumentó que dichos países exportaban sus recursos a naciones que producían bienes manufacturados

---

[159] Esta parte presenta un breve resumen de la literatura sobre el tema. Para una revisión más completa, véase Frankel, 2010, y van der Ploeg, 2011.

Concentración de exportaciones
■ 1980   ■ 2013

Índice de Herfindahl

Exportadores de petróleo de Latinoamérica y el Caribe

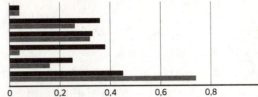

Argentina
Colombia
Ecuador
México
Trinidad y Tobago
Venezuela

Otros exportadores de petróleo

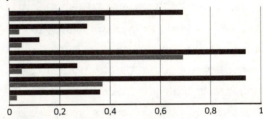

Argelia
Indonesia
Malasia
Nigeria
Túnez
Omán
Egipto

Exportaciones no petroleras de exportadores de petróleo de Latinoamérica y el Caribe

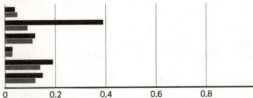

Argentina
Colombia
Ecuador
México
Trinidad y Tobago
Venezuela

Exportaciones no petroleras de otros exportadores de petróleo

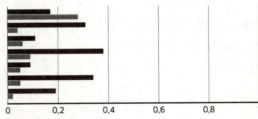

Argelia
Indonesia
Malasia
Nigeria
Túnez
Omán
Egipto

Otros países de Latinoamérica y el Caribe

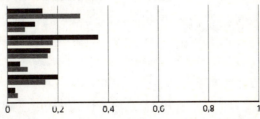

Bolivia
Costa Rica
Jamaica
Paraguay
Uruguay
Chile
Brasil

que luego eran importados por los países concentrados en bienes primarios. Este intercambio era desventajoso para los países exportadores de productos primarios ya que el precio de los bienes manufacturados era superior al de los bienes primarios. Por tanto, los países que se especializaron en recursos naturales se harían cada vez más pobres al caer en este círculo vicioso de intercambio.

Otro discurso negativo sobre la abundancia de recursos llegó en la década de 1970, con los efectos en Holanda de sus exportaciones de gas. Dicha situación fue conocida como la "enfermedad holandesa", según la cual la dependencia en un solo producto de exportación podría generar una pérdida neta en el largo plazo, ya que desplaza los recursos que podrían ser usados para producir bienes tradicionales hacia la producción de este único bien. Otro efecto negativo está asociado a la pérdida del "conocimiento" para producir los bienes tradicionales ya que estos han sido sustituidos por importaciones durante este proceso.

Sin embargo, hasta ese momento, no existía evidencia empírica comprobada de los posibles efectos negativos que podrían tener los recursos naturales sobre el bienestar. Eso cambió con los trabajos de Jeffrey Sachs y Andrew Warner, quienes encontraron que los países con abundancia de recursos naturales crecían menos. Usando su estimación, el PIB de Venezuela dejó de crecer entre 1,57% y 2,24% al año entre 1970 y 1999, y los autores argumentan que esto se debe a que sus exportaciones de recursos naturales representaron el 22,4% del PIB.

Con el inicio del nuevo milenio se comenzó a desafiar estos hallazgos. Actualmente, la literatura económica pone en duda la premisa relacionada al impacto negativo que podrían tener los recursos naturales sobre el desarrollo. La evidencia empírica no se encuentra en el nexo entre la abundancia de recursos naturales y desmejoras en el crecimiento de los países.

Daniel Lederman y William Maloney han señalado que lo que pareciera afectar negativamente el crecimiento económico es la concentración de las exportaciones en un número restringido de productos. Sus trabajos parecerían apuntar que lo que se conoce como "la maldición de los recursos naturales" es más bien la "maldición de la concentración de las exportaciones". Por lo tanto, plantearse el problema en términos de qué hacer con los recursos o cómo aprovechar las rentas generadas por los mismos para mitigar sus efectos negativos podría ser un gran error. La pregunta clave debería ser: ¿cuál es el camino a la diversificación?

Petróleo y diversificación

La premisa para el diseño de políticas en Venezuela se debe basar en que, dada su amplia dotación de recursos naturales, el desarrollo tiene que estar apalancado en ellos; pero, simultáneamente, tiene que establecer una estrategia de diversificación de exportaciones. No obstante, es necesario cuestionar si Venezuela podría competir en el mercado internacional produciendo esos bienes.

La calidad institucional de Venezuela y de la región está por debajo del promedio mundial y otros países en desarrollo. Luego de la dictadura de Pérez Jiménez, el país presentaba serias deficiencias en cuanto a la calidad del capital humano. Esta tendencia logró revertirse durante la década de los ochenta. Sin embargo, recientemente, con el éxodo venezolano este aventajamiento se ha perdido. Un patrón similar se presenta en los niveles de infraestructura del país.

En términos de estabilidad macroeconómica, todavía la región está en desventaja, siendo Venezuela aún más volátil. En conocimiento, el área donde la región se encuentra más atrasada, también Venezuela ha perdido terreno con respecto a sus vecinos. Está claro que cualquier estrategia de diversificación tiene que comenzar por estos temas transversales.

¿Por dónde comenzar la estrategia de diversificación? Inicialmente, un hacedor de política de un país abundante en recursos naturales podría plantear una estrategia de diversificación apartada del sector. Es decir, buscar el desarrollo de otros sectores de la economía que no guarden relación con la explotación y producción de los recursos naturales y así lograr insertarse en los mercados internacionales. Esta sección propone que este no ha sido el camino seguido por los países, con abundantes recursos naturales, que han sido exitosos en términos de crecimiento. Por el contrario, aprovecharon sus recursos naturales para desarrollarse alrededor de ellos.

Tradicionalmente, los productos primarios han sido considerados poco dinámicos en los mercados internacionales, a pesar del crecimiento de las exportaciones de la región en estos rubros en la última década del siglo pasado[160]. Pero varios trabajos recientes demuestran que ser un exportador de alta tecnología no necesariamente permitirá a un país ser más exitoso en el comercio global que un exportador de recursos naturales. Al examinar las exportaciones latinoamericanas hacia el mercado mundial, el economista Jorge Chami Batista encontró que ciertos países vieron aumentar sus cuotas de mercado vía mayor competitividad, incluso en bienes basados en recursos[161].

Otra falsa creencia es que los sectores de recursos naturales se caracterizan por su poca innovación tecnológica y, por tanto, no tienen impacto en el crecimiento de largo plazo. Las minas de cobre de Estados Unidos produjeron entre 1900 y 1914 diez veces más que las de Chile; esta diferencia no se explica por superioridad geológica, sino por la presencia y desarrollo de avances tecnológicos. Suecia y Finlandia se caracterizan por la exportación de productos de alta tecnología; sin embargo, siguen manteniendo importantes sectores de recursos naturales que en su momento permitieron su desarrollo industrial. En estos casos de

---

160 Kuwayama y Durán Lima, 2003, y Kouzmine, 2003.
161 "Latin American export specialization in resourcebased products: implications for growth", http://onlinelibrary.wiley.com/doi/10.1111/j.17461049.2004.tb00942.x/abstract.

éxito, el marco institucional alrededor de los recursos naturales, la adquisición de conocimiento a través de la inversión extranjera directa, la experiencia internacional de los innovadores y emprendedores del país, la internacionalización de las ventas, los compromisos de las empresas en investigación y desarrollo y finalmente la inversión en educación potenciaron la creación de un *cluster*, es decir un nicho, donde las empresas están bien posicionadas para enfrentar cambios de demanda y aprovechar la innovación tecnológica y la aparición de nuevas oportunidades de mercado.

Por ello, hoy en día, la mira está colocada en la creación de *clusters* alrededor de las actividades extractivas y dicha estrategia podría ser usada para el caso de la Venezuela petrolera. Por la experiencia de los países escandinavos, sabemos que la formación de un *cluster* de recursos naturales[162] pasa por cuatro etapas:

- Extraer y exportar el recurso natural con el procesamiento mínimo indispensable a nivel nacional.
- Poner en marcha actividades de procesamiento y exportación mediante una etapa de sustitución de importaciones y provisión de servicios básicos.
- Comenzar a exportar algunos de los bienes y servicios que primeramente se sustituyeron.
- Exportar productos procesados sofisticados, insumos, maquinarias y servicios asociados al *cluster* (diseño, ingeniería, consultorías, construcción, montaje, transporte y otros) a mercados exigentes. Así las empresas del país asociadas a dicho *cluster* comienzan a invertir en el exterior en ese mismo rubro.

---

[162] Llamado en la literatura "complejo productivo maduro".

Se trata de crear lo que se denomina en la literatura como "contenido local". Cuando se "descubre" un nuevo sector de actividades extractivas, se definen reglas para que la industria también genere beneficios enlazándose con otros sectores. Estas medidas de contenido local se están convirtiendo en una prioridad política en muchos de los países en desarrollo ricos en recursos naturales, incluyendo los "maduros".

Parte de este impulso se debe a la experiencia de Noruega. Los especialistas en políticas de contenido local Hildegunn Kyvik Nordås, Eirik Vatne y Per Heum identifican que "las compañías petroleras nunca dudaron que el Gobierno noruego y los políticos apreciaban la elección de las empresas locales para abastecer las actividades de petróleo y gas con bienes y servicios, y era bastante seguro que esto sería 'reconocido' en negociaciones para futuras licencias. Así, durante la década de 1970 y principios de la de 1980 se eligieron empresas locales para proveer al sector incluso si no eran las más rentables". Como resultado, Noruega exhibe uno de los más altos índices de nivel de contenido local entre los países exportadores netos de petróleo.

Los países abundantes en recursos, como Venezuela, pueden aprovechar este sector como iniciador y potenciador en el proceso de innovación y progreso tecnológico, pero tienen que crear las condiciones adecuadas para ello.

El pensamiento venezolano sobre la diversificación y el rol del petróleo

El dogma de la "siembra" del petróleo impidió identificar que este puede ser un sector productivo que pudiera integrarse con el resto de la economía; por lo tanto, no hubo una política dirigida a dicha integración. Sin embargo, se percibía que Venezuela debía captar una mayor cuota del mercado del petróleo, y por ello, en 1956, el Gobierno estableció el Instituto Venezolano de Petroquímica, con la idea de fomentar el desarrollo del sector petroquímico. Aunque la construcción del complejo petroquímico finalizó, las prioridades cambiaron. A pesar de que la capacidad de refinación continuó creciendo hasta 1965, dicho aumento se debió principalmente a la creación de complejos refinadores únicamente, cuya construcción se inició después de la Ley de Hidrocarburos de 1943. Durante este tiempo también se inició un segundo complejo petroquímico a la par del apogeo que experimentaban las políticas de sustitución de importaciones en América Latina. No obstante, estos intentos de industrialización en torno al petróleo, en lugar de reflejar una visión *cluster* del sector, eran solo una parte de un conjunto más amplio de políticas que tenían el objetivo de producir la mayor parte de las mercancías importadas por el país. En los años setenta, muchos ingresos de la bonanza petrolera se apartaron con la intención de diversificar la economía más allá del petróleo, mediante grandes empresas de propiedad estatal en una variedad de sectores, desde los metales básicos hasta el turismo.

Durante la década de los noventa, Venezuela se embarcó en un programa de reforma estructural y posicionó la agenda de la promoción de las exportaciones. Gracias a ella se crearon el Instituto de Comercio Exterior, el Banco de Comercio Exterior y la Ley de Incentivos para la Exportación, mediante la cual se implementó un crédito fiscal calculado en función del porcentaje de valor agregado nacional de los bienes exportados. A pesar de estos esfuerzos, las únicas empresas con actividad de exportación continuaron siendo la industria petrolera y la petroquímica, así como las industrias básicas de hierro, acero y aluminio. Otras exportaciones no tradicionales, como las del sector automotriz, también registraron un cierto desarrollo, pero su capacidad de generar divisas no era comparable con la del sector petrolero. Estos resultados se deben al énfasis en apoyar las exportaciones existentes, en lugar de generar nuevos productos de exportación y fomentar las industrias asociadas a los mismos.

Aquella política de inversión fomentada por el Estado también creó numerosas empresas públicas y organizaciones destinadas a promover la capacidad empresarial nacional, mediante la concesión de facilidades de crédito y asistencia técnica. Muchas de estas empresas fueron privatizadas en los años noventa, incluyendo la Compañía Anónima Nacional Teléfonos de Venezuela (Cantv), la línea aérea Venezolana Internacional de Aviación Sociedad Anónima (Viasa) y la producción básica de hierro y acero, así como varias empresas más pequeñas, como hoteles y empresas de turismo que el Estado había heredado con insolvencia. Sin embargo, estas reformas no se pudieron ejecutar en su totalidad por la crisis política que comenzó en 1992.

Después de 1998, Venezuela cambió su política de inserción retirándose de la Comunidad Andina y demás negociaciones de libre comercio con los Estados Unidos de los países andinos para aumentar su integración con Mercosur. Al mismo tiempo, asumió una nueva orientación importante hacia otros países consumidores de petróleo, con alianzas estratégicas entre empresas estatales y acuerdos para intercambiar petróleo por alimentos, entre otros, como lo es el caso de la alianza Petrocaribe. El resultado de estas políticas se refleja en la caída de las exportaciones reales no petroleras per cápita de Venezuela en un 60%, mientras que en otros países de América Latina se han multiplicado por cinco, evidenciando así el dinamismo del sector. Otros países petroleros han tenido un desempeño similar al de la región.

Aunadas al bajo volumen de exportaciones no petroleras, dichas exportaciones presentan bajos niveles de diversificación. El gráfico siguiente muestra el grado de concentración (en valor) de las exportaciones no petroleras de un grupo de países dependientes de exportaciones de recursos naturales[163]. Venezuela es el único país donde las exportaciones totales están más concen-

---

[163] El gráfico muestra el índice de Herfindahl, que es una medida de concentración.

tradas hoy que en 1980. En Argentina y México las exportaciones no petroleras están mucho más diversificadas, siendo países particularmente concentrados en el sector petrolero. De este grupo de países, solo Nigeria tiene niveles de concentración de las exportaciones no petroleras similares a los de Venezuela, pero con una tendencia positiva hacia la diversificación.

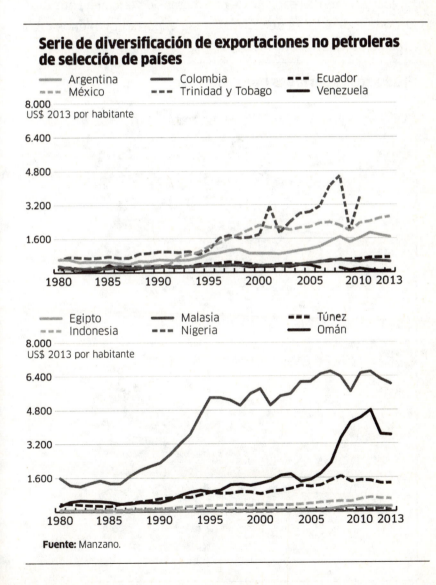

Serie de diversificación de exportaciones no petroleras de selección de países

Fuente: Manzano.

Esta tendencia a la concentración de las exportaciones no petroleras está asociada a la desaparición de sectores de la economía que producen bienes que puedan ser exportables. Los gráficos a continuación muestran los productos exportados por Venezuela según la metodología de los trabajos de Ricardo Hausmann y César Hidalgo en 1998 y en 2013. Lo importante a resaltar es cómo se ha "despoblado" el espacio de productos de Venezuela durante el período indicado; es decir, Venezuela exporta hoy menos productos no petroleros que en 1998.

Productos exportados por Venezuela
1998 vs 2013

1998 Espacio de productos de Venezuela (RCA > 0,2)

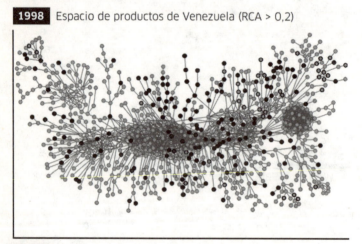

2013 Espacio de productos de Venezuela (RCA > 0,2)

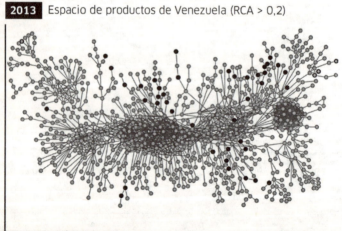

El dilema de las intervenciones

¿Cuál debería ser la orientación de nuestra política para la diversificación?

Para establecer una política de diversificación sostenible es necesario evaluar, en primera instancia, la estabilidad macroeconómica y la atención a "bienes públicos" como el ambiente de negocios, la educación, etc. A lo largo de los últimos 20 años, luego de la época de sustitución de importaciones, el objetivo en la región fue "establecer precios adecuados" y desmantelar la política industrial y sus instituciones. Las reformas fueron promovidas gracias a un clima de negocios favorable al mercado y a la estabilidad macroeconómica; no obstante, fueron insuficientes para el desarrollo económico en América Latina. Minimizar la intervención estatal en favor de permitirle al mercado establecer las condiciones de competencia, conocido en la literatura como el "dejar hacer" –*laissez faire*–, arrojó resultados de crecimiento decepcionantes. Como consecuencia, aquella reacción contra las políticas industriales se ha suavizado en los últimos años y se ha creado un espacio para replantearse estos temas en el futuro. Si bien las políticas proteccionistas mal concebidas y los abusos políticos dieron mala fama a la política industrial, las políticas de desarrollo productivo siguen siendo las necesarias para el crecimiento. Ahora el desafío consiste en llevar a la práctica una nueva generación de políticas.

Las políticas de desarrollo productivo varían en numerosas dimensiones. Se pueden centrar en sectores específicos, llamadas políticas verticales. O pueden tener una base amplia y no pretender beneficiar a ninguna industria en particular, conocidas como políticas horizontales. La segunda dimensión se relaciona con el tipo de intervención en la cual el Estado garantice la provisión de insumos o bienes públicos con el fin de mejorar la competitividad del sector privado. Algunos ejemplos pueden ser mejoras generales en infraestructura o protección de los derechos de propiedad; dichas intervenciones están dirigidas a todos los sectores de la economía por igual.

Estas dos dimensiones se pueden combinar en una matriz cuadrada, que divide el universo de políticas de desarrollo productivo en cuatro cuadrantes:

Tipología de intervenciones de políticas de desarrollo productivo

	Políticas horizontales	Políticas verticales
Bien público		
Intervenciones de mercado		

Fuente: Manzano.

Los bienes públicos horizontales incluyen intervenciones que garantizan el respeto de los derechos de propiedad, los esfuerzos para mejorar la calidad de la educación o la calidad general de la infraestructura, así como también medidas para racionalizar los pasos y los costos que conlleva iniciar un negocio. De todos los cuadrantes, este es el menos polémico: hasta los más ardientes defensores del libre mercado estarán de acuerdo en que el Estado tiene una función central que desempeñar en este tipo de política. Muchas intervenciones en este cuadrante se relacionan con el costo de hacer negocios en un país buscando minimizar los mismos con el fin de incentivar la innovación y el crecimiento de la economía en su conjunto.

El apoyo también puede consistir en intervenciones de mercado –como los subsidios, las exoneraciones fiscales o los aranceles– que afecten los incentivos de los actores privados y su conducta. Dichas intervenciones de mercado horizontales no pretenden favorecer sectores específicos sino promover ciertas actividades.

Algunos ejemplos son las exoneraciones fiscales para atraer inversiones extranjeras, los subsidios para formación laboral y para inversión en maquinaria, o los créditos subsidiados a pequeñas y medianas empresas.

La clave para el éxito de estas políticas consiste en identificar la falla de mercado que estas intervenciones pretenden resolver. En la literatura, y para el caso particular de la diversificación, la referencia a la falla de mercado está asociada a la situación en la que el beneficio social neto de las actividades productivas es mayor al beneficio privado neto percibido por los agentes del mercado que controlan estas actividades. Es decir, exportar de forma exitosa un producto por primera vez genera información valiosa referente al proceso de exportación –estructura de la demanda internacional, identificación de costos de transporte, entre otros–, la cual es absorbida por el resto de las firmas del sector; por tanto, los beneficios sociales del primer exportador disminuyen en relación a los imitadores que comenzarán a usar ese conocimiento para exportar. En conclusión, esta situación merma los incentivos a exportar y por ello se hace necesaria la intervención estatal para disminuir las pérdidas de beneficios asociados a la innovación.

Algunos ejemplos de estas fallas son la capacitación de trabajadores, la inversión en investigación y desarrollo, investigación y exploración de nuevos mercados, entre otros. En todos estos casos los beneficios sociales trascienden a la empresa que invierte, ya que otras firmas pueden beneficiarse de los trabajadores capacitados, los nuevos productos y procesos y la información sobre el potencial de nuevos mercados. Esto genera incentivos a invertir menos de lo que sería óptimo para la sociedad y por lo tanto se puede justificar la intervención.

Una vez que se ha identificado una falla de mercado, es de vital importancia cuestionar si la intervención propuesta está diseñada para atender de manera precisa la falla. Por ejemplo, si se piensa que la inversión extranjera es beneficiosa ya que genera nuevos conocimientos de cómo hacer las cosas, una posible política de intervención debería facilitar los canales mediante los cuales se pueda diseminar el conocimiento obtenido de forma efectiva y eficiente por encima de atraer una mayor cantidad de inversión extranjera en sí. De no existir los canales, el conocimiento se quedaría estancado en la firma o el sector beneficiado por la inversión extranjera. Finalmente, otro aspecto fundamental en ciertos casos se refiere al carácter temporal de los beneficios relacionados con ciertas intervenciones de mercado. Muchas veces, los beneficios sociales ocurren al principio (por ejemplo, el aprendizaje derivado de la inversión extranjera) y por lo tanto la intervención debería ser acotada en el tiempo. Como se ve, si bien estas intervenciones se pueden justificar, su diseño es clave.

El cuadrante de las intervenciones de mercado verticales es sin duda el más polémico. Los subsidios o la protección para sectores específicos pueden llevar a conductas rentistas por parte del sector privado que se beneficia de ellos, y a la arbitrariedad o el favoritismo de las autoridades. Las intervenciones de este cuadrante –subsidios, protección, producción estatal o crédito dirigido a sectores específicos– son las que más han contribuido a la mala reputación de las políticas industriales. Por tanto, las intervenciones de este cuadrante deberían aplicarse con sumo cuidado.

Existe un caso particular donde se puede justificar una intervención en este cuadrante: entre los sectores pueden existir problemas de coordinación, por tanto se puede diseñar y ejecutar una política que permita subsanar dichos problemas; esto es particularmente importante cuando existe la posibilidad de producir bienes o servicios de forma eficiente por dichos sectores. Un ejemplo típico sería el de la promoción de un nuevo destino turístico. Si en dicho destino no existe un aeropuerto, no tiene sentido invertir en hoteles; de igual forma, si no hay hoteles en la zona tampoco tiene sentido invertir en un aeropuerto. Ante este dilema, y si se deja actuar al mercado, es posible que las firmas por sí solas no realicen ninguna inversión. En este caso una posible solución es ofrecer subsidios a la inversión para la construcción de un aeropuerto y de un complejo hotelero. Una vez que se haya desarrollado el polo turístico ya no serán necesarios los subsidios porque se habrá resuelto el problema de coordinación.

Al evaluar este marco metodológico para la intervención del Estado, se puede identificar que el diseño de políticas productivas en Venezuela ha estado alejado del mismo. Como ya discutimos, el marco de políticas de liberalización de los noventa estuvo centrado primordialmente en el apoyo a las exportaciones existentes por encima de la generación de nuevos segmentos. La ronda de políticas post-1998 más bien ha dejado de proveer bienes públicos horizontales –como mejor ambiente de negocios, acceso a moneda extranjera, entre otros– en favor de intervenciones de mercado que no necesariamente han atendido las fallas.

En este contexto, hay que replantearse la política productiva de Venezuela. Es necesario repensar los incentivos a la investigación y desarrollo, las políticas de capacitación de la mano de obra, las políticas de acceso al crédito, etc. Hay ejemplos de buenas prácticas que existen en América Latina y otros países en desarrollo.

Cómo establecer los sectores prioritarios

¿Cómo pensamos la transformación productiva del país? ¿Qué rol pueden jugar el petróleo y el gas natural? El desarrollo económico no se centra solamente en la capacidad de los países y sus empresas para producir los mismos productos que ya se encuentran presentes en la economía. La mayoría de los casos exitosos han estado relacionados con producir bienes y servicios nuevos y de mejor calidad, es decir: generar procesos de transformación productiva que estimulen el desarrollo económico.

Incluso en las economías más avanzadas, en numerosas ocasiones los discursos de libre mercado han estado acompañados por políticas intervencionistas *de facto* para apoyar procesos de transformación productiva. Por ejemplo, la historia de Estados Unidos está llena de intervenciones del Estado que abrieron el camino para la transformación productiva, desde el apoyo gubernamental a la construcción de vías férreas y redes eléctricas, hasta la creación en el siglo XIX de las universidades estatales para apoyar la transformación agrícola.

El desafío de fomentar la transformación productiva exige la aplicación de políticas verticales en sectores prioritarios con ventajas comparativas latentes que el mercado no aprovecha. La definición de cuáles son estos sectores es el reto principal. Un criterio puede ser las capacidades previas que posee la economía, ya que el proceso consistiría en adaptar las capacidades de producción ya dominadas a la producción de nuevos bienes de alto valor (o de mayor calidad) que se puedan exportar competitivamente. Por ejemplo, la probabilidad de que un país desarrolle una industria de piezas aeronáuticas competitiva aumenta si ya ese país es competitivo en autopartes u otros productos que requieran capacidades similares.

No todas las direcciones para la transformación productiva son igualmente valiosas. Ampliar la canasta de productos de un país en una dirección puede ser más útil que en otras, ya sea porque incorpora bienes más sofisticados que redundan en mayores ingresos o porque abre caminos para a su vez desplegar las capacidades productivas en otros productos. Es un hecho que algunos productos están más "conectados" que otros –es decir, su proceso productivo puede estar asociado al proceso productivo de otra variedad de productos– y, por tanto, son mejores palancas para ampliar las oportunidades de transformación productiva.

La clave es que exista un proceso sistemático y transparente para seleccionar los sectores prioritarios. Algunos países lo han hecho mediante agencias técnicas público-privadas (como Irlanda), otros con asesores externos independientes (Chile, Colombia, México y Panamá).

Se han propuesto criterios para identificar sectores propensos a la aplicación de políticas verticales mediante la métrica del espacio de productos y la complejidad. El espacio de productos es un concepto que permite identificar las relaciones que guardan varios productos entre sí. Estas relaciones están asociadas a las similitudes en los *inputs* necesarios para producir dichos bienes. El espacio nos indica que la viabilidad de desplegar las capacidades productivas del país para un nuevo producto es la "distancia" entre el producto deseado y la actual canasta de exportaciones. Esta distancia es una medida objetiva que nos permite identificar potenciales bienes que puedan ser producidos por la economía de forma eficiente.

Por otro lado, se puede estimar cuán interesante es el beneficio de incursionar en las capacidades para producir un producto nuevo, considerando su complejidad. La complejidad de un producto está relacionada con la cantidad de conocimiento necesario para generarlo. Los productos más complejos requieren un mayor nivel de conocimiento y por tanto están asociados a economías maduras. Considerando esto, puede pensarse que generar productos más complejos podría traer consigo la capacidad de sostener salarios más altos y, por lo tanto, una rentabilidad mayor a los costos vigentes en la economía. Estos criterios sirven para estudiar sectores y qué intervención necesitarían del Estado.

Aquí es donde el sector petrolero puede jugar un papel. Puede que haya sectores complejos que estén cercanos a él. Algunos quizás que se hayan perdido en años recientes, pero podrían ser fáciles de recuperar.

Las políticas de contenido local

Un instrumento para alcanzar este fin podrían ser las políticas de contenido local (PCL). Dichas políticas, en el sector del petróleo y el gas, fomentan el desarrollo nacional de mano de obra, bienes y servicios, tecnología y capital. Sus objetivos y principios rectores se describen en las declaraciones de política generales y/o en planes económicos específicos, legislación primaria o secundaria, o contratos adjudicados, acuerdos de licencia, o contratos de concesión. Su aplicación depende de una variedad de instrumentos de política, incluyendo las reglas de asignación de derechos sobre el petróleo, impuestos, tarifas, incentivos, sanciones, leyes de adquisición y mecanismos de capacitación.

Sin embargo el diseño de PCL efectivas y sostenibles, además de sus instrumentos de política, requiere definir los objetivos económicos, sociales y políticos. Las PCL de petróleo y gas deben tener en cuenta la geología y la geografía (tamaño de las reservas conocidas y probables, su ubicación, los costos de desarrollo); la estructura del mercado de trabajo (la tasa de desempleo, el nivel de habilidades y distribución); el acceso a la energía; la estructura del sector (el tamaño y fuerza de los jugadores, el nivel de la competencia, el grado de integración); los acuerdos comerciales y el nivel de capacidad normativa e institucional. Esto explica por qué las políticas y herramientas que funcionan en un contexto no pueden producir los mismos resultados en otros.

Gracias a ello se pone de relieve que no solo se trata de utilizar un proceso sistemático y transparente para seleccionar sectores prioritarios: es necesario diseñar los instrumentos de política adecuados. Los países que han hecho uso de las PCL para fomentar la diversificación económica no siempre han tenido éxito. Debe haber una comprensión de los factores que un sector podría requerir en cada etapa del desarrollo y de la capacidad del mercado local para satisfacer las necesidades de dicho sector, más allá de que "esté próximo a otros". Es importante evaluar los déficits en habilidades y capacidades para garantizar que las medidas correctivas apropiadas se desplieguen, que los objetivos de la política sean realistas y que haya métricas adecuadas para monitorear el efecto de la aplicación de políticas.

No hay una solución "modelo" para el diseño de PCL en el desarrollo de la exploración y extracción de petróleo y gas, depende del contexto específico del país. Pero la experiencia muestra la importancia de una comprensión clara de las ventajas, desventajas y dificultades de cada instrumento. De hecho, pensar en las PCL como fin último y no como un instrumento es una pérdida de escasos recursos de desarrollo. Es importante medir costos y beneficios de las políticas, así como realizar evaluaciones periódicas para asegurar que se toman las medidas correctivas apropiadas.

Para determinar el costo de las PCL, no debe dejar de considerarse los efectos a corto y largo plazo de los cambios en las políticas de contratación y la inversión sobre las ganancias; de igual forma, es necesario evaluar los ingresos fiscales del Gobierno y de exportación, incluyendo el aumento en el costo de materiales y equipos y los posibles retrasos en el proyecto y/o producción que, en principio, puede ser inducido por estrictos requisitos de contenido local que no se ajusten a la capacidad.

Adicionalmente, las PCL son inherentemente transversales a varios sectores del Gobierno, de modo que requerirán el equilibrio y el arbitraje entre prioridades diferentes y muchas veces en conflicto. La falta de coordinación entre las diferentes entidades gubernamentales y niveles de gobierno puede resultar en un conflicto de regulaciones que a su vez impliquen un aumento de los costos administrativos, retrasos en la ejecución del proyecto y, en algunos casos, incentivos para comportamientos rentísticos y prácticas corruptas.

El contexto específico de cada país determina la elección de arreglos institucionales. Las experiencias exitosas sugieren la creación de una entidad encargada de la concepción de políticas, la coordinación intergubernamental y el seguimiento de los resultados. En nuestro país, la supervisión y vigilancia del cumplimiento de PCL –un papel que pertenece al Estado– deben estar claramente separadas de la facilitación y aplicación de la política.

En el Programa Proveedores de Clase Mundial, en Chile, las empresas mineras plantean sus demandas de soluciones tecnológicas –como lo pueden ser bienes de mejor calidad o nuevos servicios– y retos que presentan sus operaciones. El programa se basa en la construcción de una relación de colaboración entre minera y proveedores, así como otros actores relevantes. Se apoya al proveedor para el desarrollo de la solución que demandan las empresas mineras con miras a convertirlo luego en exportador de esa solución.

El programa funciona de la siguiente manera[164]: en primer lugar, las mineras priorizan problemas que carecen de soluciones satisfactorias en el mercado nacional e internacional y presentan un potencial de beneficio cuantificable para quienes se embarquen en la solución del mismo. Luego, se convoca a proveedores con potencial de desarrollo para esos retos, en conjunto con la operación minera. Se exigen soluciones de estándares superiores a los existentes en el mercado, que generen una nueva capacidad en la empresa proveedora, de forma tal que se potencie su crecimiento como empresa de clase mundial. Una vez seleccionado el proveedor para cada desafío, se va monitoreando permanentemente que los beneficios de la cartera de proyectos sean mayores que los costos de su desarrollo. El programa hace hincapié en establecer las conexiones entre empresas proveedoras y centros tecnológicos y universidades, tanto para el desarrollo de soluciones como para el fortalecimiento de las capacidades.

---

[164] En la página web del Consejo Minero de Chile se explica el programa (http://www.consejominero.cl/).

Adicionalmente, se fortalecen los vínculos de las empresas con fuentes de financiamiento públicas y privadas.

El programa empezó como una iniciativa privada de BHP Billington y hoy en día es parte de la política estatal. El Estado facilita la articulación de las empresas y proveedores mineros con los centros de excelencia cofinanciados por Corfo[165] y la vinculación con otros programas estatales. Al 2014 se habían desarrollado 86 soluciones. Este es un ejemplo de un modelo de desarrollo de contenido local ligado al sector extractivo de un recurso natural, como el cobre, que está funcionando.

Camino hacia la diversificación económica de Venezuela

Una tendencia clara de la trayectoria económica venezolana ha sido el pobre desempeño de la economía no petrolera. El país no ha podido diversificar su paquete exportador. Un cuestionable argumento podría ser que el petróleo es "perjudicial" para el desarrollo no petrolero, idea que en Venezuela ha sido empujada por la tesis del "excremento del diablo" de Juan Pablo Pérez Alfonzo. Sin embargo, la moderna experiencia internacional sugiere que no es un problema de "maldición de la abundancia de recursos naturales", sino de "maldición de la concentración de las exportaciones". Tener abundancia de recursos naturales más bien puede ser una "bendición", "la bendición del petróleo", si sus beneficios son administrados de una manera adecuada y responsable, como lo ha sido en el caso de Noruega.

---

[165] La Corporación de Fomento de la Producción (Corfo), creada en 1939, es el organismo del Estado chileno encargado de impulsar la actividad productiva nacional. Hoy en día, sus principales funciones son: potenciar la investigación y el desarrollo tecnológico con impacto, promover la asociatividad empresarial, facilitar la modernización de la gestión de las empresas privadas, promover el acceso al financiamiento y contribuir al desarrollo equilibrado de las distintas regiones del país mediante programas especialmente diseñados de acuerdo a las condiciones locales.

El país tiene que diversificar su estructura productiva. Si bien el petróleo influye gracias a sus ventajas comparativas, es necesario generar políticas que fomenten un mayor número de ventajas comparativas en bienes más allá de los productos primarios: estabilidad macroeconómica, construcción de infraestructura, desarrollo de capital humano y de instituciones. En algunas áreas Venezuela ha perdido la ventaja que tenía en América. Está claro que cualquier estrategia de diversificación tiene que comenzar por atender estos temas transversales.

La experiencia internacional sugiere hacer énfasis en las externalidades y complementariedades en el sector de los recursos naturales para generar, a partir de él, nuevos sectores. Para este fin son claves el marco institucional, permitir la adquisición de conocimientos y habilidades a través de inversión extranjera directa, incentivar la experiencia internacional de los innovadores y emprendedores del país, la internacionalización de las ventas, la generación de compromisos de las empresas en la inversión en investigación y desarrollo y fundamentalmente la inversión en educación.

En Venezuela la estrategia de diversificación ha ido en sentido contrario. La "siembra del petróleo" implicó políticas diseñadas para invertir la renta petrolera en otros sectores de la economía, lo que dio pie a ciertas políticas industriales que no estaban necesariamente orientadas hacia un sector particular. Por otra parte, no se veía que el petróleo pudiera integrarse con los demás sectores de la economía; por lo tanto, no había una política hacia dicha integración. Más aún, la estrategia de diversificación ha ocurrido mediante intervenciones en las cuales el Estado ha asumido el rol de empresario, creando empresas estatales encargadas de generar nuevos sectores alejados del petróleo. Como resultado, las exportaciones no petroleras de Venezuela se han desempeñado peor que en otros países petroleros dentro y fuera de América Latina.

Finalmente, es necesario diseñar y ejecutar una estrategia de diversificación para la economía venezolana en la que el petróleo juegue un papel central. Existen sectores complejos cercanos al petrolero y el gas que podrían ser aprovechados para ampliar la cartera de productos ofrecida por el país. Una opción podrían ser las políticas de contenido local; sin embargo, para ello es necesario realizar una evaluación del estatus de las habilidades y capacidades del sector, como también de los costos y beneficios de los posibles instrumentos.

Más allá de la política que sea implementada, el primer paso en el camino planteado en este capítulo radica en la necesidad de reformular la relación del sector petrolero con la economía nacional en su conjunto. El paradigma de la "siembra petrolera" le ha fallado al país: atrás han quedado las premisas sobre el petróleo como una maldición, existen caminos para superar dicha condición y es necesario que estos sean discutidos y evaluados.

III. Democratización del petróleo

Todo el petróleo para todos los venezolanos
Si bien es cierto que no toda la economía venezolana es petrolera, también es cierto que el petróleo, luego de 100 años de haber irrumpido en nuestra historia, sigue siendo el principal generador de exportaciones, el principal contribuyente al tesoro nacional y el sector más grande de la economía venezolana.

Estamos convencidos de que la solución a la crisis generalizada en la que estamos va mucho más allá de una revisión de la política petrolera, pero igual es nuestra convicción de que sin un cambio significativo en esta, no solo estaríamos desaprovechando todo el potencial de crecimiento que tenemos como nación, sino que el comportamiento del resto de la economía seguiría vulnerado por la volatilidad y los ciclos del sector petrolero.

Cuando hablamos de política petrolera nos referimos a dos temas. Primero, cuánto petróleo producimos y quién lo produce. Segundo, cómo distribuimos el ingreso petrolero entre los venezolanos, los dueños soberanos del recurso natural. El primer tema tiene que ver con la industria petrolera, ¿cómo se organiza?, ¿quiénes participan? y ¿bajo qué condiciones se participa?, lo cual define la cantidad de petróleo generado por Venezuela y que hemos analizado en los capítulos anteriores.

El segundo tema, cómo distribuimos el ingreso petrolero nacional que pertenece a todos los venezolanos, es un asunto distributivo y en consecuencia un tema eminentemente político. ¿Cómo distribuimos entre todos lo que pertenece a todos? Por ello, además de expandir nuestra producción, proponemos distribuir de manera más justa, igualitaria y transparente el ingreso petrolero.

Hoy es el Estado, en representación de los venezolanos, quien, de manera exclusiva, recibe y distribuye este ingreso. Nuestra propuesta sobre una nueva distribución incorpora a los venezolanos como acreedores directos de la factura petrolera. De esto se trata nuestro planteamiento: que cada venezolano reciba de manera igualitaria una parte significativa del ingreso generado por la venta de hidrocarburos.

Si bien es cierto que el Estado formalmente actúa como representante de los ciudadanos para administrar la renta petrolera, en la práctica esta ha sido usada para financiar los intereses de las personas o grupos que han controlado el Estado y para comprar voluntades mediante la generación de una relación clientelar con los ciudadanos, quienes reciben los bienes y servicios públicos como un regalo del Gobierno y no como una obligación de quien es el administrador de su riqueza. En la práctica, los ciudadanos han sido dependientes del Estado, en vez del Estado ser dependiente de los ciudadanos y estar subordinado a la soberanía popular.

Para transformar a Venezuela tenemos que cambiar esta relación que se ubica en el centro de las causas de nuestro retraso económico y sometimiento autoritario. Atraso y sometimiento resumidos en que el grupo que controla el Estado se enriquece personalmente al mismo tiempo que es responsable de que la industria genere mucho menos ingresos de los que ha podido generar. Han privatizado las ganancias de la industria petrolera, al quedárselas ellos, y han hecho que todos los venezolanos asumamos las pérdidas producidas por sus decisiones. Privatizaron las ganancias y socializaron las pérdidas.

Es por esto que los venezolanos tenemos que pasar de una propiedad "conceptual" a una propiedad "real" del petróleo y por ello consideramos que es posible un nuevo esquema distributivo, en el que una porción del ingreso petrolero vaya directamente a los venezolanos, y en esto se fundamenta la propuesta de democratización del petróleo. Podemos definir la democratización como el ejercicio de la propiedad que tenemos los ciudadanos venezolanos sobre todos nuestros recursos naturales, incluyendo el petróleo, distribuyendo entre todos lo que es de todos. Planteamos que parte de la renta petrolera sea depositada en cuentas individuales de cada venezolano mayor de edad sin distinción de ningún tipo y para ello proponemos contabilizar de manera clara y separada la parte del ingreso petrolero que le corresponde al Estado y la que les corresponde directamente a los ciudadanos, lo cual nos lleva a considerar que debe haber un ingreso petrolero del Estado y un ingreso petrolero ciudadano.

Antes de continuar, queremos detenernos en un concepto siempre presente en la discusión y debate sobre el petróleo: la renta petrolera.

Se entiende por renta petrolera la diferencia entre el precio de venta de cada barril menos el costo de producirlo. Debido a la importancia del petróleo para el funcionamiento del transporte mundial, la dificultad de su sustitución y su relativa escasez, la renta petrolera es muy superior a la renta que genera casi cualquier otra actividad económica legítima. Creemos que el dueño del recurso debe ser el beneficiario de la renta y, por lo tanto, que el beneficiario sea cada venezolano.

Una vez que la renta petrolera sea depositada en montos iguales en una cuenta bancaria de cada venezolano, el Estado podrá proceder a cobrar impuestos sobre estos montos, con la consecuencia de que cada venezolano sabrá exactamente cuánto le transfirieron de su propiedad para ser utilizado por el Estado, y quedará de manera clara y transparente que somos todos los venezolanos, los dueños del petróleo, los que financiamos al Estado.

Esta forma de repartición de la renta petrolera es profundamente democrática y vendría a ser la mayor conquista de igualdad social luego del voto universal. Y detrás de la noción de igualdad se encuentra la noción de justicia. Porque la democratización del petróleo no solo es una política efectiva para apuntalar el desarrollo nacional, que lo es, sino que es sobre todo una política justa. Es justo que quien es dueño de un bien, se beneficie directamente del ingreso que genera.

¿Y cómo se ha definido históricamente la repartición del ingreso petrolero?

Durante los últimos 100 años el debate distributivo se ha dado entre las empresas productoras y el Estado. En distintos episodios, por la vía de la definición del precio de venta, el monto de las regalías y el porcentaje de impuesto sobre las ganancias, se ha buscado una mayor participación del ingreso petrolero por parte del Estado. Y en este debate, más allá de la retórica discursiva, siempre ha habido una determinación de los gobernantes de mantener el petróleo alejado de la población y de limitar su conocimiento sobre los temas petroleros, lo cual se ha traducido en una relación distante y muchas veces manipulada entre los venezolanos y el petróleo.

La estatización de la industria entre 1975 y 1976 le dio al Estado el monopolio de la actividad petrolera y del ingreso petrolero nacional. Es el Estado, en representación de los venezolanos, quien ha recibido el ingreso petrolero nacional. Nuestra propuesta sobre una nueva distribución de este ingreso incorpora a los venezolanos como dueños y por ende acreedores directos de la renta.

En esta propuesta, el ciudadano venezolano pasa a estar involucrado directamente y es protagonista del desarrollo petrolero futuro. No se trata de sustituir al Estado por el ciudadano ni de debilitar sus funciones, sino de establecer claramente el papel que corresponde a cada quien. La materialización de esta propuesta requiere de un Estado robusto presupuestariamente y capaz de garantizar los derechos de los ciudadanos y de unos ciudadanos activos, conscientes y exigentes de sus derechos.

Fundamentos para la democratización del petróleo

La propuesta de un nuevo modelo de distribución del ingreso petrolero nacional y de la creación del Fondo Patrimonial de los Venezolanos[166], en donde sea depositado el ingreso petrolero ciudadano, la basamos en los siguientes principios:

- La propiedad ciudadana del petróleo.
- Transparencia en el manejo de la industria petrolera.
- Igualdad entre todos los ciudadanos.
- Ahorro y estabilización macroeconómica.

La propiedad ciudadana del petróleo

Debemos primero preguntar: ¿quién es el dueño del petróleo? En teoría, los venezolanos. Y en teoría, el Estado representa los intereses de todos los venezolanos y por eso asume la administración de la renta petrolera en nombre de cada uno de nosotros.

Desde tiempos de la Colonia, la propiedad de las minas se definió como propiedad del soberano. Siendo el soberano el rey de España, la propiedad era del rey. Al declarar y posteriormente lograr la independencia, se procede a la abolición de la monarquía y esta es sustituida por la república. La república como sistema de organización del Estado sustituye la soberanía del rey por la soberanía de los ciudadanos y, siendo esto así, la propiedad del soberano pasa a ser de los ciudadanos. Esta idea de

---

166. El Fondo Patrimonial de los Venezolanos, el cual será explicado más adelante en este capítulo, se construye sobre la propuesta de Rodríguez y Rodríguez en su libro *El petróleo como instrumento de progreso*. Detalles del libro se pueden encontrar en el siguiente vínculo: http://www.iesa.edu.ve/inicio/2012noviembre22/1095=elpetroleocomoinstrumentodeprogresouna nuevarelacionciudadanoestadopetroleo.

la propiedad de las minas en manos del soberano se mantiene en la legislación y es ejercida por el Estado en representación del soberano que, luego de la fundación de la república, somos todos los venezolanos. Es decir, la propiedad de las minas, incluyendo el petróleo, con la independencia y la creación de la república, pasó a ser propiedad del nuevo soberano, el pueblo, los ciudadanos, cada venezolano.

El ejercicio de esta propiedad de las minas, incluyendo el petróleo, se ha ejercido por el Estado desde la fundación de Venezuela en república en 1830. Es decir, el Estado en representación de todos los venezolanos recibe los beneficios derivados de la propiedad ciudadana de los recursos mineros.

Nosotros proponemos que, manteniendo la herencia legal y cultural de que la propiedad de las minas (incluyendo el petróleo) es del soberano, es decir de los ciudadanos, los venezolanos podamos acceder a un ejercicio directo, igualitario y transparente de esta propiedad que nos pertenece.

Esta propiedad adquiere valor cuando es vendida y monetizada. En el subsuelo no tiene valor más allá del formalismo legal de que nos pertenece a todos, y del valor patrimonial de las reservas en la contabilidad de Pdvsa.

El Estado venezolano durante la mayor parte de nuestra historia de producción petrolera se ha estructurado como un petroestado, es decir, un Estado grande con inmensos recursos que, siendo propiedad de los ciudadanos, han sido gestionados como si fuesen una riqueza personal de los gobernantes. Esto ha mineralizado una relación de dependencia clientelar entre el Estado y los ciudadanos. Los gobiernos, y muy particularmente el régimen que ha gobernado entre 1998 y 2017, ha afianzado esta dinámica imponiendo un esquema clientelar con fines políticos y turbios en la distribución del ingreso petrolero.

Con la propuesta de democratización de la renta petrolera, cada venezolano recibirá de manera directa una parte de este ingreso, del cual tendrá que pagar un tributo como contribución directa al Estado. De esta forma quedará de manera clara y transparente que somos todos los venezolanos, dueños del petróleo, los que financiamos al Estado. Este es un cambio que va mucho más allá de una identidad contable. El simple hecho de que todos los venezolanos vean en una cuenta personalizada cómo del ingreso que les corresponde se hace un pago directo al Estado, permitirá un cambio significativo en la relación y las exigencias de los ciudadanos con el Estado.

Esta realidad estimulará, a su vez, el surgimiento de una profunda conciencia social, así como un alto nivel de exigencia sobre la transparencia en la inversión, administración y costos de producción de la industria, lo que iniciará el camino dirigido hacia la superación de la relación clientelar que hoy impera entre el Estado y los ciudadanos.

Transparencia en el manejo de la industria petrolera

Desde los inicios de la industria petrolera hace 100 años, la opacidad, el sectarismo y las prácticas al otorgar concesiones han empañado su desempeño. Esta determinación de los gobernantes de mantener el petróleo alejado de la población, y de limitar el conocimiento sobre los temas petroleros, se ha traducido en una relación distante y muchas veces manipulada entre los venezolanos y el petróleo.

Nuestra propuesta de democratización tendrá como consecuencia la exigencia de transparencia a la industria petrolera por parte de los ciudadanos, ya que se ven personalmente afectados en caso de haber corrupción, malversación, sobreprecios, altos costos y cualquier otro factor que sea contrario a sus intereses financieros.

Con la distribución directa de la renta a los ciudadanos y con el aporte directo que estos le traspasen al Estado, cada venezolano tendrá un estado de cuenta personal donde podrán reflejarse los siguientes montos:

- Ingresos.
- Costos operativos y de importación.
- Ingreso petrolero del Estado (IPE).
- Ingreso petrolero ciudadano (IPC).
- Ingreso per cápita.
- Tributo ciudadano (50%).
- Pago de prima de póliza de hospitalización, cirugía y maternidad (HCM).
- Saldo de crédito hipotecario.
- Monto de lo ahorrado en divisas.

De esta manera, existirá presión sobre el manejo eficiente del ingreso petrolero: los venezolanos, por primera vez, tendrían acceso a la información, generando en consecuencia una controlaría social. La naturaleza opaca del manejo de la industria petrolera y el gasto discrecional de la renta tienen una responsabilidad directa en la creencia popular de que Venezuela es un país rico. Cada quien podrá ver la realidad operativa y financiera de nuestra principal industria en sus estados de cuenta teniendo acceso a nuestra posición patrimonial.

Las propuestas del modelo y del estado de cuenta personalizado serán explicadas en detalle más adelante.

Igualdad entre todos los ciudadanos
Quizá la aspiración colectiva más compartida y reflejada en nuestra historia, incluso desde antes del proceso de independencia y la creación de la república, ha sido la de la igualdad. Esta ha sido la idea movilizadora de masas que ha desatado pasiones y confrontaciones.

Fue la aspiración de igualdad la que motivó las revueltas y revoluciones durante la Colonia. Fue esta motivación por la igualdad en lo social, político y económico la que motivó los movimientos precursores de la independencia y a los patriotas.

Fue la igualdad que prometió Boves a los suyos y no el amor a la monarquía la que logró la victoria de los realistas en 1814. Fue la promesa de igualdad la que les permitió a Bolívar y a Páez incorporar a las filas de los patriotas a los negros, indígenas, mulatos, zambos y blancos en una misma empresa por la independencia. Fue esta aspiración, y no el ideal abstracto hacia la federación, la que movilizó a miles de venezolanos a embarcarse en la cruenta guerra federal que culminó en 1863.

Fue también la aspiración a un trato entre iguales la que dio el masivo respaldo popular al primer ensayo verdaderamente democrático de nuestra historia con la elección de la constituyente y del presidente Rómulo Gallegos en 1946 y 1947, respectivamente. Y sin duda, la promesa de la igualdad, hoy abiertamente incumplida, fue la narrativa del proceso político iniciado en 1998.

Afortunadamente somos un país, una sociedad, con un arraigo histórico y cultural proclive a la igualdad. Eso nos ha definido como una sociedad mucho más igualada en el trato y en la concepción de unos y otros que muchos países de América Latina.

Sin embargo, la realidad es que estamos muy lejos de ser una sociedad igualitaria. Somos iguales en las leyes y el papel, pero la verdad es que la desigualdad se ha acentuado en Venezuela durante los últimos años. Somos más desiguales económicamente, los ricos son más ricos y los pobres son más pobres. Somos desiguales ante la justicia: mientras una minoría se impone y jamás es alcanzada por el brazo de la ley, una mayoría está expuesta a la ineficiencia, corrupción e injusticia del Estado venezolano.

Nuestra concepción de la justicia nos dice que debemos ser iguales y no lo somos.

¿Qué política podría cambiar esta situación?

Dividir el ingreso petrolero nacional, que es el principal ingreso del país, entre todos los venezolanos mayores de edad, en montos iguales, sin distinción alguna.

Hoy es el Gobierno el que toma la decisión de cuáles son las políticas que supuestamente nos van a hacer iguales. En otras palabras, es por decisión de un gobernante que se hace una política y se destina un gasto público. Lo que queremos plantear con esta idea es que desde el origen ya sea igualitario el ingreso de la renta petrolera, que la igualdad no pase por un filtro de la posibilidad de una política pública mal diseñada o diseñada con maldad. Es no concederle a ningún burócrata la posibilidad de definir quiénes de los venezolanos somos más o menos iguales que otros.

Ahorro y estabilización macroeconómica

Consideramos que uno de los principales problemas macroeconómicos que han prevalecido en el país en los últimos 50 años ha sido el descontrol del gasto público en bolívares obtenidos de los dólares proporcionados por la industria petrolera, el cual se ha agravado durante los últimos 18 años de gobierno. Este descontrol ha sido en gran parte el causante de la alta inflación, la devaluación de nuestra moneda y de la gran escasez de bienes y servicios, ya que su demanda –estimulada por la disponibilidad de efectivo derivada del gasto público– ha superado la oferta, que ha ido disminuyendo debido al recorte de la producción nacional y de las importaciones, comportamiento que exige implantar mejoras en el manejo y en el control de dicha variable.

El planteamiento de un nuevo modelo persigue generar un mayor control del nivel de gasto público al transferirle al ciudadano en divisas una parte sustancial del ingreso petrolero.

Por la naturaleza del planteamiento, se requiere de un entendimiento político a nivel nacional y de un cambio de la cultura de gasto hacia una de inversión –tanto a nivel institucional como a nivel personal– que haga posible una nueva composición interna del gasto público.

Un nuevo modelo económico para Venezuela debe proveer mecanismos que permitan proteger nuestra economía –dependiente del ingreso petrolero– del descontrol existente en el gasto público, así como de la incremental volatilidad de la economía mundial, lo que ha tenido consecuencias negativas para el desempeño económico del país.

No es nueva la idea de crear fondos particulares para la administración de parte del ingreso petrolero, pues ya en el pasado se hicieron intentos para introducir mecanismos estabilizadores de la economía. Así se creó a mediados de los 70 el Fondo de Inversiones de Venezuela (FIV), que tuvo como finalidad apuntalar la economía no petrolera mediante subsidios del Estado a sectores considerados como estratégicos para hacer frente a la llamada sustitución de importaciones. Los resultados de esta política no fueron del todo favorables ya que dicho esquema proteccionista, aunque logró sustituir parte de las importaciones, no llegó a desarrollar la eficiencia y competitividad debidas de estos sectores, por lo que los hizo dependientes de tales subsidios.

A finales de los años 90 se aprobó la creación del Fondo de Inversión para la Estabilización Macroeconómica (FIEM), que tenía como finalidad ahorrar una parte del ingreso petrolero –la cual sería calculada en forma proporcional a los ingresos recibidos– para prepararnos ante escenarios de caídas en los precios o en el ingreso petrolero. Este fondo tuvo muy poca vida ya que, al paso de los años, sus recursos fueron utilizados para gastos corrientes y terminó desmantelado.

Más recientemente, durante la bonanza de precios del período 2004-2014, una parte importante del ingreso petrolero –prácticamente la mitad– se manejó mediante la creación de supuestos fondos de reserva creados por el Estado para gestionar –con absoluta opacidad y discrecionalidad– una parte significativa del ingreso petrolero nacional. Así se crearon el Fonden, el Fondo Miranda y el Fondo Simón Bolívar. El mecanismo utilizado para inyectar dólares a estos fondos fue la subestimación del precio del petróleo utilizado para calcular el presupuesto nacional, de forma tal que todo lo que ingresaba al país por encima de un precio determinado iba destinado a nutrir estos fondos. De esta manera se creó un esquema en el que el Gobierno manejaba dos presupuestos: el formal, aprobado por la Asamblea Nacional y regido bajo la Ley de Presupuesto, y un segundo presupuesto manejado con total discrecionalidad, sin rendición de cuentas y, la mayoría de las veces, expuesto a manejos oscuros.

El Fondo Patrimonial de los Venezolanos permitirá que el Estado pueda ahorrar durante años de ingresos petroleros elevados y, en lugar de destinar estos recursos a un fondo impersonal, lejano y abstracto –que lo haría susceptible a que no se respeten las reglas del ahorro–, una porción sea ahorrada en cuentas que le pertenezcan a cada venezolano para que, de esta manera, se pueda garantizar que su destino no sea desviado.

Desde el punto de vista macroeconómico, el Fondo Patrimonial de los Venezolanos guarda similitudes con el FIEM, en el sentido de que crea una reserva en divisas depositadas en el BCV –o en otra institución según se decida–, la cual es paralela, independiente de las reservas y del presupuesto de la nación, a la que no tendrán acceso los gobiernos de turno. Por tanto, estos deberán manejar con un mayor criterio de escasez la porción que les corresponda.

Proponemos que estos recursos pertenecientes a cada venezolano se mantengan en divisas, para que, de esta manera, se pueda proteger dicho ahorro frente a las recurrentes devaluaciones de la moneda nacional que empobrecen al ciudadano y le dan más recursos al Estado. En caso de que el ciudadano recibiera bolívares –o pudiera cambiar esas divisas para realizar consumo local– el ambiente macroeconómico podría presentar las mismas características del escenario actual ya que el gasto público total seguiría teniendo la misma magnitud, pero distribuida en dos porciones: la del gasto público, que sería la mayor, y la del gasto privado, que sería la menor. El desbalance macroeconómico seguiría manteniéndose, así como la alta inflación y los problemas de abastecimiento.

En resumen, el Fondo Patrimonial de los Venezolanos servirá al mismo tiempo para fomentar el ahorro de los ciudadanos, para financiar inversiones en capital humano de cada venezolano (salud, educación y vivienda) y para aislarlos de los *shocks* económicos inherentes a la volatilidad de la industria petrolera global. Este elemento de estabilización es estrategia medular para lograr la estabilidad económica y desarrollo de la nación.

Nuevo modelo de distribución del ingreso petrolero nacional

Como hemos dicho, proponemos que el ingreso petrolero generado por la venta del petróleo sea dividido entre el Estado y los ciudadanos. Antes de definir cómo proceder a dividir este ingreso entre el Estado y los venezolanos, es pertinente responder a la pregunta: ¿qué se debe distribuir?

La herencia y el marco legal actual definen que la propiedad del petróleo es de los venezolanos; sin embargo, esta propiedad para poder distribuirla debe ser extraída del subsuelo y vendida. La propiedad adquiere valor cuando es vendida y monetizada. En el subsuelo no tiene valor más allá del formalismo legal de que nos pertenece a todos. Es por esta razón que nosotros consideramos que es el ingreso petrolero y no los yacimientos en el subsuelo lo que debemos distribuir.

Aclarado esto, el criterio para proceder a la distribución del ingreso petrolero nacional entre el Estado y los ciudadanos nos los dan las leyes vigentes en materia petrolera. Veamos.

Según establece la Ley Orgánica de Hidrocarburos, una porción equivalente a entre 30% y 33% de la venta del petróleo debe ser entregada al Estado como regalía. La regalía es precisamente el concepto legal y contable que reconoce la propiedad del recurso por parte del soberano (ciudadano) representado por el Estado.

Por otra parte, la Ley de Impuesto sobre la Renta aplicada al sector petrolero define una tasa del 50% de impuesto a este sector. Este impuesto del 50% está por encima del que está definido para el resto de la economía, que se ubica en 34%. La diferencia entre el impuesto aplicado al sector petrolero y el resto de la economía se justifica por la ganancia extraordinaria –renta– que genera este sector particular, el cual es mucho más rentable que el resto y por esta razón se justifica una sobretasa de 16 puntos porcentuales en el impuesto sobre la renta. Si el petróleo es de los ciudadanos, esta sobretasa debe ser contabilizada a favor de los ciudadanos, es decir que el sector petrolero contribuya con el Estado al igual que el resto de la actividad económica y que la parte adicional que paga este sector por ser altamente rentable sea contabilizada a favor de los propietarios del recurso que genera esta ganancia: el soberano, el venezolano.

Una tercera vía para definir la participación ciudadana en el ingreso petrolero viene dada por los dividendos de la empresa estatal Pdvsa, que tiene como único accionista al Estado en representación de los venezolanos. El Estado es dueño de la empresa, del 100% de sus acciones, pero esta propiedad también la ejerce en representación de todos los venezolanos, razón por la cual, al decretar dividendos, estos pueden ser distribuidos entre todos los venezolanos. Los dividendos representan el monto de dinero con el que cuenta una empresa durante un ejercicio fiscal luego de restar, de las ventas, los costos, los impuestos y el plan de inversión del año siguiente para mantener o aumentar su producción.

En resumen, tomando como referencia la herencia legal y las leyes vigentes, proponemos que exista un ingreso petrolero ciudadano (IPC) compuesto por la suma de las regalías, la sobretasa del impuesto sobre la renta aplicado al sector petrolero y los dividendos de Pdvsa, como se presenta en la siguiente fórmula:

$$IPC = regalía + 16\% \ ISLR + dividendos$$

Y un ingreso petrolero del Estado (IPE) compuesto por la suma de la tasa normal del impuesto sobre la renta y el 50 por ciento (50%) del ingreso petrolero ciudadano (IPC), como se presenta en la siguiente fórmula:

$$IPE = 34\% \ ISLR + 50\% \ del \ IPC$$

Para administrar el ingreso petrolero ciudadano (IPC) planteamos el establecimiento del Fondo Patrimonial de los Venezolanos.

A continuación, y para tener una concepción completa de los elementos de la propuesta de distribución del ingreso petrolero, presentamos un glosario de términos y un flujograma del modelo de ingreso con las fórmulas para su distribución:

1. Ingreso petrolero nacional (IPNa): es el monto en divisas que genera la venta de petróleo en el mercado internacional, que es igual al producto del volumen de barriles de petróleo (Vp) vendidos a un precio determinado de mercado (Pm).
2. El costo de producción (CP): es el conformado por las denominadas actividades primarias (art. 9 LOH), integradas por los costos de exploración en busca de yacimientos, de extracción de crudo en estado natural, de recolección inicial, de transporte inicial y de almacenamiento inicial; y por las actividades de destilación, purificación y transformación del crudo (art. 10 LOH).
3. La regalía petrolera (RP): es una tasa actualmente de 30% –extendida a 33% según lo establecido en otras leyes y reglamen-

tos– calculada sobre el precio de los volúmenes de hidrocarburos extraídos y medidos en el campo de producción y a valor de mercado. Por ser esta una tasa que se deriva de la propiedad pública de los yacimientos, la cual pertenece al soberano, conforma el reconocimiento de la propiedad de los ciudadanos sobre dicho recurso natural previamente comentado.

4. El ingreso petrolero neto (IPNe): se obtiene restando del ingreso petrolero nacional el costo de producción y la regalía petrolera, arriba mencionados. El resultado neto de esta resta se identifica en términos contables como la utilidad antes de impuestos.

5. El impuesto sobre la renta total (ISLRT): en la industria petrolera, la tasa total del ISRL es del 50% de las utilidades netas de dicha industria identificadas como ingreso petrolero neto. Este porcentaje es superior a la tasa aplicada al resto de los sectores productivos de la economía, que es del 34%. La razón por la cual se aplica esta tasa del 50% está basada en el hecho de que la industria petrolera lleva a cabo una actividad económica que genera ganancias extraordinarias, por encima de las que generan los otros sectores de la economía. La diferencia existente entre ambas tasas –igual al 16%– permite obtener una porción adicional de ganancia que se ha dominado renta petrolera.

6. La utilidad neta (UN): viene determinada por la ganancia o la pérdida, y se obtiene al restar del ingreso petrolero neto el impuesto sobre la renta total.

7. El dividendo accionario (DA): una vez obtenida la utilidad neta, se resta la porción de esta utilidad destinada al plan de inversiones. De haber un saldo positivo, este monto es denominado dividendos del accionista, que hasta ahora, siendo el Estado el único accionista, pasa al fisco nacional. En nuestra propuesta los dividendos pasan a ser parte del ingreso petrolero ciudadano (IPC) y de esta manera distribuidos directamente a todos los venezolanos como accionistas de Pdvsa.

8. El impuesto sobre la renta ciudadano (ISLRC): es igual al 16% del ingreso petrolero neto, valor neto de la diferencia existente entre la tasa del ISLRT que genera la industria petrolera –igual a 50%– y la tasa impositiva que genera el resto de la economía, igual a 34%. En el modelo propuesto, esta porción de un 16% de la tasa total le pertenece al ciudadano y, de esta manera, se reconoce que la sobretasa del 16% es un ingreso que debe ser distribuido entre los propietarios del petróleo, que es la fuente que genera por su valor el nivel de renta que justifica una tasa superior a la del resto de la economía.
9. El impuesto sobre la renta estatal (ISLRE): es igual al 34% del ingreso petrolero neto, que, como explicamos anteriormente, es equivalente a la tasa impositiva que genera el resto de la economía. En el modelo propuesto esta porción de la tasa total le pertenece al Estado.
10. Ingreso petrolero estatal inicial (IPEi): está conformado por el impuesto sobre la renta estatal, y dentro del esquema propuesto es la primera vía de ingresos del Estado.
11. Ingreso petrolero ciudadano inicial (IPCi): está conformado por la sumatoria del impuesto sobre la renta ciudadano y la regalía petrolera, y dentro del esquema propuesto es la primera vía de ingresos del ciudadano.
12. Tributo petrolero ciudadano (TPC): es el tributo que el ciudadano paga al Estado. Proponemos que este sea del 50% del ingreso petrolero ciudadano inicial y que este porcentaje pueda variar hacia arriba o hacia abajo de acuerdo al volumen del ingreso petrolero nacional existente en un momento dado. La definición de este porcentaje, así como las reglas de su variación, queda sujeta al debate.
13. El ingreso petrolero estatal final (IPEf): viene dado por la sumatoria del ingreso petrolero estatal inicial y el tributo petrolero ciudadano antes mencionado.

14. Ingreso petrolero ciudadano final (IPCf): viene dado por el ingreso petrolero ciudadano inicial al cual se le resta el tributo petrolero ciudadano (TPC) cedido al Estado.
15. Fondo Patrimonial de los Venezolanos (FPV): viene dado por la sumatoria del ingreso petrolero ciudadano final y la totalidad del dividendo accionario. Más adelante se explicará en detalle el FPV.
16. Fisco Nacional: el Fisco Nacional ingresa en sus arcas el valor del ingreso petrolero estatal final, integrado por la sumatoria del ingreso petrolero estatal inicial y la tasa petrolera ciudadana neta.

Esquema propuesto de la distribución del ingreso petrolero - Fórmulas

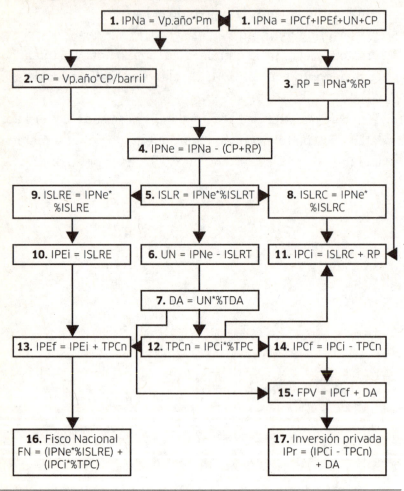

Fondo Patrimonial de los Venezolanos

El objetivo principal de este nuevo modelo de distribución del ingreso petrolero nacional es constituir el Fondo Patrimonial de los Venezolanos (FPV) para que todo venezolano mayor de edad disponga efectivamente del ingreso petrolero que le corresponde, objetivo fundamentado en la propiedad ciudadana del petróleo que yace en el subsuelo y, por tanto, en los ingresos que genera dicha propiedad.

El FPV comparte los principios definidos por Rodríguez y Rodríguez en su libro *El petróleo como instrumento de progreso: una nueva relación ciudadano-Estado-petróleo*[167]. Esperamos que las ideas complementarias y adicionales presentadas en este capítulo contribuyan a seguir desarrollando la propuesta e invitando al debate.

Los montos del IPC (ingreso petrolero ciudadano) serán depositados en cuentas personalizadas en el FPV, que buscará darle rendimiento a este dinero e invertirlo en el aumento de las capacidades de los venezolanos, en seguridad social y como mecanismo de ahorro.

Las principales características estructurales que definen al FPV son las siguientes:

1. Los receptores de las alícuotas del FPV serán todos los ciudadanos venezolanos –estén o no trabajando–, en forma individual, mayores de edad.
2. Será un fondo de reserva constituido en divisas y depositado en el Banco Central de Venezuela (BCV), separado de las reservas de la nación, o en alguna otra institución financiera, para cuya escogencia deben fijarse por ley criterios de selección sometidos al control constitucional de la Asamblea Nacional.

---

[167] Rodríguez y Rodríguez: http://www.iesa.edu.ve/inicio/2012noviembre22/1095-elpetrolcocomoinstrumentodeprogresounanuevarelacionciudadanoestadopetroleo.

3. El FPV será administrado por un directorio conformado por siete miembros, de los cuales cuatro serán nombrados por la Asamblea Nacional y tres por el Ejecutivo Nacional en un esquema similar a la composición del directorio del BCV establecido en la Constitución.
4. El FPV tendrá una doble responsabilidad:
    - Diseñar y materializar el esquema de distribución directa a cada venezolano, y
    - Diseñar y ejecutar la administración de un plan de inversión de estos fondos.
5. El FPV manejará un monto importante de recursos que deberá ser administrado con criterios de eficiencia y transparencia para garantizar un rendimiento seguro y razonable de las inversiones de estos fondos.
6. Los rendimientos de tesorería que genere el manejo financiero de las reservas del fondo serán agregados a las alícuotas de sus miembros integrantes.
7. El FPV emitirá mensualmente un estado de cuenta personalizado a cada venezolano integrante del grupo objetivo, en el que se presente el ingreso petrolero nacional, así como su distribución entre el impuesto petrolero estatal, el ingreso petrolero ciudadano, el costo de producción y la utilidad de Pdvsa.
8. En el mismo estado de cuenta quedará reflejado el monto del pago del tributo que efectuará cada venezolano al Estado.
9. Además de estos datos relativos al ingreso petrolero nacional y su distribución, cada estado de cuenta presentará el haber que le corresponde a cada titular y el saldo de lo que ha ahorrado durante los años anteriores, el cual estará registrado en una cuenta de ahorro.
10. En caso de fallecimiento del titular antes de la edad de retiro, el saldo disponible pasará a la persona natural o jurídica que este haya dispuesto en vida.

11. El fondo de reserva estará destinado a:
    a. Pago de prima de una póliza de hospitalización, cirugía y maternidad (HCM).
    b. Disponer de garantías financieras que le permitan al ciudadano la obtención de créditos hipotecarios para acceder a un financiamiento de largo plazo para la obtención de su vivienda, así como la obtención de créditos educativos que le permitan el acceso a las instituciones públicas y privadas de enseñanza dentro y fuera del país.
    c. El saldo final del fondo de reserva –una vez descontado el pago del impuesto petrolero ciudadano y el de los créditos hipotecarios, educativos, así como la póliza HCM– conformará una pensión de retiro que otorgue a cada ciudadano en edad de pensionarse, y con un mínimo de 30 años como beneficiario del FPV, una alícuota mensual hasta su fallecimiento, que le permita poder disfrutar a él y a su familia de un nivel satisfactorio de bienestar

El destino de los recursos del FPV está abierto al debate. Aquí hacemos una propuesta inicial para su uso. Está definición es importante, pero consideramos que más importante aún es que la misma se haga con: a) reglas claras establecidas por una ley aprobada por la Asamblea Nacional y sometida a referéndum aprobatorio para garantizar la máxima legalidad y legitimidad; b) se delimite el uso para el aumento de las capacidades personales de los venezolanos (educación), en seguridad social (vivienda, salud y pensiones) y como mecanismo de ahorro, reduciendo así el uso discrecional del fondo, y c) respete la viabilidad financiera del fondo en el mediano y largo plazo.

Como mencionamos, el FPV manejará un monto importante de recursos que podrá, bajo criterios estrictos de eficiencia y transparencia, garantizar un rendimiento seguro y razonable de las inversiones de estos fondos, y estos rendimientos de tesorería que genere el manejo financiero de las reservas del fondo serán agregados a las alícuotas de sus miembros integrantes. Por otro lado, cada vez que Pdvsa decrete dividendos, los mismos pasarán a sus accionistas, esto es a todos los venezolanos, alimentando de más recursos el FPV. Adicionalmente, la propuesta de un fondo patrimonial no se restringe al uso de parte de los ingresos petroleros: en este mismo fondo se podría unificar el sistema de seguridad social, así como aportes provenientes de otros sectores como la minería y aquellos provenientes de la desestatización de empresas improductivas en manos del Estado.

Todo esto generará un debate de qué hacer con esos recursos adicionales y nuestra respuesta es que, paulatinamente, puede incorporar más actividades o beneficios que, insistimos, siempre deben estar destinados al aumento de las capacidades personales de los venezolanos como educación, seguridad social, vivienda, salud, pensiones y mecanismos de ahorro.

¿Es viable el Fondo Patrimonial de los Venezolanos?

Históricamente, Venezuela ha privilegiado la variable precio en la determinación de su política petrolera y en la visión del manejo de la industria.

El enfoque en el precio sigue siendo aún la estrategia del régimen actual, relevando la productividad a un segundo plano. El Gobierno actual buscó desde un comienzo darle prioridad al precio para "venderles" a los venezolanos que, gracias a su política petrolera, el precio se había recuperado y alcanzado altos niveles. La realidad es que fue el empuje de la demanda mundial de petróleo a principios de siglo (principalmente a partir de 2003) la razón por la cual los precios se incrementaron significativamente y, por lo tanto, el ingreso fiscal.

Ese ciclo culminó en 2014, quedando Venezuela a merced nuevamente de la volatilidad de los precios del petróleo, una variable exógena sobre la cual tenemos influencia limitada.

Al tiempo que subían los precios, nuestro país iba disminuyendo su capacidad de producción, principalmente por ineficiencias, corrupción y falta de cumplimiento de los contratos con socios y proveedores.

Nuestro planteamiento es que la nueva política petrolera privilegie las variables que realmente controlamos: el volumen de producción (aumentándolo) y los costos de producción (reduciéndolos mediante una gestión eficiente).

Para validar la consistencia del modelo propuesto, así como evidenciar los resultados que hubiésemos tenido de haber cumplido las metas de producción por un lado y mantener un costo de producción eficiente por el otro, analizaremos el desempeño del modelo de distribución aplicado a tres escenarios:

- Comportamiento del modelo con data del período 1998-2016.
- Simulación 1998-2016 con una Pdvsa eficiente (aumento del volumen según los planes establecidos por su propia administración y reducción de los costos integrales de producción).
- Proyección del período 2018-2035 con una Pdvsa eficiente (aumento del volumen de producción y reducción de los costos integrales de producción).

Comportamiento del modelo con data del período 1998-2016. Para esta simulación se consideraron los ejercicios económicos desde 1998 hasta 2016. La fuente de datos son los estados financieros de Pdvsa que se encuentran publicados en la página web de dicha organización[166].

---
166. http://www.pdvsa.com/ (sección: informes financieros).

El ingreso petrolero nacional durante este período fue el siguiente:

Durante el período 1998-2016 ingresaron a Venezuela más de 1.500.000 millones de USD. Para tener una idea de la cantidad de dinero que esto representa, por cada venezolano ingresaron más de cuarenta y ocho mil dólares (48.838 USD para ser exactos).

A continuación, se presenta una gráfica con el resumen de los estados financieros donde se muestran las regalías, los "aportes sociales", costos + gastos, ISLR y la utilidad neta:

Lo que en la contabilidad de Pdvsa se denomina "aportes sociales" es en la realidad una categoría para destinar una parte importante del ingreso petrolero a fondos parafiscales (como el Fonden), es decir que no están en el presupuesto ni tienen control por parte de la Asamblea Nacional.

A continuación, se presenta una gráfica con la distribución de los montos totales acumulados durante el período 1998-2016:

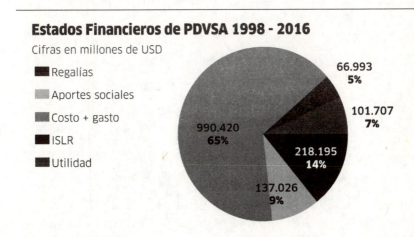

Subestimando el precio promedio de la cesta petrolera y por ende del ingreso petrolero en las leyes de presupuesto anuales, el Gobierno nacional por los últimos 18 años ha destinado los ingresos por encima de lo estimado en el presupuesto a fondos parafiscales al margen del control institucional.

Según las cifras oficiales se han destinado a estos fondos parafiscales ("aportes sociales") más de 137.000 millones de USD durante el período descrito. No se cuenta con reportes de ejecución trasparentes de este gasto. Adicionalmente, se ha utilizado la línea de crédito del Fondo Chino por más de 50.000 millones de USD para ejecutar gastos sobre los cuales tampoco se cuenta con un reporte de ejecución adecuado, hipotecando aún más el futuro de los venezolanos.

Dicho esto, veamos a continuación cómo hubiese sido el flujo del ingreso petrolero nacional, con el cálculo del ingreso petrolero ciudadano (IPC) y del ingreso petrolero del Estado (IPE) y la constitución del FPV si se hubiese aplicado el modelo de distribución propuesto en este capítulo (modelación con data histórica).

En el siguiente gráfico podemos ver cómo hubiese sido la distribución entre el ingreso petrolero del Estado (IPE) y el ingreso petrolero ciudadano (IPC) durante este período:

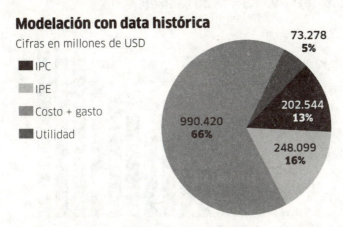

Modelación con data histórica
Cifras en millones de USD
- IPC
- IPE
- Costo + gasto
- Utilidad

73.278 — 5%
202.544 — 13%
248.099 — 16%
990.420 — 66%

Ahora veamos cómo hubiese sido el comportamiento del Fondo Patrimonial de los Venezolanos (FPV).

Los datos y proyecciones de población empleados son los proporcionados por el Instituto Nacional de Estadística, que aparecen en su página web[168].

Entre los supuestos empleados en la simulación, se tiene un rendimiento del fondo de 5% anual.

El flujo de caja anual del fondo se simplifica del siguiente modo:

saldo inicial
+ aportes de Pdvsa
- pago de pensiones
- acceso a créditos hipotecarios para vivienda / mejoras educativas
- pago de póliza de HCM
+ rendimiento neto
= saldo final

---

168. http://www.ine.gob.ve/index.php?option=com_content&view=category&id=98&Itemid=51

Los saldos finales acumulados en el FPV al final de cada año se muestran en la próxima gráfica.

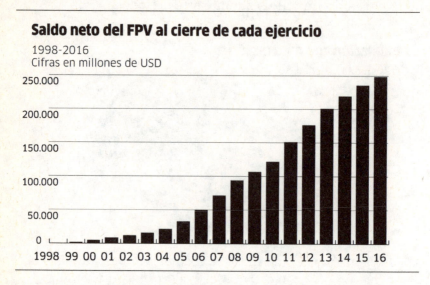

Saldo neto del FPV al cierre de cada ejercicio
1998-2016
Cifras en millones de USD

De haberse creado el fondo en 1998, hubiese alcanzado un monto total cercano a los 250.000 millones de USD para 2016, lo que implicaría que cada venezolano (mayor de edad y hasta edad de retiro) hubiese tenido al término del año 2016 más de 12.000 USD en su cuenta personal.

Pero veamos en el siguiente escenario qué hubiese sucedido si durante el mismo período, además de haberse aplicado este modelo de distribución y democratización del ingreso petrolero, también se hubiese cumplido con los planes estratégicos propuestos por la administración de Pdvsa para el aumento de la producción y se hubiesen mantenido unos niveles promedio de eficiencia en los costos de producción y de importación de componentes de refinación y diluentes.

Simulación 1998-2016 con una Pdvsa eficiente (aumento del volumen según los planes establecidos por su propia administración y reducción de los costos integrales de producción). Considerando el escenario de una Pdvsa eficiente, estos dos parámetros serían sustancialmente distintos: un factor integral de costo alrededor de 15 USD por barril (en los niveles de costo de producción en los años 2000-2001) y un volumen creciente para alcanzar la meta de 6 millones de barriles por día según lo establecido en los planes estratégicos de Pdvsa.

Las gráficas a continuación muestran notables diferencias:

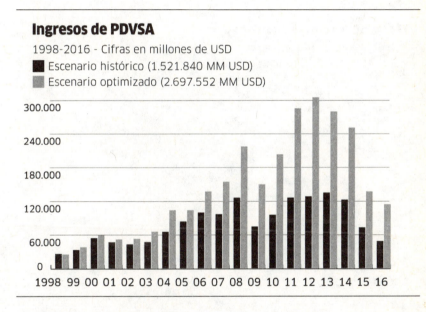

E igual de notables son las diferencias en la distribución entre el ingreso petrolero del Estado (IPE) y el ingreso petrolero ciudadano (IPC):

Estados Financieros de PDVSA 1998 - 2016

Cifras en millones de USD

- Regalías
- Aportes sociales
- Costo + gasto
- ISLR
- Utilidad

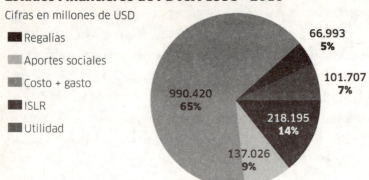

Modelación con data histórica

Cifras en millones de USD

- IPC
- IPE
- Costo + gasto
- Utilidad

Modelación con escenario optimizado

Cifras en millones de USD

- IPC Neto
- IPE
- Costo + gasto
- Utilidad

Los montos reflejados en el ingreso petrolero del Estado ayudan a despejar dudas sobre el impacto que tendría esta propuesta en el presupuesto de la nación.

Por otro lado, los saldos del FPV serían sustancialmente mayores, según puede verse en la siguiente gráfica:

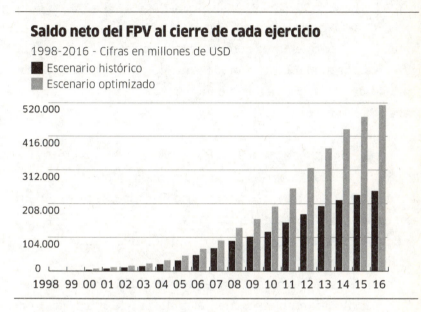

Si se compara el IPC en los dos escenarios (desempeño de Pdvsa actualmente vs. desempeño óptimo), puede apreciarse la incidencia en la cuenta del FPV de cada venezolano.

De haberse creado el FPV en 1998, poniendo el énfasis en las variables que realmente podemos controlar a través de una decisión soberana como es el aumento de los volúmenes de producción y manteniendo costos de producción eficientes, cada venezolano dentro del FPV hubiese tenido al término del año 2016 más de 26.000 USD en su cuenta personal.

Al comparar el IPC per cápita en los dos escenarios (desempeño de Pdvsa actualmente vs. desempeño óptimo), no podemos dejar de expresar indignación frente a las oportunidades perdidas en casi dos décadas, tanto por la falta de aplicación de una política petrolera correcta como por la ineficiencia y corrupción crónica en la aplicación de la política adoptada.

La diferencia entre los más de 26.000 USD en el corte al 2016 en el escenario de desempeño óptimo y los 12.000 USD en el desempeño histórico es de 14.000 USD. Este monto representa en cierta forma lo que el Gobierno actual le ha negado a cada venezolano por su pésima gestión. Pese a ello, nos corresponde ver hacia el futuro y por eso queremos demostrar en el siguiente escenario la necesidad de adelantar cambios profundos y urgentes en nuestra política petrolera, idea que hemos repetido con insistencia a través de todo este libro.

Proyección 2018-2035 con una Pdvsa eficiente (aumento del volumen y reducción de los costos de producción). Una vez validada la viabilidad del fondo en un escenario histórico, se proyectó un escenario a futuro desde el año 2018 al 2035.

Los supuestos asumidos en la definición de las variables son los siguientes:

Los precios del petróleo. Para la proyección de precios del petróleo se utilizaron diversas fuentes públicas de empresas y organizaciones del sector energético. De la lectura de diversos artículos de estos medios se extrae lo siguiente:

- Los inventarios petroleros pesarán sobre los precios hasta el 2018, por lo que en el mediano plazo se pudiera ver una leve recuperación del precio.
- El precio por barril podría ubicarse entre 50 y 60 dólares para el 2020.

Con esta información se propone el siguiente escenario (conservador) de precios para la cesta petrolera venezolana:

- 2018: 41 USD/barril
- 2019: 50 USD/barril
- 2020: 55 USD/barril
- 2021 a 2035: 60 USD/barril

El volumen de producción. La producción actualmente se encuentra alrededor de los 2 millones de barriles por día. En el largo plazo, con los planes que expusimos anteriormente, esperamos que la producción logre alcanzar los 5 millones de barriles por día hacia el 2035, como se presenta a continuación:

Año	2018	2020	2025	2030	2035
Barriles / día	2,00	2,15	2,81	3,76	5,05

La estructura de costos. Así como se plantea un aumento de la producción, también se prevé una mejora significativa de la eficiencia en los costos y gastos.

En el mediano plazo se espera retomar los niveles de eficiencia que en algún momento se tuvieron, para alcanzar un costo integral de 15 dólares por barril. Este aumento de eficiencia se daría progresivamente de la siguiente manera:

Año	2018	2019	2020	2021	2022	2023	2024 - 2035
Dólares / barril	28	26	24	22	20	16	15

Una vez definidas las principales variables, nuestras proyecciones del modelo presentarían los siguientes montos acumulados hasta el año 2035:

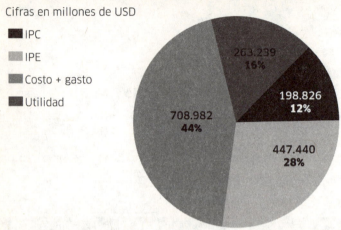

Modelación de montos acumulados, período 2018 - 2035
Cifras en millones de USD
- IPC
- IPE
- Costo + gasto
- Utilidad

263.239 — 16%
198.826 — 12%
447.440 — 28%
708.982 — 44%

En este escenario consideramos que se alcanzarán niveles óptimos de eficiencia y, por lo tanto, mayores aportes de Pdvsa al fondo, e introducimos en la simulación a partir del año 2018 el pago por parte del FPV de una póliza de HCM para cada venezolano por 100 USD anuales. Se mantiene un rendimiento de 5% del fondo.

De crearse el FPV en 2018, bajo las premisas explicadas anteriormente, el FPV alcanzaría un monto total cercano a los 220.000 millones de USD en 2035, como se muestra a continuación:

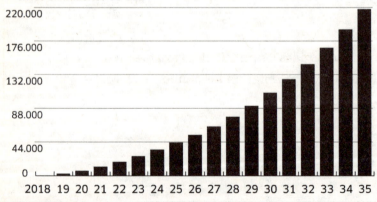

Saldo neto del FPV al cierre de cada ejercicio
Proyección 2018 - 2035
Cifras en millones de USD

El saldo neto acumulado en la cuenta de cada venezolano al cierre de cada año sería el siguiente:

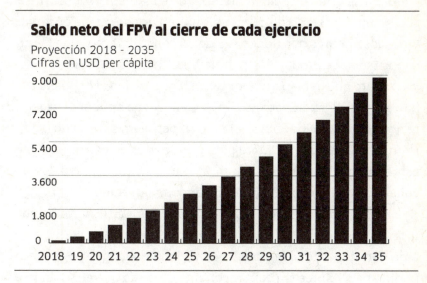

Como vemos, quien comience a cotizar en el 2018 tendría en el año 2035 cerca de 9.000 USD abonados en su cuenta.

A continuación, analicemos el impacto que para un venezolano común tendría esta política, la cual le permitiría tener dinero en su cuenta y a su disposición para realizar gastos de salud, educación y vivienda, y el remanente no utilizado para su pensión de retiro.

El centro de nuestra política: ¿cómo queda cada venezolano?

Imaginemos el ejemplo de una madre venezolana que en 2018 tenga 42 años, a quien llamaremos María Paz. Si comienza el funcionamiento del FPV en 2018 y con una nueva estrategia de producción petrolera a partir de ese mismo año, tendría un acumulado de 9.069,19 USD para 2035.

María está casada con Juan Medina, con quien tiene 3 hijos, Rafael, José y Paula, de 22, 20 y 18 años respectivamente, de tal modo que la familia Medina Paz entre sus 5 integrantes contaría con un patrimonio de aproximadamente 45.000 USD.

María, al igual que cada miembro de su familia, recibirá mensualmente un estado de cuenta digital, en donde puede observar todos los factores que tienen incidencia en los montos que le son depositados. La producción petrolera total, su costo de producción y el monto que debe pagar por ISLR. María recibe el depósito del ingreso petrolero ciudadano (IPC) completo en su cuenta y luego recibe una factura de cobro del ingreso petrolero del Estado (IPE), lo cual hará que se pregunte para qué se destina ese dinero que está sustrayéndose de su cuenta y levante su voz en caso de que considere que dicho dinero está siendo malgastado.

El diseño del FPV le permite a María convertir parte de sus montos en la garantía de un préstamo hipotecario y pedir prestado para construir o remodelar su vivienda, algo que no hubiese podido hacer antes sin contar con una garantía que algún banco le respalde. María también podría optar por convertir una parte de sus montos en la garantía para un crédito educativo y acceder a conocimiento y habilidades que de otra manera hubiesen sido difíciles de pagar para ella y, una vez obtenidos, hacerse más productiva. Y como si eso no fuese suficiente, el fondo le otorgará a María una póliza de HCM y todos los fondos remanentes en su cuenta serán la base para otorgarle una pensión tan pronto cumpla su edad para retirarse.

A continuación, se muestra un ejemplo de cómo sería el estado de cuenta digital que recibiría María mensualmente:

Fondo Patrimonial de los Venezolanos
Estado de cuenta No. 3458267

Reporte industria petrolera	
Producción petrolera, promedio mensual (bdp)	5.049.000,00
Costos por barril	$15,00
Ingreso Petrolero Ciudadano (IPC), diciembre 2035	$38.412.191.419,60
Ingreso Petrolero Ciudadano individual	$1.613,68

Fondos acumulados	Monto (USD)	Subtotal (USD)
Enero 2018 - Diciembre 2035		
Regalías	7.489,71	7.489,71
ISLR (16%)	4.854,43	12.344,14
Dividendos	4.247,63	16.591,77
Interés del FPV	2.438,99	19.030,76
Ingreso Petrolero Estatal (IPE)	-8.295,88	10.734,88

Créditos	Monto (USD)	Subtotal (USD)
Educativo	0,00	10.734,88
Hipotecario	0,00	10.734,88
HCM	-1.665,68	9.069,19
Pensión	0,00	9.069,19

Información de la cuenta	Mes	Saldo total (USD)
123456789	Diciembre 2035	$9.069,19

Fuente: fpv.gob.ve

Consideramos que nuestra propuesta presenta una opción para lograr una auténtica democratización del petróleo, que implica que los venezolanos seamos propietarios reales del ingreso petrolero de forma igualitaria.

Proponemos que el ingreso petrolero ciudadano sea administrado por medio del Fondo Patrimonial de los Venezolanos (FPV). Con la distribución de una parte del ingreso petrolero directamente a cada venezolano estaremos dando un paso gigantesco en la democratización de la información y, en consecuencia, la transparencia y la evaluación del desempeño de la industria petrolera, así como contribuyendo a la estabilidad macroeconómica del país mediante la fiscalización del gasto público por parte de los ciudadanos.

Estaríamos creando un mecanismo sostenible que garantice la capacidad de ahorro de todos los venezolanos, que al mismo tiempo les permitiría el acceso a servicios de salud de calidad, de créditos hipotecarios y educativos, así como un fondo de pensión para un retiro digno. Creemos que esta es una justa propuesta para la distribución de la renta petrolera y sometemos esta idea a debate nacional.

Somos optimistas en cuanto a que contará con el apoyo amplio de las mayorías del país, lo cual será la garantía para su efectivo y cabal cumplimiento. Creemos que esta propuesta, una vez discutida, debe ser sometida a referéndum nacional para que comience a ser aplicada con la mayor legitimidad política posible y que su aprobación sea una gran conquista política y social para todos los venezolanos.

A continuación, mostramos documentos manuscritos que fueron logrados extraer desde la cárcel militar de Ramo Verde con notas de Leopoldo López sobre el modelo de distribución del ingreso petrolero:

Distribución del Ingreso Petrolero

Propuesta por una distribución justa e igualitaria de la Renta petrolera. Asumimos que el petróleo es de los venezolanos como está previsto en la CRBV y en las leyes; es decir el pueblo, los ciudadanos, somos los propietarios, los dueños, del petróleo. Siendo esto así, debe proponerse distribuir entre todos lo que es de todos... distribuir el petróleo entre todos.

A continuación la propuesta
Todo el Petróleo para todos los Venezolanos

- Ingreso Petrolero Nacional (IPN) = Precio·Volumen = (P·V)
  · Precio, Volumen / Producción (Convención, Fuga, Gas)
    P. Interno
    P. exportar
    ALBA
    Petro Caribe   Incluir Ley de ganancia
                                    las inversiones
                                    o Ley de reinversión
- Costo (C) en bbl
- Regalía = 30% (R)·(P·V)
- Ingreso Neto = (P·V) - (R+C)
- Impuesto Sobre la Renta = (ISLR)
  · $ISLR_e = ((P \cdot V) - (R+C)) \cdot 35\%$

  · $ISLR_c = ((P \cdot V) - (R+C)) \cdot 33\%$
  - Ganancias/Pérdidas PDVSA = (G/P)
    · $G/P = (P \cdot V) - (R+C) - (ISLR_e + ISLR_c)$

- Ingreso Petrolero Estado (IPE)

Dividendos   En la gráfica del Ingreso petrolero que corresponde
Dividendos   al Estado, asumiendo que la empresa queda
al Estado   (PDVSA) obtiene el 34% como el resto de la
→ Dividendos comisión petrolera. La otra porción del
entre PDVSA   impuesto sobre la renta y el 33% (67%-34%)
y el Fisco   corresponde a los venezolanos.
(Ganancia
Neta)   El Ingreso Petrolero del Estado también
(R+ISLR_e)   incorpora el 50% del ingreso total que
              corresponde a los ciudadanos. El 50% es
Propuesta   asumiento un impuesto petrolero
para   ciudadano del 50%, será explicado
              en detalle más adelante.

En es este sentido que proponemos separar la porción del ingreso petrolero que le corresponde al Estado y la que le corresponde a los ciudadanos. Generando de esta manera una nueva relación entre el estado, y el petróleo y los Venezolanos.

Como hemos dicho proponemos un esquema en el que cada Venezolano reciba anualmente un estado de cuenta en donde se refleje la porción del ingreso que le corresponde.

Proponemos que el ingreso petrolero ciudadano sea administrado por un Fondo Petrolero de los Venezolanos que distribuya entre todos los venezolanos mayores de 16 años este ingreso.

$$\text{Ingreso Petrolero Nacional (IPN)}$$
$$IPN = Precio \cdot Volumen - (Costos) - Regalía$$
$$\text{Ingreso Neto}$$

Ingreso Petrolero Estado
$IPE = (\text{Ingreso Neto}) \cdot 3/4$

Ingreso Petrolero Ciudadano
$IPC = ((\text{Ingreso Neto}) \cdot 1/4) + \text{Regalía} + \dots$

(Administrado por)
[Fondo Petrolero de los Venezolanos]

Impuesto petrolero Ciudadano

En en este sentido que proponemos separar la porción del ingreso petrolero que le corresponde al Estado y la que le corresponde a los ciudadanos. Generando de esta manera una nueva relación entre el estado, y el petróleo y los Venezolanos.

Como hemos dicho proponemos un esquema en el que cada Venezolano reciba anualmente un estado de cuenta en donde se refleje la porción del ingreso que le corresponde.

Proponemos que el ingreso petrolero ciudadano sea administrado por un Fondo Petrolero de los Venezolanos que distribuya entre todos los venezolanos mayores de 16 años este ingreso.

$$\text{Ingreso Petrolero Nacional (IPN)}$$
$$IPN = Precio \cdot Volumen - (Costos) - Regalía$$
$$\text{Ingreso Neto}$$

Ingreso Petrolero Estado
$IPE = (\text{Ingreso Neto}) \cdot 33\%$

Ingreso Petrolero Ciudadano
$IPC = ((\text{Ingreso Neto}) \cdot 16\%) + \text{Regalía} + \text{Imp.}$

(Administrado por)
[Fondo Petrolero de los Venezolanos]

Impuesto petrolero Ciudadano

El Fondo Petrolero de los Venezolanos se deberá constituido por cada Venezolano de la siguiente manera:

Ingreso Petrolero Nacional (IPN)

Cada Venezolano al recibir anualmente su estado de cuenta podrá ver con claridad el Ingreso nacional petrolero, la porción correspondiente a cada Venezolano y determinar el alza o baja de cada variable que influye sobre el ingreso ciudadano. De esta manera se hace transparente el impacto del Precio, Volumen, costos, endeudamiento e impuestos. Es una forma de democratizar la información y la evaluación del desempeño de en el manejo de la industria petrolera.

Ingreso Petrolero Ciudadano (IPC)
IPC = IsVc + Regalía + Dividendos

↓

Fondo Petrolero de los Venezolanos.

↓

Venezolano > 16 años.
Ingreso Petrolero Ciudadano (IPC)
IPC / 20 millones de Venezolanos.
- Pago 50% Impuesto
- HCM
- Crédito Hipotecario

Ahorro / Retiremento.

Notas de Leopoldo López para demostrar la viabilidad del fondo y simular el modelo de distribución del ingreso petrolero en los distintos escenarios:

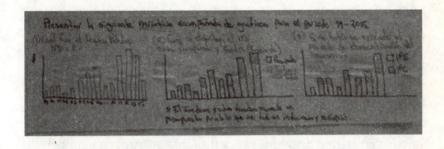

IV. Desarrollo sustentable y equilibrio ambiental

Cabe resaltar una vez más la importancia de estudiar a profundidad los primeros 100 años de la historia petrolera venezolana. No con el objetivo de quedarnos en el pasado, sino de ver hacia el futuro y plantearnos como nación cómo deben ser los próximos 100. No se trata solo de plantear un plan petrolero o de políticas públicas, sino de someter a la consideración de los venezolanos una visión sobre dónde queremos estar en el largo plazo y en función de esa visión fijarnos objetivos estratégicos.

Nuestra visión energética se fundamenta en el aumento de la producción petrolera y gasífera hasta convertirnos nuevamente en uno de los principales productores mundiales, en el marco de una verdadera democratización de la industria energética que asegure el bienestar de los venezolanos, pero con una visión responsable que finalmente nos permita romper con la dependencia de los hidrocarburos y saldar la deuda histórica de la diversificación económica. Una visión responsable que genere confianza y estabilidad necesarias para atraer las grandes inversiones requeridas en este negocio y sanar financieramente nuestra principal empresa, Pdvsa.

Es una visión responsable socialmente, porque persigue incorporar a los venezolanos a la industria con el objetivo de alcanzar un verdadero bienestar y progreso, en especial de los más necesitados, mediante la creación del Fondo Petrolero de los Venezolanos y la generación de empleos más ambiciosa de nuestra historia.

Cualquier visión responsable también debe considerar el impacto sobre nuestro medio ambiente y pensar en el mundo y la Venezuela pospetrolera. Por ello, proponemos apalancar el uso de nuestros hidrocarburos para la diversificación de las fuentes de energía y garantizar un equilibrio entre el desarrollo de la industria y el ambiente.

Parte de la renta petrolera debe ser utilizada para el desarrollo de tecnologías con miras a sustituir el consumo energético interno por fuentes alternativas y renovables.

¿Cuáles planes se adelantan hoy en Venezuela para reducir la dependencia de los hidrocarburos utilizados para la generación eléctrica? ¿Qué estamos haciendo para minimizar nuestra dependencia de la gasolina a través de la inversión en infraestructura de transporte público? ¿Cuándo vamos a sustituir la flota actual de transporte por vehículos híbridos y eléctricos? Son solo algunas de las preguntas que podemos considerar para el debate.

Cualquier objetivo estratégico que nos fijemos en este sentido debe estar alineado con la visión de minimizar la dependencia de hidrocarburos utilizados para consumo interno, para así garantizar el bienestar ambiental del país, maximizar los hidrocarburos disponibles para exportación y por ende la renta y los ingresos petroleros.

Parte importante de los hidrocarburos producidos en el país tiene como destino el consumo doméstico; en 2015 destinamos aproximadamente 600.000 barriles por día a esta finalidad.

Una línea de nuestro planteamiento es reducir la dependencia de hidrocarburos para la generación de energía eléctrica. Esto pasa por recuperar y potenciar las fuentes de energía en las cuales hemos sido históricamente competitivos, en especial la hidroeléctrica, el apalancamiento y transición al gas natural, y por desarrollar nuevas fuentes en las cuales nuestro país tiene enormes potenciales, en particular la solar, la eólica y, por qué no, otras como la geotérmica y los sistemas de enfriamiento por aguas profundas de los mares.

Esta visión –para ser viable y por tanto creíble– debe verse como algo que se logra de forma progresiva pero sostenida en el tiempo y sin considerar las grandes ventajas comparativas con las que contamos, así como su factibilidad financiera. Proponemos que, en una primera etapa hacia la sustitución definitiva de los hidrocarburos como generadores de energía eléctrica, la gran punta de lanza sea el gas. El gas natural es el combustible fósil lógico para liderar la transición hacia una economía mundial sostenible y ambientalmente responsable, y esto es así especialmente en Venezuela.

El gas como palanca de reimpulso de la industria energética futura

Si desarrollamos el potencial gasífero de Venezuela, podríamos más que doblar la producción de hidrocarburos (petróleo y gas) actual, superando los 5 millones de barriles equivalentes[169] diarios en el 2035. Esta visión asume una política de diversificación y maximización de producción en vez de una política de protección de precios. En ese sentido el gas natural puede cumplir un rol fundamental como palanca para reimpulsar el desarrollo de nuestra industria petrolera futura, tanto de crudo convencional como de crudos extrapesados de la Faja del Orinoco; diversificar y ampliar las fuentes de divisas, desarrollar industrias aguas abajo y, por último, contribuir con la transición hacia una economía global sostenible. Esta visión es posible gracias a que Venezuela cuenta con reservas de gas gigantescas y un potencial exploratorio todavía mayor que sirven de ventaja comparativa y cimiento de esta visión.

El desarrollo de nuestra industria gasífera y su consecuente potencial de exportación apoyaría nuestra estrategia de

---

[169] Típicamente un barril equivalente de petróleo equivale a 5.800 pies cúbicos de gas natural.

diversificación de la economía a partir de los hidrocarburos, para no depender de un único producto generador de divisas[170]. El gas natural puede jugar un papel fundamental en ese sentido.

El gas natural ha sido un hidrocarburo secundario cuya comercialización se limitaba a la región donde se producía (en vez de globalmente como el petróleo) y cuyo precio generalmente se basaba en el precio del petróleo. En las últimas décadas el gas natural, gracias a la innovación tecnológica en licuefacción, se ha convertido en un producto global. Hoy en día, el gas natural licuado (GNL) producido en Trinidad y Tobago, Catar o EEUU se comercializa en Brasil, España, India y Japón. Este gas se produce, se enfría a -162°C hasta convertirlo en líquido, y se carga en buques que transportan el gas líquido hasta mercados donde posteriormente es regasificado y comercializado. Esta dinámica ha permitido que la oferta y la demanda mundial de gas natural determinen su precio. Si Venezuela evoluciona de ser *de facto* un monoexportador a ser por lo menos un exportador de petróleo y gas, el país diversificaría y ampliaría sus fuentes de divisas extranjeras. La exportación puede lograrse simplemente, e inicialmente, transportando gas natural por gasoducto a Colombia para satisfacer su mercado doméstico y/o a Trinidad para utilizar la infraestructura de licuefacción y petroquímica ya existente.

Llevemos esta lógica a un extremo ideal: imagínense si pudiésemos optimizar el uso de cada molécula de gas natural maximizando así su valor dependiendo de si se vende como gas, GNL, fertilizante, electricidad o si es reinyectado en un yacimiento productor de petróleo. Este escenario de optimización ocurre hoy hasta cierto punto en Trinidad y Tobago y en Catar, por lo que no es descabellado que forme parte de la visión de la industria de Venezuela.

---

170 95% de las exportaciones actuales de Venezuela corresponden a petróleo y sus derivados.

Estratégicamente, la diversificación hacia el gas natural también le da mayor margen de maniobra geopolítica a Venezuela, al no depender de cuotas de producción petrolera establecidas por la OPEP, que ultimadamente limitan nuestras exportaciones. En resumen, la visión aquí propuesta tiene el potencial de diversificar la economía venezolana, ampliar la generación de divisas y aumentar el grado de independencia del país.

El gas natural es el combustible fósil lógico para liderar la transición hacia una economía mundial sostenible y ambientalmente responsable. La expectativa es que la demanda de gas natural crezca por lo menos al doble que la demanda por petróleo en los próximos 20 años. Mucho de ese crecimiento se explica por el crecimiento en la generación eléctrica, en la medida en que el gas reemplaza al carbón y los vehículos eléctricos comienzan a capturar mayores cuotas del mercado de transporte[171]. Solo las energías renovables tienen la expectativa de crecer más rápido que el gas durante ese período. Venezuela como proveedor mundial de energía tiene la oportunidad y el deber de ser parte de ese proceso. El hecho de Venezuela desarrollar su potencial gasífero y exportar parte de ese recurso al mundo a través de gasoductos o GNL, contribuye a "descarbonizar" la economía mundial al reducir las emisiones por la quema de combustibles fósiles tradicionales como el carbón y el petróleo.

La conferencia COP21 de París en 2015 dio lugar a compromisos nacionales y políticas de reducción de emisiones de gases invernadero. París también reconoció que la fijación de precios para el carbono puede servir como una de las herramientas para lograr los objetivos de reducción. Conjugando este contexto de perspectivas legales internacionales con el desarrollo (ya observado) de las tecnologías que posibilitarán la comercialización más amplia del gas natural, es cada vez más plausible el escenario don-

---

[171] Según Bloomberg, se espera que en el 2040 35% de los carros nuevos vendidos en el mundo sean eléctricos.

de el gas natural adquiera mucha más relevancia en las matrices energéticas, y en mucho menos tiempo de lo que se imaginaba originalmente.

Dentro de nuestras fronteras, sustituir la quema de combustibles como diésel y fueloil por gas natural para la generación eléctrica, la recolección y utilización (en vez de quema) de gas natural asociado a la producción petrolera, la expansión del gas natural como combustible vehicular (GNV) y eventualmente la conversión de gas natural a combustibles líquidos de alta pureza (GAL), son ejemplos concretos de cómo Venezuela puede reducir sus emisiones, reemplazar combustibles líquidos por gas natural (con lo cual se liberan para la exportación) y con todo esto promover un desarrollo económico más sostenible.

No podemos ignorar el hecho de que tenemos las mayores reservas de petróleo extrapesado del mundo y que su desarrollo requiere de grandes cantidades de energía para su extracción y mejoramiento. Es una necesidad nacional y es nuestro derecho soberano extraerlo lo más pronto posible, apalancándonos en una fuente de energía relativamente limpia como lo es el gas natural para así desarrollar al máximo el potencial petrolero del país. De lo contrario, a mediados de este siglo el gas natural (utilizado para generación eléctrica) podría desplazar al petróleo como el principal combustible de transporte, y con ello Venezuela perdería la oportunidad de monetizar el enorme recurso petrolífero que tenemos bajo tierra.

Es prioritario sentar las bases de la industria gasífera para así maximizar la extracción petrolífera en el futuro cercano. Sin embargo, dados los avances tecnológicos y reducción de los costos de producción, no es descabellado pensar que en un futuro no tan lejano las energías renovables dominarán la matriz energética mundial a través de una combinación de energía hidroeléctrica, solar y eólica, entre otras. Venezuela no puede ignorar esta tendencia que se muestra irreversible.

En ese sentido, maximizar la sustitución de combustibles fósiles consumidos en el país por otras fuentes de energía, como el gas natural, pero idealmente energías renovables, es de gran interés económico y ambiental para Venezuela. Dicha sustitución permitiría maximizar las exportaciones de hidrocarburos y la generación de divisas, así como reducir nuestras emisiones y mitigar los costos asociados al cambio climático en el largo plazo. El potencial de Venezuela en el ámbito de energías renovables también es gigante. Comencemos por la hidroeléctrica.

La energía hidroeléctrica: la base de nuestro sistema eléctrico

La energía hidroeléctrica es, aún, la primera fuente renovable de generación eléctrica en el mundo. En la actualidad la potencia instalada supera los 1.200 GW, que generan aproximadamente el 14% de la producción mundial de electricidad, según la Agencia Internacional de la Energía (AIE), y superará los 2.000 GW en 2050.

Presenta numerosas ventajas sobre la mayoría de otras fuentes de energía eléctrica, incluyendo un alto nivel de fiabilidad, tecnología probada y de alta eficiencia, los costos más bajos de operación y mantenimiento, y una gran flexibilidad y capacidad de almacenamiento. Por ello es la principal fuente renovable, ya que triplica en producción a la eólica que, con 350 GW, es la segunda fuente.

Es obtenida a través del aprovechamiento de la energía cinética y el potencial de las corrientes y saltos de agua. Es por tanto una de las fuentes renovables más antiguas y utilizadas del planeta para la obtención de energía. China es hoy el mayor productor mundial de energía hidroeléctrica, seguido de Brasil, Canadá, Estados Unidos y Rusia, países que cuentan con las principales centrales hidroeléctricas del mundo.

En nuestro país se encuentra la tercera central hidroeléctrica del mundo por su capacidad instalada, la represa del Guri. En la actualidad, el 70% del equipamiento y capacidad instalada del Sistema Eléctrico Nacional corresponde al sistema hidroeléctrico compuesto principalmente por los complejos Macagua, Caruachi y Tocoma, además del Guri, con los cuales se cubre aproximadamente el 62% del consumo eléctrico de hogares, industrias y comercios. Mientras un 35% restante[172] proviene de las plantas termoeléctricas.

Es inaceptable que nuestro país, considerado mundialmente como uno con las mayores condiciones para ser una superpotencia energética, viva entre apagones, racionamientos eléctricos y al borde de una crisis de grandes magnitudes.

El problema no es por falta de capacidad instalada sino por insuficiencia en la capacidad de generación operativa. Entre las principales razones encontramos no solo la incapacidad gerencial sino la corrupción más grotesca de nuestra historia, al punto de estimarse fraudes por más de USD 30.000 millones en recursos que fueron aprobados para fortalecer el sistema eléctrico pero que fueron desviados por medio de sobreprecios y hasta por la compra de equipos defectuosos.

Las condiciones climáticas han afectado los niveles del embalse del Guri, pero este fenómeno no ha generado las mismas consecuencias en el resto de los países del continente. De manera que la crisis del sistema hidroeléctrico es producto del manejo inadecuado del sistema interconectado, por un lado, y la desidia y corrupción, por el otro. Fuentes señalan que producto de la incapacidad y corrupción, la Central Simón Bolívar en Guri opera a un 32% de su capacidad total instalada.

Expertos venezolanos afirman que consumimos más energía eléctrica que la que generamos, pero además generamos menos

---

[172] Cifras del SEN.

de la que se podría con nuestra capacidad instalada. Esto se evidencia al ver que la capacidad disponible es de 17.720 MW, mientras que la demanda alcanza los 18.300 MW, lo cual genera un déficit de 1.080 MW, aun cuando la capacidad instalada es de 34.400 MW.

En este sentido, la recuperación de la utilización de la capacidad instalada del sistema hidroeléctrico, e incluso el aumento de esta capacidad instalada, debe ser uno de nuestros objetivos centrales en el futuro inmediato.

La energía solar

Debemos plantearnos desde ya un plan de desarrollo de tecnologías solares. No es solo un compromiso con el ambiente, también representa un asunto de seguridad energética ya que es una fuente de energía local, inagotable, que mejorará nuestros índices de contaminación y disminuirá los costes de la mitigación del cambio climático.

El potencial es enorme. Se estima que la energía total que absorben la atmósfera, los océanos y los continentes anualmente es tal que equivale aproximadamente al doble de toda la energía producida jamás por otras fuentes de energía no renovables como el petróleo, el carbón, el uranio y el gas natural. La energía solar, fotovoltaica y térmica, puede ser la primera fuente de generación de electricidad en el horizonte de 2050, con un 27% del total, según proyecciones realizadas en 2014 por la Agencia Internacional de la Energía (AIE).

Esta estimación toma en consideración los avances tecnológicos que han permitido que el coste de la energía solar fotovoltaica se reduzca de forma constante, hasta 32 veces entre 1990 y 2015. El costo medio de generación eléctrica ya es competitivo con las energías no renovables en un creciente número de regiones geográficas, alcanzando lo que se denomina paridad de red.

Este concepto es muy importante para la escogencia y desarrollo de cualquier fuente de energía, porque define el momento en que dicha fuente alcanza un costo inferior o igual al precio de compra de la electricidad convencional que proviene directamente de la red eléctrica. El punto a partir del cual una fuente de producción energética puede convertirse en un directo competidor de las energías convencionales.

Alemania fue uno de los primeros países donde se alcanzó la paridad de red en instalaciones fotovoltaicas en 2011 y 2012 para grandes plantas de conexión a red y pequeñas instalaciones sobre tejado, respectivamente, y a principios de 2014 la paridad de red fotovoltaica se había alcanzado en al menos 19 países en todo el mundo.

De manera que no estamos hablando de futuro solamente. Ya es una realidad. Hoy la energía solar fotovoltaica es la tercera fuente de energía renovable en el mundo, detrás de la hidroeléctrica y la eólica, y ya hemos visto cuáles son las estimaciones para los próximos años, las cuales podrían ubicarla en primer lugar.

En el caso particular de la energía solar, nuestras potencialidades son gigantescas. Al encontrarnos próximos al Ecuador terrestre los rayos solares llegan de forma más perpendicular, incrementando la energía recibida por nuestro país. Es completamente viable la instalación de paneles fotovoltaicos en la región insular venezolana y en las penínsulas de Paria y Paraguaná, que actualmente tienen conexión limitada con el sistema eléctrico nacional, porque especialmente estas zonas cuentan con una exposición intensa y constante a la radiación solar a lo largo del año.

La energía eólica

Desde la antigüedad la energía obtenida a partir del viento ha sido utilizada. Impulsaba las velas de los barcos y el movimiento de los antiguos molinos. La energía eólica es energía cinética generada por efecto de las corrientes de aire y que es convertida en otras formas útiles de energía. Esta se produce mediante aerogeneradores conectados a las grandes redes de distribución. Los parques eólicos construidos en tierra suponen una fuente de energía cada vez más barata y competitiva, e incluso más barata en muchas regiones que otras fuentes de energía convencionales.

Pequeñas instalaciones eólicas pueden, por ejemplo, proporcionar electricidad en regiones remotas y aisladas que no tienen acceso a la red eléctrica. También son cada vez más comunes la planificación y construcción de parques eólicos marinos (costa afuera u *offshore*). La energía del viento es más estable y fuerte en el mar que en tierra, y los parques eólicos marinos tienen un impacto visual menor.

A finales de 2014, la capacidad mundial instalada de energía eólica ascendía a 370 GW, generando alrededor del 5% del consumo de electricidad mundial. Dinamarca genera cerca de un 50% de su electricidad mediante esta vía y en España un 20% del consumo eléctrico es producto del viento, con lo que la eólica es la segunda tecnología con mayor contribución a la cobertura de la demanda, muy cerca de la energía nuclear con un 22%.

Al igual que la energía solar, la eólica es un recurso abundante, renovable y limpio. La energía del viento es bastante estable y predecible a escala anual y la predicción meteorológica permite a los gestores de la red eléctrica estar preparados frente a las previsibles variaciones en la producción eólica que puedan tener lugar a corto plazo.

La energía eólica es la segunda fuente renovable en producción luego de la hidráulica y esto es así porque alcanzó la paridad de red en algunas áreas de Europa y de Estados Unidos a mediados de la primera década del siglo XXI.

Los costos han caído durante los últimos años, situándose recientemente en el rango de los cinco o seis céntimos de dólar por kWh, según la Asociación Americana de la Energía Eólica (American Wind Energy Association). En Australia, según Bloomberg New Energy Finance, ya para 2013 el costo de la generación de energía procedente de nuevos parques eólicos es menor que el de nuevas plantas de gas o carbón. De manera que no solo consiste en la reducción casi a cero de emisiones sino en que se constituye en una fuente de energía más barata.

Según datos del Global Wind Energy Council (GWEC), para el cierre de 2015, de 56 países estudiados, nuestro país ocupa el puesto 55 en materia de capacidad de energía eólica instalada. Este *ranking* es dominado por China, seguida de Estados Unidos, Alemania, India y España. Brasil está en el puesto 10, México en el 20, Chile en el 25, Uruguay en el 28, Argentina en el 42, Panamá en el 43, Costa Rica en el 48, Nicaragua en el 50 y Honduras en el 51.

La eólica depende de la existencia de vientos, así como la solar de la del sol, la hidrológica del nivel de las aguas o la mareomotriz de la potencia de los mares. Por lo tanto, no es una fuente de energía de la que deba hacerse dependiente ningún país. Esto no es lo que se plantea acá. Sería tan ilógico como hacernos depender solamente de energía hidroeléctrica o generada por gas. En el caso de la energía eólica que en este momento analizamos, también hay que mencionar otros asuntos ambientales, además del concerniente a la reducción de emisiones, que son fundamentales. Estos son los impactos sonoros, visual y sobre la fauna, especialmente de las aves y sus ciclos migratorios. Todos estos aspectos han ido mejorando y hoy en día, gracias a un mejor diseño, tanto el impacto visual como el sonoro se han ido reduciendo, y por la debida presión de grupos ambientalistas se ha obligado a que se realicen estudios de las costumbres y ciclos migratorios de las aves antes de la instalación de cualquier parque eólico.

Nuestra visión consiste en contar con un sistema eléctrico integrado por distintas fuentes de energía limpia, confiable, diversificado y con una capacidad tal que nos permita autoabastecernos, exportarla y generar nuevas fuentes de divisas.

Contar con un parque eólico importante, junto a capacidad solar, e incluir ambos en nuestra red eléctrica nos permitiría, cuando las condiciones del viento son adecuadas, reducir enormemente las emisiones de gases a nuestro ambiente, ahorrar hidrocarburos utilizados en plantas termoeléctricas para su exportación y consiguiente aumento de entrada de divisas, y ahorrar agua en los embalses de nuestras centrales hidroeléctricas.

Otras alternativas de energía renovable

Otra oportunidad es el aprovechamiento de la energía geotérmica asociada a la explotación de hidrocarburos. Existe espacio para estudiar las posibilidades de hacer uso del calor de los yacimientos (por ejemplo, los gases y el agua asociados a la extracción de crudo) para generar electricidad. Esto incrementaría la eficiencia con la que se utiliza la energía disponible –química y física– en el yacimiento. Por ejemplo, es posible instalar plantas que aprovechen ese calor para generar energía eléctrica que, a su vez, pueda ser empleada para la actividad de producción. Esta fuente de energía renovable no convencional está siendo impulsada en las discusiones de mitigación de cambio climático.

Dado que la mayor parte de la población venezolana se ubica cerca de la costa caribeña, también es oportuno estudiar la posibilidad de implementar sistemas de enfriamiento por aguas marinas, otra forma de energía renovable no convencional, que además de ser muy económica y libre de emisiones de dióxido de carbono, es una de las más longevas en el mundo. Actualmente se desarrollan dos proyectos de enfriamiento con aguas marinas profundas en el Caribe impulsados por la CAF, uno en Montego Bay (Jamaica), de USD 100 millones, y otro en Puerto Plata (República Dominicana), de USD 68,4 millones, que generarán ahorros del 34% y 48%, respectivamente.

Evolución de la matriz energética de generación eléctrica venezolana

En la actualidad en nuestro país la matriz energética de generación eléctrica (la distribución de las distintas fuentes de energía) va por el camino contrario al desarrollo sustentable. Tenemos una alta dependencia de la generación hidroeléctrica, cierto, pero además esta se genera a un nivel muy inferior de su capacidad instalada, y para suplirla se cuenta con un parque térmico que no está en capacidad de complementar el sistema hidrológico. Además de esta indisponibilidad de capacidad termoeléctrica, producto de la ausencia de políticas de mantenimiento y reemplazo, sobreutilización de turbinas, dificultades por faltas de divisas en adquisición de repuestos, un equipamiento inútil y la enorme corrupción existente, se ha optado por las versiones más contaminantes de generación, como el diésel, aun cuando Venezuela cuenta con un parque de plantas de generación a gas instaladas que no operan, simplemente porque no hay gas. ¿Cómo es esto posible en el país con mayores reservas de gas en toda Latinoamérica y octavas en el mundo?

El incremento de la utilización de la capacidad instalada del sistema hidroeléctrico, e incluso el aumento de esta capacidad instalada, es uno de nuestros planteamientos centrales en el futuro inmediato, al tiempo que se mejora la eficiencia en su utilización a través de una adecuada distribución entre todas las centrales que componen el sistema y el resto de las fuentes de energía que proponemos desarrollar. Para asumir ese reto es necesaria una planificación coordinada y de largo plazo en la que se adelanten los estudios y actividades para eliminar incertidumbres durante la ejecución de los proyectos. Altos niveles de transparencia, seguridad jurídica, gerencia y voluntad política son la clave para lograrlo.

La energía hidroeléctrica como fuente de energía renovable y limpia debería continuar siendo la punta de lanza de la matriz energética para generación eléctrica en Venezuela. En esta combinación de energías, aspiramos llevar al máximo nuestro potencial de uso de energías renovables. La utilización de las fuentes hidroeléctricas permite compensar en parte las fluctuaciones de producción que, como hemos visto, provoca el uso de las energías solar y eólica, dependientes de las condiciones climáticas, lo que permite garantizar un abastecimiento eléctrico estable a partir de fuentes de energía renovables, sustituyendo paulatinamente el sistema termoeléctrico movido por combustibles fósiles.

El Consejo Mundial de Energía ha creado, con base en tres criterios, un índice denominado de "sostenibilidad energética". Estos criterios son:

1. La seguridad energética: la gestión efectiva y fiable de los recursos energéticos autóctonos.
2. La equidad energética: cuán accesible es la energía a toda la población.
3. La sostenibilidad ambiental: el desarrollo de fuentes de energías renovables y con bajas emisiones de carbono.

Consideramos que la planificación, el diseño y la ejecución de nuestros planes energéticos, basados en estos tres criterios, forman una excelente base para medirnos como nación en el logro de los objetivos planteados.

Una matriz energética 100% renovable no es un sueño futurista sin sentido. Ya es casi una realidad en otras naciones. Por ejemplo,

Suiza actualmente incorpora, apenas, un 1,6% de energía térmica convencional en su "mezcla" energética. El resto está compuesto de energías limpias y renovables (55,5% hidroeléctrica; 38,9% nuclear; 4% otras energías renovables). En Suecia la generación térmica convencional no alcanza el 5% (45,5% hidroeléctrica; 38% nuclear; 11,7% otras energías renovables; 4,8% térmica convencional). En Noruega no alcanza el 4% (95% hidroeléctrica; 3,9% térmica convencional; 1,1% otras energías renovables).

Sí es posible lograrlo, y como expusimos al principio de este capítulo, esta visión a largo plazo que pasa por la sustitución paulatina de la generación termoeléctrica por medio de hidrocarburos requiere de una etapa de transición, en la cual el gas natural es el gran protagonista.

Evolución del transporte y la movilidad en Venezuela

Nuestra propuesta en el sector transporte consiste en sustituir el consumo interno de combustibles fósiles, mediante la inversión en transporte público que utilice fuentes de energía renovables y la migración hacia vehículos eléctricos.

Según la Agencia Internacional de la Energía, a nivel global el sector transporte ocupa el tercer lugar (17%) entre las fuentes originarias de gases de efecto invernadero (GEI), por detrás de la electricidad y calefacción (41%) y la industria (20%).

Pero en América Latina, y en particular en nuestro país, esta realidad es totalmente distinta. Este sector no solo ocupa el segundo lugar entre los factores que contribuyen a las emisiones de GEI por detrás del sector industrial (36%), sino que además duplica las emisiones del resto del mundo al generar el 32% de ellas. Por si fuera poco, es el sector de más rápido crecimiento en la generación de GEI. Esto es particularmente cierto en Venezuela, donde ha habido, por un lado, un crecimiento exponencial en el uso de la motocicleta en los últimos 10 años y, por el otro, un envejecimiento del parque automotor que provoca que la eficiencia de sus emisiones sea menor, ya que la cantidad de emisiones guarda relación con la cantidad de kilómetros recorridos, con cuántas personas (o carga) se transportan en un vehículo (Venezuela tiene una de las tasas de desocupación vehicular más altas de América Latina) y con el grado de eficiencia en cuanto al consumo de combustible (nuestro país es líder en ineficiencia de consumo).

Aproximadamente 60%[173] de los gases emitidos en el país provienen de las empresas estatales Pdvsa y Corpoelec, y ocupamos además el décimo lugar entre los países con mayor tasa de deforestación, con 288.000 hectáreas por año. Esto último hace la situación más alarmante, porque a las emisiones generadas provenientes de combustibles fósiles hay que sumar la deforestación neta, ya que son precisamente los bosques los que tienen las mayores capacidades de absorber emisiones, especialmente las de dióxido de carbono. En resumen, en nuestro país se ha incrementado la deforestación y el consumo doméstico de combustibles fósiles.

Cuando se suscribió en París, por parte de 186 países de las 195 naciones participantes, el pacto sobre cambio climático, que establece que cada nación fije cada cinco años sus objetivos nacionales de reducción de emisión de gases de efecto invernadero, Venezuela asumió el compromiso de reducir en un 20% sus emisiones para el año 2030. Esta meta representa una nueva deuda del Gobierno en materia ambiental, que se suma a la opacidad y poca transparencia en la información sobre inventarios de GEI y demás estadísticas oficiales. Como ocurre con la mayoría de los asuntos, el ciudadano no cuenta con la información acerca de los temas de gran impacto en su vida diaria. Si un país no conoce sus emisiones de GEI y no las tiene inventariadas, no puede definir políticas de mitigación.

---

173 63% para ser exactos, según Juan Carlos Sánchez, ingeniero venezolano, miembro del Panel Intergubernamental de Cambio Climático (IPCC).

Al plantearnos la línea estratégica de sustituir el consumo de combustibles derivados del petróleo para disminuir al mínimo las emisiones de GEI asociadas al transporte, lo hacemos porque estamos convencidos de que esto es absolutamente necesario para un desarrollo económico y social sostenible y sustentable. Esta es la dirección que han asumido las economías más avanzadas de Asia, Europa y América del Norte.

Para el logro de estos objetivos, un primer compromiso que debemos asumir es el de contar con la suficiente información y que esta sea pública, y al alcance de los investigadores, organizaciones y profesionales en materia ambiental. De igual forma hay que valorar el esfuerzo que han hecho organismos multilaterales como el Banco Interamericano de Desarrollo, que a través de su Área Estratégica de Transporte Regional Sostenible (REST, por sus siglas en inglés) ha elaborado extraordinarios planes adaptados a las realidades latinoamericanas para contribuir con la mitigación de las emisiones de gases de efecto invernadero (GEI), específicamente en el sector transporte.

Estamos conscientes de que nuestra propuesta para lograr un equilibrio entre el medio ambiente y la industria petrolera, en especial con la decisión de aumentar la producción de hidrocarburos, debe estar enmarcada en una política integral de Estado para el medio ambiente con enfoque principal en minimizar las emisiones de la industria petrolera aplicando los avances tecnológicos disponibles. Del mismo modo, la reducción de las emisiones de GEI en el sector transporte no se limita a la sustitución de las fuentes de energía del parque automotor privado y público, sino que involucra otras políticas integradas en un plan nacional de movilidad, transporte y vías de comunicación, que va desde la integración eficiente del uso del suelo y el transporte, la mejora de los sistemas de logística de cargas, el paso a modalidades más eficientes de transporte no motorizado y público, la construcción y extensión de sistemas de ferrocarriles y metros, el desarrollo de vías navegables internas, hasta la revisión de los sistemas tarifarios de peajes, transporte y estacionamientos, entre otras.

Las opciones que nos dan los avances tecnológicos para la reducción en el consumo de combustible de los vehículos han mejorado y seguirán mejorando de manera significativa. Las tecnologías ya existen y están en constante desarrollo.

Los vehículos eléctricos ofrecen ahorros significativos en términos de combustible. Más aún, la introducción de vehículos a batería –lo cual incluye a los vehículos que funcionan con batería eléctrica y posiblemente aquellos con células de combustible de hidrógeno– contribuirá a significativas mejoras en la eficiencia y a que haya un cambio del combustible a la electricidad y el hidrógeno.

El cambio de un vehículo a combustible a uno eléctrico se hará más viable si se logran nuevas mejoras en las baterías y la tecnología se hace efectiva en costos.

De visión a realidad

Para convertir esta visión en realidad debemos comenzar por reconocer la situación actual, una situación caracterizada por la falta de recursos económicos, gerenciales y tecnológicos por parte del Estado. Dichos insumos son fundamentales para comenzar a convertir esta visión en realidad. Esto nos lleva a concluir que el rol de la inversión privada nacional e internacional será clave y por lo tanto habrá que promoverla sistemáticamente.

Venezuela es un país petrolero y lo seguirá siendo por muchas décadas más. El argumento central de nuestra propuesta comienza por reconocer nuestra ventaja comparativa como país dueño de recursos energéticos (petroleros, gasíferos y renovables) y proponer, en un primer paso, la evolución acelerada de Venezuela de un país exclusivamente petrolero a uno gasífero y petrolero, y en paralelo, a un país líder en exportación de energías (petróleo, gas y eléctrica) con una matriz energética de consumo interno 100% renovable y una economía diversificada.

Esta es, en resumen, nuestra visión energética de Venezuela para los próximos 100 años.

La implementación de esta visión no solo tiene el potencial de mejorar la calidad de vida de generaciones futuras de venezolanos a través del desarrollo, sino también de hacernos realmente independientes como nación.

Bienvenido el debate.

Reflexiones finales

Desde las primeras páginas de este libro hemos insistido en la importancia de estudiar a profundidad los primeros 100 años de nuestra historia petrolera. Su revisión, interpretación y análisis la hemos hecho no con el objetivo de quedarnos en el pasado, sino de ver hacia el futuro y poder plantearnos como nación cómo deben ser los próximos 100 años. Este es el objetivo fundamental del presente libro. No se trata de un plan petrolero o un plan de políticas públicas, se trata de someter a la consideración de los venezolanos una visión sobre dónde queremos estar en el largo plazo y en función de esa visión fijarnos los objetivos estratégicos.

Hablar de una mejor Venezuela sin comprender seriamente el tema petrolero es, además de una entelequia, una enorme irresponsabilidad. Nuestra visión petrolera se fundamenta en el aumento de la producción de petróleo, de gas y de fuentes de energía renovables, hasta volver a convertirnos en uno de los principales productores mundiales en el marco de una verdadera democratización del petróleo, mediante la distribución de parte del ingreso petrolero directamente a cada venezolano para así apuntalar su bienestar de manera definitiva. Esta propuesta la hacemos con una visión responsable que nos permita romper con una doble dependencia: la del ciudadano con respecto al Estado y la de la economía con respecto al petróleo, y, de esta manera, saldar las deudas históricas de la desigualdad social y la diversificación económica. Una visión responsable que genere la confianza y la estabilidad necesarias para atraer las grandes inversiones requeridas en esta industria y que nos permita sanar operacional y financieramente nuestra principal empresa, Pdvsa.

En resumen, sostenemos y defendemos que la palabra que mejor debe definir la visión petrolera venezolana de los próximos 100 años es responsabilidad. Una visión ambiciosa, pero viable y responsable. Responsable económicamente, porque busca romper con la dependencia del petróleo y diversificar la economía. Responsable socialmente, porque persigue incorporar a los venezolanos a la industria con el objetivo de alcanzar un verdadero bienestar y progreso, en especial de los más necesitados, mediante la creación del Fondo Petrolero y la generación de empleos más ambiciosa de nuestra historia, y, finalmente, una visión responsable porque considera el impacto sobre nuestro medio ambiente y piensa en el mundo y la Venezuela pospetrolera.

El futuro se construye planteando retos y objetivos estratégicos desde ya y este libro es una invitación al debate nacional sobre la renovación de la política y estrategia energética venezolana. Dicha discusión es de suma importancia dado el cambio acelerado del contexto energético mundial, la transición energética hacia fuentes renovables. Debemos modernizar nuestra política y pensamiento energético. Nosotros estamos convencidos de que lo propuesto acá es uno de los caminos correctos, pero más convencidos estamos de la necesidad de un debate amplio. La última vez que se dio este debate nacional sobre el petróleo, que derivó en profundos cambios legales e institucionales, fue hace más de 40 años, en tiempos de la nacionalización. La última reforma de la actual ley de hidrocarburos se aprobó, o más bien se impuso por decreto ley, sin debatir su contenido en ninguna instancia y todo esto bajo el engaño de una publicidad que intentó venderles a los venezolanos la farsa de que ahora el petróleo y Pdvsa son de todos. Esta discusión-debate y diálogo nacional debe incluso culminar en un referéndum consultivo que legitime una nueva política energética y de distribución del ingreso; es decir, un nuevo pacto entre los venezolanos y el petróleo.

APÉNDICES

Nuevas filiales de Pdvsa y antiguas concesionarias con datos operacionales para 1975

Nueva filial de Pdvsa	Antiguo concesionario	Hectáreas bajo control (miles)	Producción (miles BD)	%
AMOVEN	Amoco	5,5	26,8	1,14%
BARIVEN	ARCO	22,3	23,1	0,98%
BOSCANVEN	Chevron	56,4	38	1,62%
CVP S.A.	CVP	1.046,9	42,9	1,83%
DELTAVEN	Texaco	159,8	72,7	3,10%
GUARIVEN	Petrolera de las Mercedes C.A.	89,7	2,4	0,10%
LAGOVEN	Creole (Exxon)	357,1	997,8	42,53%
LLANOVEN	Mobil	157,4	58,1	2,48%
MARAVEN	Shell	252	545,9	23,27%
MENEVEN	Gulf, IPC, Shell	728,3	373,3	15,91%
PALMAVEN	Sun & Charter	23,3	126	5,37%
ROQUEVEN	Phillips	33,9	31,1	1,33%
TALOVEN	Talon Petrolera Company	60,2	3,1	0,13%
VISTAVEN	Mito Juan	47,2	3,9	0,17%
Estado venezolano			1,1	0,05%
Total		**3.040,00**	**2.346,20**	**100%**

Nueva filial de Pdvsa	Capacidad refinadora (miles BD)	%	Número de empleados
AMOVEN	0	0%	40
BARIVEN	45	2,90%	274
BOSCANVEN	61	3,93%	353
CVP S.A.	25	1,61%	3.169
DELTAVEN	10	0,64%	840
GUARIVEN	0	0%	115
LAGOVEN	740	47,62%	7.816
LLANOVEN	106	6,82%	857
MARAVEN	404	26%	6.161
MENEVEN	159	10,23%	2.793
PALMAVEN	0	0%	412
ROQUEVEN	4	0,26%	618
TALOVEN	0	0%	87
VISTAVEN	0	0%	80
Estado venezolano	0	0%	NA
Total	**1.554**	**100%**	**23.615**

Fuente: Mc Beth, 2015, con datos del Departamento de Comercio de Estados Unidos de 1976.

Sociedades de riesgo y ganancias compartidas

Área geográfica	Socios	Compañía mixta
Golfo de Paria-Occidente	Conoco-Phillips, ENI, OPIC	Compañía Agua Plana S.A.
Golfo de Paria-Oriente	Conoco-Phillips, Ineparia, ENI, OPIC	Administradora del Golfo de Paria Este S.A.
La Ceiba	ExxonMobil, PetroCanada	Administradora Petrolera La Ceiba, C.A.
San Carlos	Petrobras	Compañía Anónima Mixta San Carlos

Fuente: McBeth (2015), datos US SEC, 2006.

Convenios operativos de servicio: primera y segunda ronda de licitación, 1992-1993

Área geográfica	Compañías petroleras	Reservas de hidrocarburos (MM de barriles)
Boscán	Chevron	1.620,6
Urdaneta/Oeste	Shell	856,4
DZO	BP	363,8
Oritupano/Leona	Petrobras, Corod, Anadarko	277
Colón	Tecpetrol, CMS Oil & Gas, Coparex	124,2
Quirimare/La Ceiba	Repsol-YPF, Tecpetrol, ExxonMobil	90,4
Pedernales	Perenco	114
Monagas Sur	Benton Oil & Gas, Vincler	145,1
Sanvi/Güere	Teikoku	83,8
Guárico Este	Teikoku	66
Jusepín	Total, B.V., BP	121,3
Guárico Oeste	Repsol-YPF	42,1
Falcón Este	Vincler	16,6
Falcón Oeste	West Falcon Samson	3,5
Total		**3.982,8**

Fuente: McBeth, 2015, con datos de US SEC, 2006.

De acuerdo con la LOH, el establecimiento y funcionamiento de las empresas mixtas requería de:
1. Un acuerdo de la Asamblea Nacional, en donde se estableciera la constitución de la empresa mixta y las condiciones que reglamentaran sus actividades.
2. Un decreto de creación.
3. Una resolución del Ejecutivo que delimitara el área geográfica donde se desarrollaran las actividades de la empresa mixta.
4. El acta constitutiva de la empresa mixta.
5. El cumplimiento de los siguientes elementos contractuales:
   a. Duración máxima de 25 años, prorrogable por 15.
   b. El Estado debe poseer al menos el 50% de las acciones de la empresa mixta.
   c.. Al momento del finiquito de la sociedad, los activos y servicios deben ser entregados al Estado libres de gravámenes y sin indemnización alguna.
   d. Las controversias serán resueltas en los tribunales venezolanos; no se podrá recurrir al arbitraje internacional.

Migración de convenios operativos a empresas mixtas
Convenios operativos migrados a empresas mixtas (campos fusionados)

Convenio operativo	Ubicación	Empresa mixta	Socios	Participación (%)
Caracoles Intercampo Norte	Anzoátegui Zulia	Petrocaracol	CVP CNPC Venezuela, B.V.	75,00 25,00
Pedernales Ambrosio	Delta Amacuro Zulia	Petrowarao	CVP Peremco Venezuela Petroléo y Gas ETVE, S.L.	60,00 40,00
Falcón Este Falcón Oeste	Falcón Falcón	Petromiranda	CVP Vinccler Oil & Gas, C.A.	60,00 40,00
Quiriquire Mene Grande	Monagas Zulia	Petroquiriquire	CVP Repsol YPF Venezuela, S.A.	60,00 40,00

Fuente: Capacho et al., tomado de Rodríguez y Rodríguez, 2012.

Migración de convenios operativos a empresas mixtas
Convenios operativos migrados a empresas mixtas (campo por campo)

Convenio operativo	Ubicación	Empresa mixta	Socios	Participación (%)
Kaki	Anzoátegui	Petrolera Kaki	CVP	60,00
			Inemaka Exploración & Prodution Company Ltd.	22,67
			Inversiones Polar, S.A.	17,33
Mata	Anzoátegui	Petrolera Mata	CVP	60,00
			Petrobras Energía Venezuela, S.A.	29,20
			Inversora Mata, S.A.	10,80
Acema	Anzoátegui Monagas	Petroven-Bras	CVP	60,00
			Petrobras Energía Venezuela, S.A.	29,20
			Coroli S.A.	10,80
Oritupano-Leona	Anzoátegui Monagas	Patroritupano	CVP	60,00
			Petrobras Energía Venezuela, S.A.	18,00
			APC Venezuela, S.R.L.	18,00
			Corod Producción, S.A.	4,00
Guárico Oriental	Guárico	Petroguárico	CVP	70,00
			Teikoku Oil & Gas, S.A.	30,00
Boquerón	Monagas	Boquerón	CVP	60,00
			BP Venezuela Holdings Limited	26,66
			PEI Venezuela Gmbh	13,34
Casma-Anaco	Monagas	Patrocuragua	CVP	60,00
			Operaciones de Producción Nacionales, OPEN, S.A.	12,00
			Cartera de Inversiones Petrolera (CIP), C.A.	28,00
Monagas Sur	Monagas	Patrorinoco	CVP	60,00
			Harvest Vinccler, C.A.	40,00
Onado	Monagas	Petronado	CVP	60,00
			Compañía General de Combustibles, S.A.	26,00
			Banco Popular de Ecuador, S.A.	8,36
			Korea National Oil Corporation	5,64

Fuente: Capacho et al., tomado de Rodríguez y Rodríguez, 2012.

Migración de convenios operativos a empresas mixtas
Convenios operativos migrados a empresas mixtas (campo por campo)

Convenio operativo	Ubicación	Empresa mixta	Socios	Participación (%)
DZO	Segunda	Petroperijá	CVP	60,00
			BP Venezuela Holdings Limited.	40,00
Urdaneta	Segunda	Petroregional del Lago	CVP	60,00
			Shell Exploration and Production Investment, B.V.	40,00
B2X.70/80	Zulia	Lagopetrol	CVP	80,00
			Hocol Venezuela, B.V.	17,00
			Ehcopek Petróleo, S.A.	2,00
			Cartera de Inv. Petroleras II, C.A.	1,00
Boscan	Zulia	Petroboscan	CVP	60,00
			Chevron Global Technology Sevices Company	39,20
			IneboscanInc., SCS.	0,80
Cabimas	Zulia	Petrocabimas	CVP	60,00
			Suelopetrol Exploration & Production, C.A.	40,00
Colón	Zulia	Baripetrol	CVP	60,00
			Tecpetrol	17,50
			Lundin	5,00
			Perenco	17,50
La Concepción	Zulia	Petrowayu	CVP	60,00
			Petrobras Energía Venezuela, S.A.	36,00
			Williams International Oil & Gas (Vzla), Ltd.	4,00
LL-652	Zulia	Petro-independiente	CVP	74,80
			Chevron Global Technology Sevices Company	25,20

Fuente: Capacho et al., tomado de Rodríguez y Rodríguez, 2012.

Migración de convenios operativos a empresas mixtas

Convenios operativos devueltos a PDVSA

Convenio operativo	Ubicación	Empresa mixta	Socios	Participación (%)
Quiamare - La Ceiba	Anzoátegui	nd	nd	nd
Maulpa	Anzoátegui	nd	nd	nd
Guárico Occidental	Guárico	nd	nd	nd
Sanvi Guere	Guárico	nd	nd	nd
B2X.69/79	Zulia	nd	nd	nd

Fuente: Capacho et al., tomado de Rodríguez y Rodríguez, 2012.

Convenios operativos manejados por PDVSA
(acuerdo de transición no firmado)

Convenio operativo	Ubicación	Empresa mixta	Socios	Participación (%)
Dación	Monagas	nd	nd	nd
Jusepín	Monagas	nd	nd	nd

Fuente: http://servicios.iesa.edu.ve/Portal/Reportes/Energia_en_cifras2006.pdf

Tributos de las empresas mixtas

Carga tributaria mayor o igual a 50 por ciento de los ingresos brutos (IB)

1. Regalías
    * 30 por ciento de IB. Extrapesado (disminución hasta 20 por ciento, petróleo; y 16 2/3 por ciento, bitúmenes. Decisión del Ejecutivo.
    * 3,3 por ciento de IB (ventaja especial empresas mixtas).
2. Plan de inversión social: 1 por ciento ingresos antes de impuesto.
3. ISLR: 50 por ciento ingresos netos
4. Impuestos superficiales: 100 UT por Km2
5. Impuesto al consumo propio: 10% precio de venta por m3 de hidrocarburo utilizado en la producción.
6. Ventaja especial: 50% IB - (1) - (2) - (3) - (4) - (5) -. Solo aplica cuando la suma de regalías, impuestos y gastos de inversión social obligatoria son menores al 50% de los IB.

Fuente: http://servicios.iesa.edu.ve/Portal/Reportes/Energia_en_cifras2006.pdf.

Proyecto	Socios	Área (Km2)	STOOIP (mmbbl)	Plateau (kbdp)	Bono ($m)	Financiamiento ($m)
Junín 2	Petro Vietnam (40%)	248	35.100	200	600	430
Junín 4	CNPC (40%)	325	43.600	400	900	--
Junín 5	ENI (40%)	424	39.990	240	650	2.000
Junín 6	Russian Consortium (40%): Rosneft (24%), Gazprom (8%), Lukoil (8%)	448	52.700	450	1.000	525
Junín 10	Pdvsa	593	29.000	240	-	-
Carabobo 1	Repsol (11%), Petronas (11%), ONGC (11%) Indian Oil (3,5%), Oil Indian Limited (3,5%)	383	35.000	400	1.050	1.050
Carabobo 2	Rosneft (40%)	420	27.000	400	1.200	1.000
Carabobo 3	Chevron (34%), Mitsubishi (2,5%), INPEX (2,5%), Suelopetrol (1%)	534	67.010	400	500	1.000

Fuente: Elaboración propia.

La Ley Orgánica de Hidrocarburos de 2001

La Ley Orgánica de Hidrocarburos de 2001, o LOH, como se le ha conocido en adelante, presenta un esquema que incrementa el poder de decisión del Ejecutivo y le permite hacerlo con mayor discrecionalidad. Establece que[174]:

1. El Estado se reserva las actividades primarias de exploración y producción, al igual que la comercialización de los hidrocarburos líquidos. Sin embargo, podrá realizar estas actividades por medio de acción exclusiva (100% estatal) o de empresas mixtas, donde el Estado deberá conservar al menos el 50% de las acciones.
2. El Ejecutivo Nacional podrá crear empresas de exclusiva propiedad estatal para la realización de las actividades contempladas en la ley.
3. Aunque se contempla que pueden existir procesos licitatorios para la escogencia de los socios del Estado en las actividades petroleras, el Consejo de Ministros podrá escoger directamente a las operadoras aliadas por razones estratégicas.
4. La constitución de las empresas mixtas en la industria petrolera requerirá de la aprobación del Menpet y de la Asamblea Nacional.
5. Las actividades de transporte, almacenamiento, suministro y distribución de los productos derivados de petróleo que así indique el Ejecutivo por decreto son consideradas un servicio público.
6. Las actividades de refinación podrán ser realizadas por el Estado, por empresas mixtas o por empresas privadas. Para hacerlo se requiere un permiso del Menpet.
7. La comercialización interna y externa de petróleo crudo y productos derivados que así identifique el Ejecutivo por decreto está reservada a entidades del Estado. Las empresas mix-

---

174 Http://www.veneconomia.com/site/files/articulos/artEsp3364_8665735.pdf.

tas solo podrán vender el petróleo crudo a las empresas del Estado.
8. El Menpet fijará los precios de los productos derivados de hidrocarburos.
9. El Menpet obtiene la competencia de formular, regular y hacer seguimiento a la política y planificación, realización y fiscalización de las actividades en materia de hidrocarburos.
10. Se establecen los siguientes impuestos (complementarios a otras formas impositivas):
    a. Impuesto de Extracción o regalía de 1/3 del petróleo extraído de cualquier yacimiento, aunque en caso de que se demuestre que no es económicamente viable, el Ejecutivo Nacional podrá rebajar la regalía hasta el 20% en los yacimientos de la Faja Petrolífera del Orinoco.
    b. Impuesto Superficial de 100 unidades tributarias (U.T.) por cada kilómetro cuadrado o fracción del mismo. Este impuesto se incrementará en 2% durante los primeros cinco años y luego 5% en los años subsiguientes.
    c. Impuesto al Consumo Propio de 10% del valor de cada metro cúbico de productos derivados consumidos como combustible de las operaciones propias.
    d. Impuesto de Consumo General al consumidor final de entre 30% y 50% por cada litro de producto derivado vendido en el mercado interno.
    e. Impuesto de Registro de Exportación de 0,1% sobre el valor de los hidrocarburos exportados. A tal efecto, el vendedor en puerto informará al Menpet sobre el volumen, el grado API, el contenido de azufre y el destino del cargamento.

En su momento llamó la atención que solo siete de sus 68 artículos requerirían de reglamentación y que la mayoría de las decisiones se dejaban expresamente a criterio del Ejecutivo. Este es el marco normativo vigente en la actualidad.

Impreso en Caracas, Venezuela,
en noviembre de 2017 en los talleres de Gráficas Lauki